Xinshidai de Shuiyun Bian'ge
新时代的水运变革

谢 燮 著

人民交通出版社股份有限公司
北 京

内容提要

本书以新时代的水运变革为主题,解析了水运业的几个特征事实,并分析了水运发展的不平衡不充分现象,进而提出了水运变革的总体框架,接着从价值观体系、市场规制、水运智库等方面充实了水运变革的具体内容,对水运市场的基本运行逻辑、水运领域的制度创新及企业创新给出了新的思考。

本书内容丰富,系统全面,可供水运行业主管部门、企业、协会、科研机构、水运从业者以及院校师生等学习参考。

图书在版编目(CIP)数据

新时代的水运变革/谢燮著. —北京:人民交通出版社股份有限公司,2019.12
ISBN 978-7-114-15757-8

Ⅰ.①新… Ⅱ.①谢… Ⅲ.①水路运输—交通运输发展—研究—中国 Ⅳ.①F552.3

中国版本图书馆 CIP 数据核字(2019)第 170628 号

书　　名	新时代的水运变革
著 作 者	谢　燮
责任编辑	钱　堃　杨　捷
责任校对	张　贺
责任印制	张　凯
出版发行	人民交通出版社股份有限公司
地　　址	(100011)北京市朝阳区安定门外外馆斜街 3 号
网　　址	http://www.ccpress.com.cn
销售电话	(010)59757973
总 经 销	人民交通出版社股份有限公司发行部
经　　销	各地新华书店
印　　刷	北京虎彩文化传播有限公司
开　　本	720×960　1/16
印　　张	13
字　　数	265 千
版　　次	2019 年 12 月　第 1 版
印　　次	2019 年 12 月　第 1 次印刷
书　　号	ISBN 978-7-114-15757-8
定　　价	49.00 元

(有印刷、装订质量问题的图书由本公司负责调换)

前　言

当今时代，撰写一本书已经变得相对容易了，查阅文献资料基本上可以在网上完成，搜索引擎大大提升了寻找信息的效率。只要有想法，就能够找到足够多的素材。如果把撰写书籍比作厨艺，那么烹制一手好菜的食材在现代社会更容易获得。知识爆炸让筛选真知灼见成为一项个人能力，合格的厨师会知道想要的食材在哪里。对于大多数人来讲，对"美味"知识的鉴赏能力还停留在"吃货"的水平，而知识冗余背景下能够"填饱肚子"的东西多，好的"食物"却总是稀缺的，培养自己对"美食"的鉴赏能力很重要。

畅销书还是长销书？

笔者写书的动机，是希望给业界传递价值。作为行业智库的一员，笔者希望通过自己多年来对行业经验教训的总结和思考，为水运业提供新的思考视角和多维度的认识，给行业带来价值。

写书人总希望自己的书能有更大的传播范围，而广泛传播有两个维度：第一是畅销书；第二是长销书。要符合水运人的口味不容易，水运专业图书的发行量极有限，往专业领域钻得越深，受众面就越窄。在水运领域耕耘，出版一本畅销书确实很难。那么，长销书有没有可能？对水运行业的探索没有止境，对事物的认识会不断深入，外部环境也在不断变化，更多的案例也会不断充实，从理论层面的思考也会更成熟，因此，一本有关水运的书是有可能通过持续的深化和修正，出版第二版、第三版的。贾大山有关"海运强国"的书已经出版到第三版。这应该是笔者努力的目标。

写书一定必要吗？

自从开办自己的微信公众号"绝顶思维"后，自己思想的传播更为自由和及时，也获得了一些粉丝（Fans）的支持。在与他们互动的过程中，笔者对一些事物的认识也更加深入。现代化的信息传播与沟通手段让笔者受益匪浅。当前，纸质书作为传统的媒介何去何从，已经引起了广泛的关注。凯文·凯利在其《必然》一书中写道，未来读书的趋势是"屏读"，各种电子化的屏幕将替代目前的纸质图书，并实现更多现在纸质图书所难以实现的功能。知识的相互连接和网络化成为可能，知识的相互关联在新的技术条件下具有了新的可能，读书模式将被颠覆。与此相伴随的是出版方式的改变。但不管怎样，写书仍然是一件非常值得做的事情。写书是作者自身思维的结构化过程，是对诸多问题深入探究的过程。日常思考的片段都需要这样一个过程来提升和固化。年轻人的成长有两个非常好的途径，第一是演讲，第二是写书。这虽然都不是容易的事情，但只要把一个巨大的困难分解到每天一点一滴的进步中，这些看似困难的事情最终都会水到渠成。希望我的写作，能够给读者带去一些正能量，大家一同推动水运行业不断地向前发展。

另外，在本书中"水运"指的是作为五种运输方式之一的"水路运输"，比"航运"和"海运"的内涵更丰富。本书对"航运""海运"不特别进行区分，统一表述为"水运"，只对某些公司或者相关行业管理办法名称中的"航运"进行保留。国际海上邮轮缘起于19世纪大西洋航线的客运班轮，由于兼具邮政功能，所以被称为"邮轮"。虽然国际海上航行的现代邮轮不再具有邮政的功能，但这样的称呼却一直延续了下来。对于如今在内河上运行的、提供旅游服务的客船，由于没有海上邮轮的那种历史积淀，往往被称作"内河游轮"。因此，本书凡涉及海上航行（包括我国沿海航行）的旅游船舶皆称作"邮轮"，航行于内河的旅游船舶皆称作"游轮"。

作　者
2019 年 11 月

目　　录

第一部分　新时代水运变革总认识 ……………………………………… 1

1　水运业的几个特征事实 ………………………………………………… 1
2　水运客运发展的不平衡不充分 ………………………………………… 8
3　水运变革的总体框架 …………………………………………………… 13
4　水运变革之锚：价值观体系 …………………………………………… 21
5　政府变革："松手""放手"与"推手" ……………………………… 26
6　水运变革的快变量与慢变量 …………………………………………… 37
7　水运市场规制的总体框架 ……………………………………………… 42
8　通达全球：水运新使命 ………………………………………………… 48
9　水运智库的使命 ………………………………………………………… 50
10　交通运输市场规制的实践：行政约谈 ……………………………… 60
11　水运变革需要规范性文件 …………………………………………… 64

第二部分　水运市场篇 …………………………………………………… 68

12　看待水运市场的时空尺度 …………………………………………… 68
13　水运市场面面观 ……………………………………………………… 76
14　内河水运支撑交通强国的落脚点 …………………………………… 82
15　水运业支撑交通强国的基线：胡焕庸线 …………………………… 87
16　对港口资源整合的认识 ……………………………………………… 89
17　"三管齐下"重构水运新生态 ……………………………………… 94
18　驳船运输：长江经济带绿色航运发展的落脚点 …………………… 97
19　船东应对国际海事组织限硫令的长远视角 ………………………… 105
20　海员发展浅谈 ………………………………………………………… 110
21　对航运公司下调码头作业费的认识 ………………………………… 112

第三部分　制度供给篇 …… 117

22　班轮业反垄断豁免的思考维度 …… 117
23　新时代需要"中国航海日" …… 119
24　对印度开放沿海运输权的思考 …… 120
25　内河过闸收费的经济分析 …… 122
26　运力过剩该不该干预和如何干预 …… 128
27　航运业寒冬：救还是不救 …… 130
28　三峡水运新通道建设的思考 …… 135
29　多式联运的制度构建及企业践行 …… 138
30　市场规制的浦江游船样板 …… 144

第四部分　企业创新篇 …… 147

31　企业创新行走在制度的边缘 …… 147
32　拥抱港航业的数字化浪潮 …… 149
33　对水运物流平台的认识 …… 154
34　游轮与邮轮产业发展前瞻 …… 174

附录　缩略语对照表 …… 197

参考文献 …… 199

第一部分 新时代水运变革总认识

1 水运业的几个特征事实

我国近几年的供给侧结构性改革,取得了明显成效。与此对应的是,各行各业的供给侧结构发生重大变化,资源、产能和盈利能力向各行各业的头部企业集中的趋势越来越明显。化工、造纸、玻璃、水泥、有色金属、钢铁、煤炭等传统行业龙头企业受益。这些企业通过规模效应、打通产业链上下游、节省成本、更新设备、增加研发投入、提高环保标准等建立了壁垒和"护城河"。"看得见的手"发挥的作用越来越大,而且政策能够落到实处。对应到水运行业,有如下的一些特征。

行业集中度提升

第一,国际集装箱运输领域的集中化。2016 年,全球集装箱运输市场格局发生重大变化,被称为"五场婚礼和一场葬礼"。所谓"五场婚礼",涉及 11 家公司,按事件发生的先后顺序是:达飞海运收购美国总统轮船、中远与中海合并、赫伯罗特收购阿拉伯联合航运、日本三大航运公司合并集装箱及港口业务和马士基收购汉堡南美;"一场葬礼"则是韩进海运的破产。集装箱运输行业在金融危机刚开始的时候显现出大联盟的态势,而在行业持续低迷的情境下,并购成为主旋律,使得行业集中度大幅度提升。排名前 4 位的集装箱公司的市场份额由 2000 年的 22.97% 上升到了 2017 年的 56.2%,排名前 8 位的集装箱公司的市场份额由 2000 年的 34.49% 上升到了 2017 年的 78.1%。这引发了货主对集装箱运输行业垄断的担忧,也引发了人们对集装箱运输领域的反垄断诉求。

第二,中远与中海合并。截至 2017 年 12 月 31 日,中国远洋海运集团有限公司经营船队综合运输能力达 8635 万载重吨(1123 艘),排名世界第一。其中,集装箱船队规模达 189 万标准箱(TEU),居世界第四;干散货船队运输能力达 3811 万载重吨(422 艘),油轮船队运输能力达 2092 万载重吨(155 艘),杂货特种船队运输能力达 461 万载重吨,全部居世界第一。这同样引发了业界对其垄断的担忧。

第三,港口资源整合。2017 年,辽宁省政府与招商局集团提出,双方合作建立辽宁港口统一经营平台,以大连港集团有限公司、营口港集团有限公司为基础,实现辽宁沿海港口经营主体一体化。随后,大连港、营口港资产正式划拨辽宁省,开启了整合的进程。同年,交通运输部与天津市、河北省联动推出《加快推进津冀港口协同发展工作方案(2017—2020 年)》,共同推动津冀港口跨省级行政区域资源整合先行先试。此外,2017 年江苏省成立了江苏省港口集团,整合了沿江锚地、岸线和航线资源,初步实现港口一体化运营。广东省在粤港澳大湾区建设的战略下,以广州港为龙头,整合珠江口内及珠江西岸港口资源,力争打造粤港澳大湾区世界级枢纽港。在总结各地港口经验的基础上,交通运输部向全行业印发《关于学习借鉴浙江经验推进区域港口一体化改革的通知》(交水函〔2017〕633 号),引导各地因地制宜有序推进港口资源整合,优化水运供给,加快行业提质增效。由此,沿海"一省一港"的格局初步形成。

2018 年 11 月 3 日,辽宁省政府与招商局集团在北京签署《辽宁省港口合作项目增资协议》和《辽宁港口合作工作备忘录》。根据协议,招商局集团将通过增资方式入股辽宁东北亚港航发展有限公司,取得 49.9% 的股权,并将与辽宁省地方政府在港口运营、物流运输、园区开发、金融服务等多个领域开展深入合作,将"前港—中区—后城"的成功模式在大连太平湾港区落地,建设东北亚的"新蛇口",为辽宁省全面振兴、全方位振兴提供新的活力和强劲动力。此次签约,标志着辽宁省港口资源整合、一体化运作取得实质性进展。

招商局集团还立足于"区域整合、提升协同",积极把握国内沿海港口整合及改革机遇:在环渤海地区,参与探讨辽宁省港口整合,研究与天津港(集团)有限公司的合作;在长三角地区,与上海国际港务(集团)股份有限公司、浙江省海港投资运营集团有限公司的合作进一步深化;在东南地区,2017 年 8 月入股并主控汕头招商局港口集团有限公司 60% 股权,进一步推动这一地区港口的资源整合。

同时,招商局蛇口工业区控股股份有限公司(以下简称"招商蛇口")已形成了对中国邮轮母港的整合。2018 年 3 月 2 日,招商蛇口联合湛江港集团以底价 17.9 亿元竞得湛江开发区一宗 18.36 万平方米用地,楼面价为 3102 元/平方米。该用地出让目的是为了实施湛江邮轮港综合体项目建设,地块外东侧须配建一个 3 万总吨级和一个 7 万总吨级规模的邮轮码头。自此,招商蛇口以独资、参股或联合开发的形式介入了天津、青岛、上海、厦门、深圳、湛江等邮轮母港的开发运营,其中天津、青岛、上海、厦门邮轮母港 2015 年接待邮轮旅客达 228.3 万人次，占我国全年邮轮旅客接待总量的90%，而2016年的数据又分别达到了384万人次和85%，形成了"招商系"的邮轮母港网络。吴淞口邮轮母港是这些港口中最大的。

央企重返长江

2017年11月23日，"百年磅礴、上海共生"招商蛇口上海战略发布会在上海半岛酒店隆重举行。招商蛇口常务副总经理朱文凯在发布会上提出，招商蛇口将突出"上海核"，重点布局南京都市圈、杭州都市圈、合肥都市圈、苏锡常都市圈和宁波都市圈。沿"沪宁合杭甬发展带""沿海发展带""沿江发展带""沪杭金发展带"，招商蛇口已进入宁波、太仓、南通、嘉兴、昆山、无锡等地，并积极拓展温州、徐州、启东等地。

2017年7月19日，中国远洋海运集团有限公司与武汉市政府签署战略合作框架协议，就阳逻铁水联运中心建设等展开合作。2017年底，中远海运港口有限公司收购武汉钢铁集团物流有限公司下属的武汉阳逻九通港务有限公司70%股权，成立合资公司——中远海运港口武汉有限公司，运营阳逻码头及铁水联运项目。2018年1月16日，中国远洋海运集团与武汉市政府在武汉会议中心举行武汉阳逻码头及铁水联运项目签约暨中远海运港口武汉有限公司揭牌仪式。武汉阳逻码头及铁水联运项目投资约20亿元，2018年开工建设，预计2019年底建成，年吞吐量预计超80万标准箱。这标志着中国远洋海运集团正式在武汉布局码头和物流园建设。

港口反垄断调查

2017年4月，国家发展和改革委员会（以下简称"国家发展改革委"）与交通运输部，依法对上海国际港务（集团）股份有限公司、天津港（集团）有限公司、青岛港（集团）有限公司、宁波-舟山港股份有限公司等进行了反垄断调查。在此基础上，国家发展改革委与交通运输部、中国港口协会召开会议，部署全国沿海港口企业规范自身生产经营行为，要求港口企业充分认识公平竞争的重要意义，认真做好自查自纠工作，推动港口生产经营降本增效，更好服务实体经济发展。调查结果显示，4家港口企业涉嫌违反《中华人民共和国反垄断法》，主要表现为以下三个方面：第一，限定船公司使用本港下属企业提供的拖轮、理货、船代等服务；第二，对不可竞争的本地外贸集装箱装卸业务，收取远高于竞争性国际中转集装箱的装卸作业费；第三，向交易对象附加强制拆箱理货、不竞争条款、忠诚条款等不合理交易条件。按照国家发展改革委反垄断调查的有关要求，上述4家港口企业先后进行整改，规范生产经营行为，维护公平竞争市场环境，切实降低企业进出口物流成本，促进实体经济减负增效。其中调降装卸作业费一项，每年可降低进出口物流成本约35亿元。

2018年7月4日，天津市发展改革委对外通报了天津港堆场垄断案，6家企业被实名曝光。这6家企业的23个天津港堆场（部分堆场已股权变更、不再存续或不再营业）存在达成并实施横向垄断协议，收取集装箱装卸综合附加费和卸车费的违法问题。天津市发展改革委认为，这23个天津港堆场作为具有竞争关系的经营者，通过串谋协商，以协议形式对依法应实行市场调节的综合附加费和卸车费进行固定，排除限制了天津港堆场服务市场的竞争，违反了《中华人民共和国反垄断法》第十三条所列的禁止具有竞争关系的经营者达成固定或者变更商品价格垄断协议的规定。此案涉案企业众多，涉案金额巨大，对市场破坏严重，造成天津港绝大多数堆场跟随收取这两项费用，成为各堆场经营中的收费惯例，增加了进出口企业物流成本。天津市发展改革委将对涉案企业进行严肃处理，按照《中华人民共和国反垄断法》的规定，对违法企业处以上一年度销售额1%～10%的罚款，预计处罚金额将达5000万元以上。

2018年6月11日，国家市场监督管理总局对深圳4家拖轮公司达成并实施垄断协议的行为作出行政处罚决定。这4家拖轮公司与深圳港区其他拖轮公司就拖轮收费事宜进行沟通，在此基础上保持价格行为的基本一致，限制了各拖轮公司之间的竞争，违反了《中华人民共和国反垄断法》第十三条的规定，属于达成并实施"固定或者变更商品价格"垄断协议的行为。国家市场监督管理总局考虑到当事人与其他拖轮公司主要就价格总体走势进行沟通，较少涉及具体船公司的拖轮费率，以及拖轮费用在港口使费中所占比例较小，对港口之间竞争损害较为有限等因素，依据《中华人民共和国反垄断法》第四十六条的规定，要求当事公司停止违法行为，并处以上一年度相关销售额4%的罚款，总金额达1286万元。

清理浮吊和非法码头

为彻底消除城市重大安全隐患和饮用水源污染风险，2016年12月30日上海市交通委员会与相关部门联合发布了《关于禁止在黄浦江及其支流设置浮吊设施的通告》，正式启动黄浦江上游浮吊整治工作。到2017年4月30日，随着最后一艘浮吊正式撤离上海，历时4个月的上海黄浦江上游浮吊整治工作画上了句号。在浮吊被清退后，大船可在上海港有条件的正规码头接卸，也可在长江等其他水域换装小船后再驶入上海内河码头。

随着市场规模的无序拓展，水上过驳对长江生态环境和水上交通安全的威胁剧增。为满足长江经济带可持续发展需要，2017年5月19日江苏省政府办公厅印发《关于开展长江江苏段水上过驳专项整治活动的通知》，全面启动水上过驳整治工作。一年以来，整治工作推进有序、执行有力，现已按照既定时间节点全面完成整治工作任务。按"去产能"的要求，原22处水上过驳作业点被压减至7个水上临时过驳作业区；700台浮吊被压减至符合安全标准和环保要求的344台，其余356台浮吊被清理出过驳市场，压减数量超出了预期的目标。

近年来，湖北省全面启动沿江1公里内化工企业关停、搬迁工作。2018年，湖北省再次明确"关改搬"沿江化工企业，坚持长江"共抓大保护、不搞大开发"。2016年以来，湖北省一是取缔长江沿线各类码头1102座、泊位数1261个，腾退岸线143公里，清退港口吞吐能力1.27亿吨，完成生态复绿566万平方米，使长江岸线环境资源得到较大修复；二是先后开展了长江干线非法码头专项整治、危险货物码头安全和环保专项整治工作，取缔非法码头604座，取缔关停沿江危险货物码头51座。

港口集疏运"公转铁"

生态环境部发布的《中国机动车环境管理年报（2017）》显示，截至2016年底，京津冀地区年货运量的84.4%依靠公路运输，津冀港口群10亿多吨的货物吞吐量有70%以上由公路完成集疏运。外地过境北京西北地区（以延庆区为主）大货车达8000辆/天，其中运送煤炭的占大货车量的85%（7000辆/天）。该部分运煤大货车有60%运送至天津港，每趟行驶500～900公里，沿途氮氧化物排放量约2.8万吨/年，相当于500多万辆国Ⅳ排放标准的小汽车行驶同等里程的排放量。相比之下，铁路的单位货物周转量能耗、单位运量污染排放分别为汽运的1/7、1/13。如将京津冀地区5%的煤炭运输改为铁路，每年便可减排氮氧化物3.5万吨、颗粒物0.5万吨。

为有效降低货运重型汽车对空气质量的影响，打好"蓝天保卫战"，2017年4月30日24时起，天津港散货物流中心实施"只出不进"，停止接收公路运输的煤炭，对存放的煤炭进行全面出清转运。天津港各作业码头停止接收长途公路散运煤炭、焦炭。这比国家《京津冀及周边地区2017年大气污染防治工作方案》中"7月底前，天津港不再接收柴油货车运输的集港煤炭"的要求提前了3个月。天津港不再接收汽运煤以后，每年将减少运煤大货车约200万辆次，减少吞吐量达到8000万吨，由此对天津港的收入产生很大影响。除此之外，天津港积极提升大宗散货清洁生产作业水平，加快推进靠港船舶大气污染治理，加大港区环境综合整治力度。在远程物流节点建设方面，天津港加快建设乌兰察布有色矿分拨基地、武安铁矿石分拨基地、阳泉（应县）煤炭聚集基地三大物流基地，推进区域营销中心建设，拓展金融服务、物流配送服务、中转分拨功能，积极打造三条铁路钟摆式运输线路。

继 2017 年环保部要求环渤海港口禁止汽运煤集港之后，2018 年 5 月由生态环境部提出，2018 年 9 月底前山东、长三角地区沿海港口煤炭集疏港运输全部改走铁路，2019 年底前京津冀及周边地区、长三角地区沿海港口的矿石、钢铁、焦炭等大宗货物全部改由铁路运输，禁止汽运集疏港。

国务院印发的《打赢蓝天保卫战三年行动计划》中提出，优化调整货物运输结构，大幅提升铁路货运比例，计划到 2020 年全国铁路货运量较 2017 年增长 30%；大力推进海铁联运，全国重点港口集装箱铁水联运量年均增长 10% 以上；推动铁路货运重点项目建设。在环渤海地区、山东省、长三角地区，2018 年底前沿海主要港口和唐山港、黄骅港的煤炭集港改由铁路或水路运输；2020 年采暖季前，沿海主要港口和唐山港、黄骅港的矿石、焦炭等大宗货物原则上主要改由铁路或水路运输。

2018 年，中国铁路总公司发布《2018—2020 年货运增量行动方案》：到 2020 年，全国铁路货运量达 47.9 亿吨，较 2017 年增长 30%，大宗货物运量占铁路货运总量的比例稳定保持在 90% 以上。其中，全国铁路煤炭运量达到 28.1 亿吨，较 2017 年增加 6.5 亿吨，占全国煤炭产量的 75%，较 2017 年产运比提高 15 个百分点；全国铁路疏港矿石运量达到 6.5 亿吨，较 2017 年增加 4 亿吨，占陆路疏港矿石总量的 85%，较 2017 年提高 50 个百分点；2018—2020 年，集装箱多式联运年均增长 30% 以上。

水运"安全风暴"

2018 年 3 月 31 日 22 时 20 分，常熟长江港务有限公司码头作业区一号泊位发生散货分装漏斗垮塌事故。事故发生后，常熟市领导及相关部门有关人员第一时间赶赴现场组织救援，公安、消防、急救等部门全力施救，并对现场彻底清理检查。被困的 4 名装卸工人 1 人死亡，3 人送滨江医院抢救无效死亡。

此事件发生后，有关监管方就此事做出了停产停业整顿 20 天的处罚。

对于此事的处罚结果，有不同的认识。企业 20 天的停业整顿，确实会给企业经营带来很大影响。《中华人民共和国安全生产法》共有 13 处提及"停产停业整顿"，但却没有给定停业整顿的时间。新时代，我们该如何看待这类事件？

党的十九大报告提出"树立安全发展理念，弘扬生命至上、安全第一的思想，健全公共安全体系，完善安全生产责任制，坚决遏制重特大安全事故，提升防灾减灾救灾能力"。改革开放 40 年来，经济快速发展，GDP 高速增长，但安全和环境的代价也是巨大的。近年来公众对于生命财产安全和环境保护越来越敏感。对于安全生产，因为是小概率事件，企业往往在很长时间没有发生安全事故的情况下，就会逐渐放松警惕，相关的制度有可能流于形式。如果没有强有力的措施和具有震慑力的处罚，企业在安全领域的重视程度和投入都可能达不到要求。但仅仅是罚款，对于盈利比较好的企业就会变成用钱来购买安全，很可能达不到事故率降低的目标。"坚决遏制重特大安全事故"，需要采取一些强有力的措施，让安全生产不会流于形式。

发展固然重要，但不能以牺牲生命为代价。作为当事人，如果不能充分认识到安全风险以及安全生产的价值，就需要政府的强制力让其深刻领会，并起到必要的警示作用。行业内的其他企业也会因为看到这样的惩罚措施而强化自身的安全生产管理。

水运"环保风暴"

国际上，根据国际海事组织（IMO）的路线图，全球 2020 年 1 月 1 日对商船将开始执行最高 0.5% 的硫排放限制。面对这一挑战，各方提出了各种应对措施，如用低硫燃油、加装脱硫塔、改用 LNG 等。

在国内，"环保风暴"已经真真切切地到来。2017 年上半年，天津港"禁止汽运煤进港"就是水运领域的"环保风暴"的前奏曲。受此影响，2017 年天津港（集团）有限公司煤炭及其制品吞吐量同比下降 30.15%，金属矿石吞吐量同比下降 14.10%；公司实现利润总额 15.71 亿元，同比下降 29.19%。该公司年报表明，利润下降主要原因是煤炭及其制品、矿石、钢材等主干货类装卸业务量减少，装卸业务利润总额下降。

接下来更严厉的举措纷纷出台。2018 年 5 月 16 日国务院提出力争到 2020 年大宗货物年货运量在 150 万吨以上的工矿企业和新建物流园区接入铁路专用线比例、沿海重要港区铁路进港率分别达 80%、60% 以上，着力提高沿长江重要港区铁路进港率。

2018 年 6 月 13 日，湖北省政府率先在我国沿江省份中出台了《湖北省沿江化工企业关改搬转实施方案》（以下简称《方案》），全面推进沿江 1 公里内化工企业关改搬转（含关闭、改造、搬迁或转产），对于不符合规划区划或安全环保条件、存在环境污染风险的现有化工企业一律实施关停或迁入合规园区、改造升级。这将对长江化学品运输产生影响。《方案》编制单位初步摸底表明，全省现有化工企业 1021 家，其中沿江 1 公里范围内化工企业 105 家，沿江 1 公里至 15 公里范围内化工企业 455 家；化工园区 58 个，园区外的化工企业 456 家，园区内的化工企业 565 家。《方案》还划定了时间界限的要求，2020 年 12 月 31 日前完成沿江 1 公里内化工企业关改搬转，2025 年 12 月 31 日前完成沿江 1 公里至 15 公里范围内的化工企业关改搬转。

2 水运客运发展的不平衡不充分

消费结构升级

我国已进入到大众消费的新时代，大众需求、平民消费成为这个时代最为突出的特点。与过去相比，我国城乡居民消费结构正在由生存型消费向发展型消费升级、由物质型消费向服务型消费升级、由传统消费向新型消费升级，并且升级的趋势越来越明显，速度越来越快。2014年12月召开的中央经济工作会议，专门详细阐释了我国消费需求的"新常态"，即"模仿型排浪式消费阶段基本结束，个性化、多样化消费渐成主流"，消费需求正在从过去的生存型向享受型升级[1]。

从现在到2020年，是我国全面建成小康社会的决胜时期。小康社会，按照《诗经·大雅·民劳》"民亦劳止，汔可小康，惠此中国，以绥四方"所表述的那样，指的是丰衣足食、和谐安宁、生活安定的社会，是儒家理想社会的初级阶段。小康是介于温饱到富裕的一个阶段，小康初始接近温饱，小康建成则接近富裕。按目前世界银行的富裕标准和汇率计算，2020年中国人均GDP尚未达到富裕社会程度，届时我国将处于上中等收入国家，距离富裕国家已经十分接近。

党的十九大报告提出，我国到2035年基本实现社会主义现代化。届时，人民生活更为宽裕，中等收入群体比例明显提高，城乡区域发展差距和居民生活水平差距显著缩小，基本公共服务均等化基本实现，全体人民共同富裕迈出坚实步伐。其中所蕴含的富裕人群的数量已经十分可观。按照"经济学人智库"的报告《中国消费者2030年面貌前瞻》，我国2030年高收入人群（年收入高于20万元）的比重将由2015年的3%上升到15%，这将是2.2亿人的规模。同时，中高收入人群（年收入6.7万~20万元）的比重将由2015年的7%上升到20%，这将是2.9亿人的规模。所有这些中高收入以上人群，都具有较高的消费需求及较高的消费能力。

新时代的消费需求升级，笔者认为不必考虑恩格尔系数，不必研究消费弹性，不必探究人口结构，从下面几个方面即可探知，就是"自恋任性""时不我待""体验经济""轻度冒险"和"美丽环境"。"自恋任性"反映了人们越来越注重个性化需求；"时不我待"反映了人们越来越有愿望、有能力消费时效性更高的服务产品；"体验经济"反映了人们对体验式产品的消费意愿越来越强，而且被快速工作和生活所裹挟时也有意愿把节省下来的时间消磨在度假休闲活动中；"轻度冒险"反映了人们对深度参与式的体验活动越来越感兴趣；"美丽环境"体现了人们对美好生活环境的向往。

自恋任性：消费升级的第一个特征是个性化需求越来越强烈。第二次工业革命是规模经济主导生产体系，导致了产品的同质化现象，除了少数人能够获得私人订制的产品以外，个性化需求比较难以满足。而今，新技术、新模式已经能够在较低成本下满足人们的个性化需求。同时，这是一个用户主权时代，即"需要"不再是刚性需求，卖方市场变成了买方市场，要求生产者转变观念和模式，为用户提供具有黏性的产品。例如，消费者从商城购买行李箱时，可以在行李箱上面刻上自己喜欢的文字，但相应也要多付一些费用。这就是新时代的个性化需求，用户愿意为自己的个性化"埋单"。

时不我待：人们愿意将节省下来的时间，用于美好的事情上。2008年8月1日（北京奥运会开幕前一周），京津城际铁路正式开通运营。仅仅10年后，到2018年底，我国高速铁路（以下简称"高铁"）运营总里程达3万公里，是2008年的44.5倍，超过世界铁路总里程的三分之二，居世界第一位。在人口密集的区域，高铁正在对人们的出行发挥着越来越大的作用。高铁重构了我国城市的时空格局，使被其连接的城市进入更快的发展通道。2017年2月，交通运输部、国家旅游局、国家铁路局、中国民航局、中国铁路总公司、国家开发银行联合印发了《关于促进交通运输与旅游融合发展的若干意见》（以下简称《若干意见》）。《若干意见》提出构建"快进慢游"的旅游交通网络。"快进"是指依托高铁、城铁、民航和高等级公路等构建"快进"交通网络，提高旅游通达性和便捷性；"慢游"是指建设集"吃住行游购娱"于一体的"慢游"交通网络。在这样的格局下，枢纽型城市有机会得到进一步的发展和提升，没有民航机场和高铁车站的城市将会落伍。

体验休闲：现代旅游业已经越来越倾向于体验和休闲，走马观花式的"走走走"和到旅游目的地的"买买买"逐渐失去了吸引力。作为高级消费形态的休闲消费，是一种以精神消费为主的多元消费，主要满足消费主体对自我生命价值与人生意义的追求。影响休闲消费的条件主要是"有钱""有闲"和"有心"。休闲消费以自由为核心，以体验为过程与手段，以促进人的全面发展为目的和归依[2]。笔者认为，参考欧美消费者在旅行中做的事情，大概就知道未来我国消费者的旅游消费倾向。在一个地方，为游人提供美好和舒适的环境，让游人能够愉快地放松心情，物我两忘，沉浸其中，才是未来旅游的方向。《体验经济》中有一个故事能够非常好地表达什么是体验。在刚刚抵达意大利威尼斯时，一位游客询问自己下榻酒店的门童，他和自己的太太在哪里可以品尝到该地最好的咖啡。门童毫不犹豫地向他推荐了位于圣马可广场的 Café Florian 咖啡馆。不一会儿，夫妇二人就在 Café Florian 啜饮起美味的咖啡，且完全沉浸在"欧洲最美客厅"圣马可广场美丽的景色和喧闹中。一个多小时后，他们接到咖啡账单，发现这一体验的花费超过15美元一杯。"这咖啡真值这么多钱吗？"有人问道。"绝对值!"意犹未尽的他们恳切而愉快地答道。从原产地购买这杯咖啡原材料的成本可能也就 0.1 美元,加上运输和相应服务的成本也就 1 美元,但在特别的场景下体验这杯咖啡就能够收费 15 美元(图 1)。在某个特别的场景中体验这杯咖啡才是最为重要的事情,这就是体验经济的真实内涵[3]。

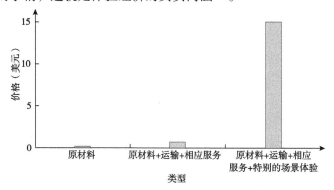

图 1 咖啡的价格[4]

轻度冒险:当人们休闲娱乐的时间增多后,实现个人价值、体验非凡刺激就成为人们新的需求,轻度冒险的相关活动就会变得越来越热门。热气球、滑翔机、帆船、快艇运动等越来越受到追捧,尤其对"80 后"和"90 后"新生代人群更有吸引力,就证明了这一点。鉴于人们安全消费层次的提升,这些活动必须在保证安全的条件下具有充分的刺激性,即"轻度冒险"。郭川就是新时代人们需求升级的代表。他拓展了帆船运动的广度和深度,激励国人拥抱航海,并在极限运动中实现生命的别样价值。人们选择去冒险,是希望能够体验心流(Mental flow),在忘却时间的同时体验极致的快乐。

美丽环境:美好生活需要的一个重要方面,就是与人的生命密切相关的空气和水。20 世纪 80—90 年代,冬天燃煤取暖产生的废气使我国很多地区的雾霾时间很长,人们似乎并没有太多抱怨。但是,近些年人们在物质生活逐步得到满足的条件下对生存环境日益关注。"绿水青山就是金山银山",曾经边远地区的绿水青山无法给当地人带来富裕,而使他们不得不走上外出打工之路,而今越来越多的打工族回到了环境美好的家乡,通过开办农家乐,吸引城市中的人来消费而获得不菲的收入,使绿水青山的价值逐步彰显。

改革开放以来,围绕国民经济的快速发展,水运业以服务货运为主,经历了瓶颈约束、初步缓解、基本适应、适度超前乃至产能结构性过剩的发展阶段。水运客运量也呈现出几次波动的态势。改革开放后,水运客运量不断上升,到 1989 年达到 3.9 亿人次。以后一路向下,2003 年到达 1.7 亿人次的低点。其后又呈现不断增长的态势,2015 年恢复到了 2.7 亿人次(图 2)。近几年的水上客运市场中,与休闲旅游相关的邮轮和游轮运输呈现快速增长的态势。以沿海港口出发的邮轮为例，2006—2016年其客运量以45%的年均复合增长率爆发式增长，并于2016年底达到了226万人次的规模。

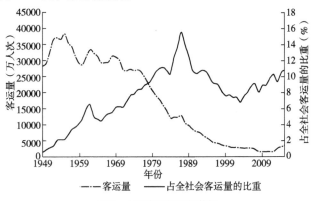

图2 水运客运量历年数据

我国消费者过去常常被冠以"'无钱无闲'的人群"，近些年先富起来的一部分人成了"有钱无闲"的人群。在全面建成小康社会的过程中，必将会有部分人用"钱"换"闲"，主动选择"钱"与"闲"之间的恰当平衡，由此产生了休闲旅游的需求。与水运相关的休闲旅游包括邮轮、游轮旅游等。与这些水上休闲旅游不断增长相对应的，则是相应船舶、港口以及配套设施供给需求。沿海邮轮港口在码头供给上总体上实现了适度超前，但是国内邮轮公司尚处于起步期，邮轮配套服务能力亟待提升，游轮等船舶水平尚处于较为滞后状态。更为重要的是，水运客运相关的法律法规亟须进一步完善。

水运客运服务发展不平衡不充分

在水上客运领域，作为基础服务的轮渡、客船等发展较为充分，部分航线的高速客船以及更好设施设备的客船的发展尚不充分。

在游轮领域，虽然已经有少数公司实现了船舶的现代化，但是大多数的发展水平还赶不上时代的要求，尤其是码头基础设施、岸上服务配套及旅游产品开发尚不充分。

在城市滨江游领域，相应的船舶尚停留在城市旅游观光游的阶段，船舶状况差，相关服务差，与欧美国家的城市观光游船有较大差距，高端休闲游的船舶和产品还比较欠缺。同时，由于市场准入和价格受到较为严格的管控，企业新增豪华船舶运力以及提升服务档次的愿望难以实现。不同价格、不同服务档次的滨江游并行发展，才会有市场的繁荣。

新兴服务发展不充分

随着科技水平的提升和需求结构的变化，经济社会对冷链物流需求巨大，这不仅包括新鲜的瓜果蔬菜，还包括海鲜水产品、医药药品和化工原料等。冷链物流行业一方面能够帮助延长物品的保鲜周期，提高物品的经济效益，另一方面还可以为这些物品创造最佳的储存环境，避免各项安全事故的发生。据中国物流与采购联合会冷链专业委员会统计，2016年全国冷链物流市场需求达到2200亿元，同比增长22.3%。然而，冷链物流相应的基础设施和服务发展尚不充分，不能完全满足不断发展的需求。

新时代消费者的消费特征体现为"小规模、多批次"运输需求，这对以规模经济效应为突出特点的水运是一种打击。运输的时效性需求不断提升，对于天然具有时效性缺陷的水运又产生了负面影响。水运行业长期以来通过不断推进船舶大型化为经济社会提供更为低价的服务。而消费需求的个性化，在很多时候使低价并不能够取胜，反倒是满足需求的相对高价才能获得更好的发展机会。个性化服务往往是高端服务，需要补齐相应的短板。由于种种原因，目前我国的水上探险、水上商务会议、水上婚庆等个性化的新兴服务发展尚不充分。

与供应链融合不充分

长期以来，由于各种运输方式规划、建设、运营和管理分属不同部门，使得各种运输方式的协同并不充分，多式联运在我国的发展相对滞后。例如，由于多种因素的制约，海铁联运集装箱比重不到2%。这虽然与我国的产业布局密切相关，但也反映了水运与铁路衔接不畅。港航领域的大型企业，很难为客户提供具有个性化的供应链服务，继而影响到了这些客户对其终端消费者的服务效能。

智慧水运发展不充分

很久以来，船员在水上的工作条件十分艰苦，长期不能上岸，影响了这个群体与社会的互动。过去，"跑船的"工资相对较高，做船员有一定的吸引力。但是随着船员与岸上工作者的工资差异不断缩小，水运业出现了船员短缺的现象。智慧水运能够有效地降低水上航行的风险，减少水运业对船员的需求，是新时期解决船员短缺、提升水运效率的途径。机器对人的替代，让更多的人上岸从事相对轻松的工作，正是美好生活需要对水运业提出的要求。目前，无人船的研发正在展开，自动化码头也在推进，但是发展得还很不充分。

水运安全发展不充分

近年来，社会公众对水运业安全的要求越来越高，但水运业安全的发展还很不充分。近几年长江内河游船及天津港发生的事故表明，水运业安全发展还需进一步完善，相应的制度和体制机制构建还需与时俱进。

3 水运变革的总体框架

水运变革的外部环境,是第三次工业革命的颠覆式创新引发的需求逆转,以及新时代对交通运输的需求升级。第三次工业革命所对应的颠覆式创新包括3D打印、新能源、5G、区块链和共享经济等,从长远看都会对水运需求产生影响。同时,新时代对交通运输的需求升级集中体现在安全、便捷、高效和绿色上。这两个因素共同促使水运变革。从供给层面,社会经济发展需求升级,彰显出现阶段水运业的供给老化,集中体现在供给的时效性没有与时俱进、供给的价格结构没有贴近客户、供给的"碎片化"与市场需求不匹配、供给的灵活性没有及时调整、供给的"软价值"还很欠缺等。新时代人们日益增长的美好生活需要和不平衡不充分的发展之间的矛盾,体现在水运行业包括:水运客运服务发展不平衡不充分,新兴服务发展不充分、与供应链融合不充分、智慧水运发展不充分和水运安全发展不充分,所有这些不平衡不充分则会"锚定"水运企业创新的方向。

新时代的水运变革,聚焦在供给创新。供给创新包含制度创新和企业创新,两者双轮驱动,推动新时代的水运变革。

制度创新既包含"由上而下"的顶层设计,也包含"由下而上"的"底层实践"。两者能够协同发挥作用实现双向互动的基础是构建恰当的博弈机制。在顶层设计中,有两方面的内容:一方面是构建水运文化,包括明确新时代水运的属性和使命,即在水运的战略性、先导性、服务性和基础性四个属性中进一步强调战略性和先导性。同时,通过弘扬水运核心价值观,形成水运文化的主体架构。水运的核心价值观包括"天下观、至臻性、和谐观和诚信观"。顶层设计的另一方面内容是构建水运战略。该战略是在交通强国建设的总体框架下,在建设"人民满意、保障有力和世界前列"的现代化综合交通运输体系总目标下,使水运业在海运领域成为"一带一路"倡议的先导,在内河运输领域实现内河水运重构。在制度建设中要强化博弈,通过第三方机构的参与,重构水运业的政企关系。在政企博弈中,政府要成为"有限有为"的政府,即在促进市场竞争和解除供给抑制、减税、放松价格管制等方面"松手"和"放手",在客运、安全绿色、公共服务领域发挥"推手"作用。第三方机构包括航交所、行业协会和行业智库。其各自作用的发挥有助于政府在职能转变下补足监管、权力下放和公共服务等的缺口,以更为高效的方式形成现代化的水运治理结构。行业高端智库将成为弥合水运业各方利益诉求的公允方和中立方,有效推动行业制度的演进。水运企业则要在日常经营中辨明市场的方向和探知政策的走向,并加入行业协会,促使协会为其代言。

企业创新包括"两个回归""发现不均衡"和"创造新蓝海"三个方面。

"两个回归"即回归服务和回归诚信。"发现不均衡"指的是针对供给不平衡不充分发展,在水运业的时效性、灵活性、整体性、"软价值"、跨界协同和客运等领域不断推陈出新。"创造新蓝海"指的是利用最为前沿的技术,开展水运领域的技术创新和模式创新。

图3是新时代水运变革总体构架示意图。

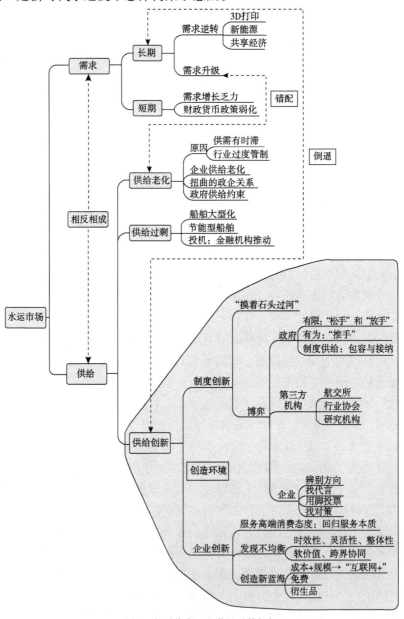

图3　新时代水运变革的总体框架

顶层设计与"底层实践"

笔者在《变革水运——水运供给侧结构性改革初探》[4]一书中，更多地考虑了"摸着石头过河"，也就是"底层实践""由下至上"对水运变革的作用。改革开放40年来的重要经验就是"摸着石头过河"，今天这句话依然具有重要的现实意义。只是现在的情况和条件发生了很大变化，在"摸着石头过河"的手段、方法上要有创新创造[5]。

在具体的实践中，"底层实践"和"利益博弈"并非自然地导向一个全局最优的结果，而可能是一个"局部最优"或者根本不是一个"最优的结果"，因为个体理性并不存在，集体理性更不可能自发实现。在行业过往的发展过程中，交通部于2006年提出了"交通向现代服务业转型战略研究"，并于2007年初提出了"服务国民经济和社会发展全局""服务社会主义新农村建设""服务人民群众安全便捷出行"。彼时，行业内的企业还没有充分的服务意识，更谈不上"现代服务"。2012年金融危机过后的几年中，水运行业进入持续低迷时，企业才真正认识到"交通向现代服务业转型"的真实含义。这表明，市场中的企业主体很难具有前瞻性和对未来的预判，迫切需要政府层面的"顶层设计"。党的十九大报告提出了建设"交通强国"的目标。而笔者通过实际调研发现，水运企业对"交通强国"及2035年乃至2050年的交通愿景几乎没有思考和展望过，大多专注于当下的市场竞争，根本无暇顾及更远的将来。虽然在新技术、新模式的快速更替下，当今的企业更多地采用"小步快走"的迭代式发展路径，但看清未来发展趋势仍然是一件重要的事情。既然市场中的企业很难做到对未来有前瞻性，就需要政府召集行业专家对未来的技术方向和制度变革方向进行预判，指引水运企业前行。目前，"交通强国战略"确定了未来交通运输发展的总基调，水运业就要在"保障有力、人民满意、世界前列"的基础上扩展出自己的发展基调。

水运变革的双轮驱动

水运变革的基本逻辑是强调制度供给的重要性，提出制度供给一旦获得突破，就能够释放企业的创新活力，促进新的供给产生，进而满足新的需求。书中提出了通过政府、企业和第三方机构共同参与的博弈机制，进而形成制度演进的内在逻辑。

然而，现实的世界中还存在着技术创新推动制度创新的可能。在部分领域或一定的发展阶段，有可能是技术创新在前，制度创新在后，两者"双轮驱动"推动产业不断发展。

技术创新与制度变迁

马克思主义政治经济学认为，技术创新属于生产力的范畴，制度变迁属于生产关系的范畴。科学技术对生产力发展和社会经济发展具有第一位的变革作用，因而技术创新比制度变迁对现代经济增长更具有推动作用，有更深层次的重要意义。技术创新和制度变迁是一种相互依存、相互促进的辩证关系。从长期来看，技术创新会推动制度变迁，制度变迁则会保障技术创新的功能得以发挥与实现[6]。

新制度经济学有关技术创新与制度变迁关系的理论，基本上是沿着"制度决定论"展开的。实际上，技术创新与制度创新对产业发展的作用，应该理解为"双轮驱动"更为恰当，或者理解为"双腿走路"，左右腿交替向前，进而推动产业前行。

水运领域"双轮驱动"的三种模式

技术创新在先。水运行业技术创新主导模式的典型案例是水运物流平台，其快速发展首先源于移动互联网技术和移动支付技术在水运领域的应用，进而带动了产业发展。在技术创新主导模式中一开始技术创新还没有得到充分的发展，产权还没那么重要，也没有关于使用权和不正当竞争的问题。只要相关管理部门不干预，技术创新就会保持相对自由、开放和有序。一旦这样的模式具有了商业化的可能，就会有很多企业投身到这个领域中来，相应的市场争夺随之而来，各种企业不断加入，"八仙过海，各显神通"，迅速争夺各自的领地。这个阶段，速度尤为重要，其实就是一种超越现有商业实践局限的能力尤为重要。随着技术的成熟和市场的不断扩大，如果产权制度没有建立起来，技术的开拓者们进一步创新的动力就会不足。到了这个阶段，技术的开拓者们以及被新技术和市场影响的社会团体开始呼吁制订规则，呼吁制度创新，进而促进产业发展。现实中，这些新规则或新制度在多大程度上保护原有技术对应的旧业态或者支持新技术对应的新业态，关键在于新旧势力的对比。短期内能够拥有大量消费者使得部分新业态拥有了与旧业态对抗的话语权。而有些技术因为不成熟，短期内无法形成一定的市场，就会被旧业态所掌控的保守势力所扼杀。

制度创新在先。制度创新主导模式的典型案例是传统领域通过制度创新形成红利的领域，比如铁路领域的市场化改革以及水运领域的改革。这种变革源于制度改进。中国铁路总公司在市场化领域的每一点放开，都会产生制度红利，使铁路领域的技术创新可以得到发展，新的技术得到更多的应用，进而产生了新的利益群体。这些利益群体成为一个利益集团，有动力去推动铁路领域的进一步制度变革。水运领域的诸多改革，包括港口税费的改革、引航体制改革、理货体制改革及港口公安体制改革等，都是制度创新促进技术创新进而促进产业发展的实例。

共同主导。在现实中，技术创新和制度创新不断对产业发生作用。比如水运领域的节能环保船舶属技术创新，其发展需要相关的标准、制度与时俱进。新的标准和制度可以促发相关企业在该领域有更大的技术投入，进而形成新的创新动力。在这样的共同主导下，水运业供给侧结构性改革不断推进，以满足社会经济的新需求。

因时而变，与时俱进

一项新的技术在水运领域得到应用，并且得到了市场的认可，而它的开拓者刚一开始并不希望政府的干预。旧的制度对水运的新领域无法约束，在新技术产生的市场力量还没有达到一定的临界点时，对其是无暇顾及的。这样的创新每天都会发生，创新的成功概率不足1/10。政府对成熟市场的监管常常已经捉襟见肘，更谈不上对千千万万个不确定性创新的关注，这使得有价值的技术创新能够少受干扰。

当新技术的商业价值逐步显现的时候，如果技术创新的"护城河"不够宽，或自我迭代速度太慢，那么无数的"强盗"和"抄袭者"必将进入此领域，继而给市场带来混乱，这时就需要建立新秩序。这种新秩序，刚开始来源于行业协会，相当于形成了一个入围市场的圈子，企业们共同遵守规则，并瓜分市场。不过，这样的组织的约束力很有限，于是政府的作用就逐步显现。很多行业规则经由政府的确认，可上升为法律法规，使该行业逐渐由初创期变为上升期乃至成熟期。

在行业由上升期到成熟期乃至衰退期时，相应的制度并非一成不变，而是随着市场供需关系、规模和结构等的变迁发生变化，从而不断确立不同利益相关者的关系。比如，水运基础设施和设备的供给能力不足时，"有水大家行船"的市场开放政策有利于短时期内迅速解决供给能力不足的问题。但是，到了水运产能过剩阶段，相应的制度就该与时俱进，让不符合安全环保原则的"低效、低质供给"有序地退出市场。这就是制度变革。

由此来看，水运供给侧改革的核心是两种制度变革：第一是对传统产业的制度优化；第二是对新兴产业的制度创新。制度的优化和创新都要做到与时俱进。水运市场价格、市场准入、竞争规则等方面的制度要能够跟上市场格局的变化。政府对新兴业态的管理也应做到恰如其分地介入，不能过早介入而扼杀创新，也不能过迟介入而任由市场混乱无序。

要做到制度与时俱进，必须要常常观察市场的"温度计"，设置市场的"报警器"，修炼全频道的"信号接收器"，接纳市场信号的"编译器"。

市场的"温度计"，指的是各类表征市场冷暖的指数。当前各种市场指数层出不穷，发布机构多种多样，指数所表征的内容也大不相同。各种指数在市场中存在并相互竞争，只有那些能够为大多数服务对象所接受的指数才是有价值的指数。制度变革的市场信息在很多时候是通过有价值的指数的走向显现出来的。

市场"报警器"，指的是各种市场预警指标和机制。对市场信号进行实时采集，建立市场信号超过某些门槛时候的预警机制，可以使行业管理部门具备对市场进行动态干预的能力。

全频道的"信号接收器"，就是获取来自各利益相关方声音的机制。兼听则明，制度的制订一定不能仅仅听取某些特定的利益集团的声音，否则就会导致政策走偏并出现诸多难以预测的风险。获取各利益相关方的声音，建立相应的机制，推动成立代表各方利益的行业协会并做好协会与行政机关脱钩是重要的方向。

市场信号的"编译器"，指的是智库。智库获取来自各利益相关方的声音，通过恰当的方法得到各利益相关方经过多次博弈而形成的利益均衡点，然后为行政部门管理决策提供最为恰当的中间道路。

利益博弈

说起利益集团，相信大多数读者都会一下子想到有钱人、大型国企或者高层官员形成的利益共同体，进而对其深恶痛绝。每一项改革在推动过程中都会遇到阻力，大家都会简单归结为利益集团的强大阻力。作为社会中的一分子，我们总是对利益集团抱有苦大仇深的认知偏见，个人致富、人生发展似乎都是利益集团的阻挠才未能实现。有谁真正想过利益集团到底是什么？它是怎么对我们的工作生活产生影响的？吴军在"得到"手机应用程序（以下简称"APP"）所开辟的专栏"硅谷来信"的第25封信（主题是："美国的政治由谁决定？"）对此具有启发意义。

解析利益集团

我们常常能听到美国利益集团左右总统选举的论调。虽然美国有一些利益集团确实是代表资本家和富人利益的，比如为大公司游说的团体，但更多的则是代表行业利益、族群利益、劳工利益甚至有共同爱好的群体的利益。这些代表一部分人利益的团体会尽其可能去影响当地（或联邦）的议员、其他的政策制定者和政府官员。利益团体会在大选时和各个候选人谈条件，看某位候选人承诺得多，就把所有的票或者80%的票都投给他。美国步枪协会有200多万名会员，占人口的比例不到 2%，但是每次投票非常一致，以致谁也不敢得罪他们，也使得美国一直无法禁枪。相反，占美国人口 4% 的亚裔却是一盘散沙，没有形成有影响力的利益团体。伯克利大学前校长田长琳生前曾倡导成立亚裔的"80-20 协会"。后来在 2008 年大选中，"80-20 协会"确实为亚裔争得了一些利益，让奥巴马承诺内阁中至少有一名亚裔部长。奥巴马履行了承诺，让骆家辉出任商务部部长，朱棣文出任能源部部长。但是亚裔利益在其他方面又受到损害，导致亚裔团体普遍转向共和党寻求利益最大化。美国联邦政府从一诞生开始，就一直在平衡这些利益，而政客则成为利益群体合法的代言人。在美国，为了自己族群和利益团体争利益是天经地义的事情。在大选中，美国也遵循"会哭的孩子有奶吃"的原则，哪个群体发出的声音大，哪个群体的票仓就大，候选人就一定会在意这个群体的诉求。

由此可以看到，利益集团就是一群人有共同利益，能够集合起来发出同样的声音，并对决策者施加影响。如果有一群人虽然有共同利益，但是没有有效地组织起来，以致决策者的决策变量中没有将这部分人的利益考虑进去，那么这群人的利益就可能被牺牲、被忽略或者被交换。

施展在"得到"APP 的专栏中，提到了有关利益集团及利益博弈的文字，十分具有启发意义。其所表达的观点是：

第一，国外的利益集团花钱游说，并不是行贿。

第二，不要看到利益集团就觉得它会绑架社会，于是想要打击利益集团。利益集团是内在于人性、人类社会的常态，永远会存在的，所以要打击的根本不是利益集团，而是不按规则行事的利益集团。

第三，利益集团根据自己对一线经济调研的情况对游说费用进行调整进而会影响到国家决策的变化。

每个人既是既得利益者，也是利益受损方

经济社会中的利益冲突无所不在，因为资源具有稀缺性。有利益冲突就会存在利益博弈，博弈中获利较大的群体就被冠以"利益集团"。每个人在经济社会中，在某些领域是既得利益者，在另一些领域则是利益受损方。人们在愤恨别的利益集团夺走了自己利益的同时，也为从属于某个利益集团获得了某种利益而沾沾自喜。这就是现实中每个人对于利益集团的态度。

利益博弈的条件

施展在"得到"APP 的专栏中提到，实力最根本的是"伤害别人的能力"，只有"我有能力伤害你，我却选择不伤害你"的一方才能主导谈判。如果你没能力伤害别人，那就不能指望别人愿意跟你谈。

换句话说，彼此都有能力互相伤害的人，都会意识到靠暴力没法实现诉求，谈判才更有利于自己的利益，于是就有了通过谈判来确定规则、划清利益界限的动力。谈判双方都知道对方的实力，违约的成本会远远大于收益。

博弈要用资源

掌控资源越多的一方，在博弈中越可能胜出，这符合竞争的原则。一个更好的技术发展方向，可能拿出更多的资源去说服政府，进而产生倾斜性的政策。这看似不公平，但恰恰体现了在社会进步层面的公平。这样的机制更有利于让有前途的新兴产业脱颖而出。西方社会所推崇的智库运行机制，其实就是这样一种用钱来博取话语权的机制。制度的生成机制，就是让能够汇聚更多资源的利益集团胜出。在不同的社会发展阶段，就会有不同的博弈结局。在技术的平稳发展阶段，传统的力量更容易胜出，因为传统力量积累的资源足够多。在颠覆性技术爆发的阶段，新兴技术更容易胜出，因为颠覆式力量能集聚的资源足够多。

水运领域中的利益博弈

水运市场开放是大势所趋，因而必然产生不同利益集团得失。航运市场开放政策的实施有可能使航运要素在局部区域集聚，进而强化该区域航运业的竞争力，这样的政策对全国而言不是绝对公平的。可是，如果这样做能够使得局部区域获得的收益大于其他区域遭受的损失，并对国家战略产生积极意义，那么这样的政策有可能在一定的历史条件下得以实施。不考虑航运业的战略基础性，如果对外开放使得我国航运业遭受的相关损失能够从我国出口生产厂商的市场竞争力提升得到弥补，那么航运市场开放也是值得的。从我国出口商所处的产业层级来讲，由于议价能力不强，运输控制权主要被外国公司掌握，出口商获取的好处很难体现在产品的最终市场定价上，而是被中间贸易商获得。因此，航运市场开放既放弃了航运业的相关利益，同时也没有使货主获得利益，这样的开放就是不恰当的。

构建恰当的利益博弈机制

从政府层面来看，要构建恰当的利益博弈机制，让所有的利益相关方参与到利益博弈中。否则，在政策和制度实施过程中，一定会产生反作用力，或者会产生潜规则，对所制定的政策和制度进行侵蚀，并产生社会的不稳定因素和维稳压力。

从企业来讲，要找到自己的利益表达的渠道，如通过自己的行业协会表达自身的诉求，争取行业的正当利益，给政策制订者以充分的信息和决策参数。

从智库来看，就是要充分考虑各个利益集团的诉求，在充分权衡的情形下，找到政策得以实施的恰当的契合点。

各个利益集团应摒弃以往羞于争取自身利益的思维惯性，都有义务把自身的利益表达出来。这样才能为未来制度的演进提供恰如其分的决策变量。

4　水运变革之锚：价值观体系

理解农业文明基因

世界的文明有两条主线。一是以古埃及、古印度和古中国为轴线的农业文明，后来的法国、德国和苏联都是沿袭了这条线。二是以古巴比伦为代表的商业文明，后来意大利、荷兰、英国、美国和日本则延续了这条线。

守诺、妥协、重利是商业文明的特点。农业文明中，自给自足是文明的基点，而非商品交换。要实现自给自足，就要靠集体的力量，特别是家族的力量对抗天灾人祸，完成大工程，解决所有的问题。

以这样的眼光来看"一带一路"倡议，就会有新的认识。农耕文明所倡导的全球体系，是一个"和而不同、天下大同"的体系。各个国家就像一家中的兄弟姐妹，通过政策沟通、设施联通、贸易畅通、资金融通、民心相通串联在一起，共同走向富裕。而商业文明建立的全球体系，是大家都参与到相互之间的贸易中，至于贸易之后的贫富差距并不是主导者所要重点考虑的。从理论上来说，贸易对大家都有好处，但是倡导方站在制订贸易规则的顶端，将会获得更多的收益。

在工业革命之后，物质产品的制造越来越呈现供大于求的情况，人类不可避免地进入了商业社会，我国文化中的很多特点就显得与商业社会格格不入。改革开放40年来，我国已经成为世界第二大经济体。面对新的情况，我们需要文化自信，相信影响我们的文化内核在构建全球的新体系中又会"老树新枝"，要做"负责任的大国"。农耕文明具有调动社会资源的巨大优势，而"集中力量办大事"在商业文明的逻辑下就很难实现。

马特·里德利所著《自下而上》的核心观点是：无论是人类的进化史，还是人类发展的历史，还是人类所建立的国家和制度，都是遵循"自下而上"的演进逻辑，而不是由上帝、皇帝乃至社会精英精心设计的结果。其中的观点很有洞察力。不过，以农耕文明的思维来审视这本书，笔者认为，是否给"由上至下"的社会进化和制度进化一点点的空间，是值得探讨的。单一的逻辑很难解释世界，能够容纳相反方向的认知来解释世界才有更好的解释力。盛洪在《儒学的经济学解释》[7]中写道："美国的宪法很了不起，它是美国的这些精英提出来的。而没有这些精英提出宪法，美国西部牛仔投一万年票也投不出这些东西。这是很重要的。这些基本原则是精英的产物，不是一般大众的产物。一般大众可以讴歌民主，民主不能自动产生这些东西。""狭义的民主是投票，广义的民主是这样一套制度结构，包括去补救投票制度缺憾的制度结构。"

在《变革水运——水运业供给侧结构性改革初探》中，笔者给出了水运制度变革的总体框架，核心是给出了水运制度变革"由下至上"的演进路径，但也并不排除在部分领域"由上至下"的主动作为。"有限政府"要求行业管理部门在部分领域做到"放手"和"松手"，而"有为政府"要求行业主管部门在水运文化、水运战略和公共服务领域的主动作为[4]。

我们常常说"水到渠成"，认为是"水"冲刷出了沟渠的形状和走向。但是，看看我国的京杭大运河，在条件具备的情况下，通过因势利导也能做成"渠成水到"的事情。这其实隐含了"由上至下"的逻辑。人工运河能够开挖成功，需要对地理条件进行全面分析和判断，对水源有安排，还需要建设一个个船闸保持航道水位，并通过恰当设计让船舶能够通航。这些都是人发挥主观能动性的结果。突发奇想要在根本没有水源的地区开凿运河，注定不会成功。

价值观溯源一：天下体系

我国综合文化的形成方式被称为"化"。"化"是变易，不是一方之改变，而总是"互化"。因此，"化"区别于宗教的皈依，是多种文化对存在秩序的合力重构。中国的概念始终是多文化的互化与共同建构的结果，既不是表现为汉化的同化，也不是不同文化之间的互相拒斥与分隔。但在混成的中国文化中，由于以汉字为载体的精神世界更为丰富深厚，中原文化的基因始终起着主导作用。赵汀阳的著作《天下的当代性：世界秩序的实践与想象》[8]，从周朝所建立的天下体系开始，阐述了我国历史上"天下"的制度起源、制度构成，以及秦后"国家体系"构建对更为宏大的"天下叙事"的破坏。赵汀阳认为，越来越多的民族国家正在慢慢演变成合众国。欧洲多国的西亚人、非洲人、东欧人和东亚人的人口增长迅速，已使这些国家很难说是原本意义的民族国家了。合众国有可能将会发展为现代国家的主要类型。美国本来就是一个大熔炉，也曾有意愿将其联邦政体推及世界。所谓的联合国、国际法和世界银行本意上就是这一理念的实践。

赵汀阳认为，如果世界只有一种精神，就会失去世界的世界性。缺乏多样存在，就不是世界，无非一物而已。春秋时期关于"同"与"和"的争论已经说明了这个道理：如果万物都是同样的，那么万物"同"于一物，相当于一个事物的复制；只有多样事物才能构成"和"，才有世界。假如世界统一为一种宗教、一种价值观、一个精神世界，则世界在空间上虽然广大，在精神上却缩小为一种事物，就不称其为世界了。

对世界的"天下认知"也可以运用到当代，推及未来，并用以思考整个世界的治理体系。"走出去"的中国人需要建立一个价值观，其基础就是"天下"的理论体系。亚当·斯密所构建的以个人利益为出发点的自由贸易体系在新时代需要推陈出新，需要增加一些新鲜的血液。"和而不同"的"天下"观将发挥巨大作用，并且可以运用到水运行业在"一带一路"倡议中的核心价值中。

党的十八大报告提出人类命运共同体，旨在追求本国利益时兼顾他国合理关切，在谋求本国发展中促进各国共同发展。打造人类命运共同体理念，传承和弘扬"和为贵""世界大同""天人合一"等中华优秀传统思想文化，同坚持独立自主的和平外交政策、坚持和平共处五项原则、坚持互利共赢的开放战略、坚持推动建设和谐世界等新中国优秀外交传统一脉相承，同时反映了各国人民追求发展进步的共同愿望以及一些区域和国家建立不同形式共同体的有益经验，既具有鲜明的中国特色，又蕴含全人类共同价值，还能获得世界各国特别是发展中国家的广泛支持[9]。

推动建设人类命运共同体，源自中华文明历经沧桑始终不变的"天下"情怀。从"以和为贵""协和万邦"的和平思想，到"己所不欲，勿施于人""四海之内皆兄弟"的处世之道，再到"计利当计天下利""穷则独善其身，达则兼济天下"的价值判断，同外界其他个体命运与共的和谐理念，可以说是中华文化的重要基因，薪火相传，绵延不绝。

人类命运共同体理念与我国历来主张的"世界大同、天下一家"理想有着相似的美好愿景，均表达了各国共处、共存、共发展的观点。当今我国不会推行霸权主义，而是追求"和而不同"、互利共赢，追求各国共同发展、共同繁荣、共同安全、共护环境。无论是"一带一路"倡议还是亚洲基础设施投资银行，都是在尊重各国主权的基础上，努力扩大世界各国的利益交汇点，推动经济全球化健康发展，并希望各国能够分享我国发展所带来的利益，显示了我国既希望自己发展好、也希望别人发展好的博大胸怀。

价值观溯源二：阳明心学

林源民在其文章《航运业要不要讲信用？》中写道："航运业是一个不需要讲信用或者讲了信用也没用的行业"，因为长期以来诸如责任限制、单船公司、空壳公司以及反垄断豁免等行业惯例本就在抹杀行业的信用。近些年呼声很高的鹿特丹规则试图给船东增加责任，从而使得长期以来倾斜的天平稍微向货主那边平衡一点，但目前来看推行起来十分困难，这牵涉到船东国与货主国长期的博弈。

航运价格纷繁复杂。国际航运是跨国运输行为，产品跨越国境需要面对不同种族、文化和习俗。面对纷繁多样的利益主体，面对千差万别的政府监管，国际航运市场比其他任何一个市场都复杂，由此派生出了纷繁复杂的航运价格。航运价格构成中，有的费用可能来自船公司，有的费用可能来自为船公司服务的相关企业，有的费用来自港口，还有的费用则来自相关的监管机构。在众多利益主体的博弈过程中，形成了多达几十种的航运附加费。在部分航线甚至出现了负运价。"负运价"并非是船公司运输货物要给货主贴钱，而是通过"负运价"吸引客户，并通过在目的港向收货方加收相应费用而实现盈利。航运附加费因时而变、因地而变、因监管而变，却难以变为让客户容易甄别的简单形式。自航运市场萧条以来，众多公司希望从不同层面进行创新而摆脱困局，但在简化价格构成方面仍然没有看到有任何实际行动。

航运垄断时有发生。航运公司都在试图"做大做强"，"做大"就有机会获得垄断力。航运公司的运作逻辑往往不是"因大而生"的规模经济和服务能力的提升，而是在与客户发生业务往来的时候具备价格的话语权、压款及拖欠款项的权力。港口因为地域的专属性、相对的封闭性，可以通过一定的手段行使垄断力。这体现在简单服务高收费、限定被服务方的选择权等方面。许多时候被服务方成了"待宰的羔羊"。

诚信体系。水运行业正在国家层面的"诚信中国"的总体框架下构建行业自身的诚信体系。这种诚信体系的构建，需要行业协会发挥作用，通过诚信评价，让行业中诚实守信的企业脱颖而出，让行业的正能量普照，从而使行业积弊逐步减少。王阳明当初到庐陵县为官时，恢复了朱元璋时代的早已名存实亡的旌善亭和申明亭的"两亭"制度，要求所管辖的各乡村都要设立这"两亭"。旌善亭是光荣榜：凡是热心于公益事业者和乐于助人者，为国家和地方做贡献的人，在该亭张榜表彰，这是存天理。申明亭是黑榜：凡是当地的偷盗者、斗殴者或被官府定罪者，名字都在此亭中公布，目的是警戒他人，这是去人欲。目前，交通运输行业的"旌善亭"已经有所进展，但"申明亭"却还没有。

格物致知。行业诚信，不仅要给行业的从业者强加一个外在的约束，而且要从价值观的重构开始，让所有从业人员发自内心地向善，让行为与良知相匹配。何为良知？良知，是人与生俱来的道德与智慧的直觉（直观）力，或是直觉（直观）的道德力和智慧力。王阳明主张心是无善无恶的，每个人都拥有知是非善恶的良知，人人心中都有完美的核心价值观，而我们所需要的就是用格物的方法论来为善去恶,自觉践行正确的价值观。所谓格物,就是为善去恶;所谓致知,就是把这种为善去恶的功夫做到极致,让良知彻底显露。在现实中,格物致知,就是要在为客户提供的服务中,做到价格合理、服务周到,让客户感到物有所值。"潜规则"的事情是否能够通过内心良知的检验?曾经,人们经常拿别人违规作为挡箭牌,振振有词地说:"别人能做为什么我不能做?"别人干违心的事、干违法的事、干伤天害理的事,你就可以效仿吗?其实,无非是同流合污,无非是自欺欺人。有些业内人经常拿行业惯例来说事,认为已经运行了很多年,改也改不掉,不如就范。然而,人皆有良知,王阳明的人生观之一即是"心即理",违背良知指引而不奋起抗争,就是违背了天理。在做事的时候,应该在良知的指引下无所畏惧。遇到良知所认为的不公时要敢于抗争,善于抗争。万物一体,为自己抗争时,就是在为别人抗争;为别人抗争,就是在为自己抗争。从另一个角度讲,自己的一点点改变就是行业向好的努力,如果行业中充斥着谎言和欺骗,那么以诚待人恰恰就是稀缺资源,可能会因为一时受骗而受损失,但长此以往一定会被市场所认可,进而获得更好的回报。目前行业中已经有一些有担当的企业正在践行诚信的价值观,并获得了市场的认可。退一步讲,如果自己对行业的积弊没有能力和勇气去改变,至少还可以远离。

水运的价值观

《变革水运——水运业供给侧结构性初探》提出了水运行业的价值观应该集中在秉持水运发展的至臻性、构建水运业的和谐观和弘扬水运企业的诚信观三个方面。至臻性就是充分发挥运能大、占地省、能耗低、环境友好的比较优势,通过航道高等级化、区域成网,船舶大型化、标准化和码头专业化,逐步向自身最具经济竞争力的状态发展。也就是说,要秉持水运业的技术理性,充分发挥各种运输方式的比较优势和综合效应,积极融入综合运输体系。和谐观指的是水运业的制度变革应该向引导水运业与上下游的和谐方向推进,也就是水运业与经济社会在节能环保、安全应急领域的和解,还有水运业与城市、居民的和谐。诚信观则是通过构建信用体系和弘扬行业诚信,形成新时代的诚信价值,摒弃行业长期的积弊,以诚信重构行业生态。

新时期,需要在"人类命运共同体"宏伟命题下,探索新的水运价值观。这可以简单总结为水运的"天下观"。它包括:

第一,要建构基于"天下情怀"的"关系"。要在西方自由主义经济学和普通法中汲取营养,生成新时期的"天下规则"。

第二,要有"为人类服务"的初心。"一带一路"沿线国家历史、文化、政治、地理等都与我国具有巨大差异,拥有"为人类服务"的初心,才会在遇到前所未有的困难时拥有难以动摇的心灵支撑。

5 政府变革:"松手""放手"与"推手"

理解市场经济

最近美国挑起的对华贸易摩擦愈演愈烈。美国对中兴公司的芯片禁售,已经超出了贸易摩擦的范畴,被李稻葵称为"经济恐怖主义"。对于长期以来受西方教科书所谓的自由市场经济观念灌输的人来讲,美国的做法不可理喻。《人类简史》中的一段话,其实很好地解释了"对自由市场经济的崇拜"。《人类简史》[10]的作者尤瓦尔·赫拉利是这样阐述的:

> 如果讲到最极端的情况,相信自由市场经济的概念其实就像相信圣诞老人一样天真。这世界上根本不可能有完全不受政治影响的市场。毕竟,经济最重要的资源就是"信任"。光靠着市场本身,并无法避免诈欺、窃盗和暴力的行为。这些事得由政治系统下手,立法禁止欺诈,并用警察、法庭和监狱来执行法律。如果行业管理部门行事不力,无法做到适当的市场规范,就会失去信任、使信用缩水,而经济也会衰退。不论是1719年的密西西比泡沫,还是2007年美国房地产泡沫带来的信用紧缩和经济衰退,都一再提醒着我们这些教训。

就美国的自由市场经济来说,其市场监管最终会引向司法程序。美国律师业收入创造的GDP高达1万亿美元,占到了美国GDP总量的6%左右,是一个天文数字。而中国律师业收入仅为400亿元人民币,不到美国律师业收入的百分之一。看似自由的市场经济,其实是靠背后的昂贵的诉讼费来实现的。中国的市场监管依赖行业监管,需要配备众多的监管人员,同样需要花费社会成本。这样看来并不能得出欧美的市场监管体系一定优于中国的市场监管体系。同时,美国"看得见的手"也不是从来无所作为的。美国在应对金融危机中真正解决问题的手段是教科书从来没有阐述和分析过的"区别对待"的政府注资。美国调控当局一开始对雷曼兄弟公司在斟酌"救还是不救"之后,任由这家150多年的"老店"垮台。当有了这样的一个处理结果后又总结经验,后来对"两房"、花旗银行和通用汽车公司则分别施以援手,动用大量公共资金进行选择式注入。这是一种典型的政府区别对待的供给操作,并且给予经济社会全局以决定性的影响[11]。奥巴马政府对页岩气行业的政府支持,以及对特斯拉新能源车的政府低息贷款支持,也是很好的案例。

看似自由的市场，背后都有一整套监管的逻辑，以及其背后的国家治理模式。正所谓"自由"本不是"随心所欲"而是"随心所欲不逾矩"。"自由市场"也是在市场规则的边界内"随心所欲不逾矩"，而并不是没有政府监管。"规矩"由政府建立，规则的保障和执行需要政府的强制力。市场的良性运行，需要国家或政府信用，而这却是昂贵的公共产品。在这样的认识下，不要看到"看得见的手"对市场有所作为，就认为"大逆不道"。要对"看得见的手"具体问题具体分析，看其作用的方向和分寸是否拿捏得当。因此，对于新时代水运市场的变革，在考虑政府与市场之间的关系时，一定要对"自由市场经济"抱着一颗怀疑之心，并要充分理解政府在市场中的作用。党的十八大报告中提出了"市场在资源配置中的决定性作用和更好发挥政府作用"，而在具体的实践中往往还是没有能充分认识到"更好发挥政府作用"这八个字的真实含义。

有限有为

没有任何市场经济可以在制度的真空中运行[12]，亦即不可能存在没有政府的市场。政府是市场的参与者，只不过在不同的体制下政府参与市场的程度各有不同。有关政府参与市场程度的争论由来已久，也没有定论。制度供给的强度，既不是自由放任，也不能用力过猛。"供给侧结构性改革"所要求的政府应当是"有限有为"的政府。"有限"的含义是：让市场中遵纪守法的主体感觉不到政府的存在，而一旦违法，政府之手和制度之手就会发挥作用。"有为"指的是政府要在构建行业文化、公共服务、国家安全、节能减排等方面发挥积极作用。政府的职能是组织公共产品的供给，应尽量少地由政府自己来生产并供给产品[13]。新时期正在推动的PPP模式将使得政府提供公共产品的效率大大提升，同时也增强民间资本的参与度，突破政府资金的瓶颈约束。

"松手"：让市场充满活力

水运业减税。水运业税制与国际接轨的相关工作经过行业主管部门及相关企业多年来的努力，仍然收效甚微。主要的原因在于：对于我国这样的经济大国，水运业在国民经济中的比重相对较小，很难为水运业制定有别于其他行业的特殊税收政策。但是由于水运业的开放属性，相对较高的税费很难吸引国外水运机构入驻，也使运营国际海运的中资企业将船舶大量注册在开放登记国，将企业总部设在新加坡等税费相对较低的国家和地区。水运业与国内各行业无差别的税制使得水运税基大幅度减少，从而导致税收向国外流失。在当前的条件下虽然很难在全国范围内推行航运减税，但可以探索在自贸试验区推进，进而通过试点试验观察实施效果。这样的政策也有利于自贸区的发展，同时也能够支撑航运中心的建设。此外，近些年船员职业收入与陆上工作收入差异越来越小，而海上航行的安全风险较大，使得航海专业人员越来越不愿从事船员工作，造成高级船员流失，严重影响航运业的可持续发展。

放松价格管制。虽然水运业是国家战略基础性产业，但随着水运业的对外开放和对内放开逐步推进，水运业的市场属性越来越强，水运业的价格体系也应跟上形势，逐步减少政府定价和政府指导价，形成透明的市场价格体系。水运市场的价格形成应当主要由市场决定，价格定多少、价格的结构、怎样计费、怎样收费等价格的细节问题应该交给市场。政府能做的就是让更多的主体参与，打击不正当竞争和垄断行为，从而形成能够真实反映市场供需关系的市场价格。新出台的"港口收费计费办法"虽然有积极意义，但还是规定得太细。经济发展的周期性不断轮回，市场的供需关系经常发生变化，国家之间的竞争会引起汇率的变动，宏观调控也会引起通货膨胀或者通货紧缩，相应的价格本来就是不确定的和不可捉摸的。而且，技术进步也会引起不同服务的劳动生产率变化，进而导致价格的调整。如果水运业某个新商业模式通过主业免费而增值服务收费的方式实现盈利的话，会对过往的价格体系产生冲击。

探索付费模式。港航费收主要包含两个方面：一方面是港航相关企业的服务性收费，比如港口企业的装卸费和水运企业的运费；另一方面是港航行政事业性收费，比如船舶港务费、货物港务费、港口建设费和港口设施保安费等。货物港务费作为维护航道、锚地、防波堤等公共基础设施的资金来源，似乎应当归为行政事业费，但在港口收费计费办法中又被归为政府定价的经营性收费。市场供需关系决定了上述费收构成的综合价格，其中行政事业性收费具有刚性，在市场低迷情况下企业的服务性收费被不断压缩，对企业运行产生了较大影响。当前免除船舶港务费、货物港务费和减半征收港口设施保安费等举措确实能够起到对相关企业的支持作用。同时，规范服务性收费的结构，简化费收构成，也有利于形成面向客户的透明的价格体系，从而为客户呈现出真实的价格信号。牵涉港航的行政事业性收费何去何从值得研究。在行业发展的瓶颈期，水运服务的使用者支付了整个水运体系运行的基础设施建设、公共管理、公共服务和企业服务等几乎所有费用，同时还在价格中承担相应的税，是为了快速推动基础设施建设而不得不采取的权宜之计。从长远来看，使用者支付竞争性服务费用，其中包含了非公共基础设施建设的费用，而公共管理、公共服务的相关费用更大程度上应当由价格中隐含的税收来支付。不过，从水运行业的特殊性来讲，一是目前航道（包括内河航道、沿海港口出海航道）建设的经费约三成来源于车购税和港建费，航道、船闸等公共基础设施在没有稳定的资金来源情况下仅仅依靠市场的力量可能存在严重的供给不足，进而影响整体效用的发挥；二是各区域水运条件的差异及提供水运的基本公共服务的差异需要跨区域的转移支付，尤其是与边远地区居民出行密切相关的渡口等关系到基本公共服务均等化的事项需要转移支付；三是内河水运的基础性与海运业的开放性之间的冲突，既需要一定程度上的制度隔离，也可能需要"主动的需求管理"以平衡相关利益；四是"海运强国"战略需要维持国家安全和经济安全的战略船队、公务船及设施、战略投送能力的经费；五是水上支持系统，包括海事、救助打捞、科研、教育、信息通信等经费的约六成来自车购税和港建费，其中海事和救助打捞的经费更依赖港建费，而教育科研和信息系统的经费更依赖车购税，这些支撑水运公共服务的费用是否要改、怎么改需要深思熟虑和多元多次博弈。在这样的认识下，应当考虑保留部分的行政性事业收费，或者将其中的部分经费转变为水运发展基金，在统筹协调、放眼未来的原则下分配资金，并形成公开透明的资金支出渠道。

"放手"：构建公平公正的市场环境

优化市场监管模式。首先建立公平公正的市场环境，其次与反垄断、反不正当竞争的综合部门建立相应机制，最后是发挥第三方机构的作用。公平公正的市场环境，让规矩合法的企业能够在市场中发展壮大。企业自身维护其品牌价值的相关行为本身就会减少市场监管的需求。上海曾试图成立专门的航运市场监管机构以完善监管，由上海航运交易所承担相应的技术支撑，但此方案与机构精简的大方向不符而被否决。不能成立独立的航运市场监管机构，也应积极探索与综合性的市场监管机构形成常态的工作机制，使行业主管部门的调查权与反垄断部门、反不正当竞争部门的执法权对接。强化市场监管需要摒弃过去增加监管人员和经费的老路，新的环境也不可能有这样的条件，而第三方力量将在此过程中发挥重要作用，形成新型航运市场监管机制。

促进市场竞争。当前港口领域的垄断行为主要表现在进入壁垒、强制服务和过度服务。进入壁垒就是限定部分服务必须由港口集团、集团下属企业乃至集团指定企业提供。强制服务就是为船公司提供无可选择的服务或者过度服务，比如拖轮、理货（简单服务高收费）和代理（强制代理）等[14]。当前港口资源整合有利于缓解供给侧的过度供给，但有悖于市场竞争的原则。因此，港口资源整合的反垄断调查应该积极推进，强化港口反垄断的相关工作，给市场一个良好的预期。

解除供给抑制。目前水运行业主管部门会从政策上扶持一些大企业（比如拆船补贴），同时国家战略以及应急任务的实现也主要通过这些大企业来完成，"抓大放小"具有一定的合理性。但是，从长远看，企业的竞争力是从市场拼杀、优胜劣汰中形成的，而不是通过政府扶持形成的。公平公正、统一有序的市场，需要各类企业同场竞技并留下最有竞争力的企业。如果将行业扶持资金一直用于大企业，就形成了市场环境的不公平、被扶持企业自身的行为惰性，同时也抑制了有发展前景的中小企业的发展。航运业放松供给抑制，就是要改变长期以来政府对大企业的供给刺激，与此同时解除对中小企业的隐性的供给抑制，创造有利于中小企业成长的环境，让有担当的中小企业脱颖而出。中小企业其实不需要政府扶持，唯一需要的是政府一视同仁，或者叫平等自由，以激发企业家的创新热情[15]。水运业解除供给抑制，就是要破除"三个门"，即"玻璃门""旋转门"和"弹簧门"。"玻璃门"就是行业新政策、新规定和新办法虽然建立，中小企业看得见却进不去，犹如隔了一层玻璃门；"旋转门"指的是表面上看对企业一视同仁，可在具体操作中设定的某些条款又把中小企业推了出来，虽然进入了门，可是转着转着又转出了门外；"弹簧门"则是指中小企业刚刚涉足某一行业领域就被一些市场准入门槛等弹出的现象。

"推手"：主动作为

构建新时代的水运文化

当前，水运文化领域的举措不断出台，《中国水运史》的编撰已经进入了实质性推进阶段，包括全国范围内的退休老领导和专家已经投入到了该书的编写当中。与水运相关的影视作品也已经拍摄或者正在拍摄当中，专题片《中国港口》和电视剧《碧海雄心》已经上映，电影《紧急救援》开机，《中国海运》《中国灯塔》也在筹划拍摄当中。所有这些都是水运文化的重塑。嘉年华集团在20世纪70—80年代拍摄的与邮轮相关的电视连续剧，使得大众充分认识和了解到了邮轮，继而引发了美国人消费邮轮产品的热潮。我国水运行业这些年通过媒体、影视以及图书等形式打造水运文化，将航海的理念和思想逐步植入国人心中，是十分必要的事情。海洋强国和海运强国需要有大量投身海洋事业的人才，而对国人潜移默化的教育可以从文化层面在一定程度上解决船员短缺的问题。

"交通强国"建设，需要明确新时期水运业的基本属性。传统上，水运业具有先导性、服务性和基础性，其中先导性也常常表述为引领性。新的时期，水运业在承担国家战略中的作用更加凸显，水运文化还应当在以下三个方面进行延伸。

第一，引领性。党的十九大报告首次提出了"交通强国"的新时代战略命题，构建"交通强国"的一个重要内容就是不断彰显交通运输的引领性。水运业也要在经济社会中实现其先导性功能，树立"水运先行"的核心价值。水运为经济社会提供基础性服务，是与交通运输相关的其他行业的基础。没有水运在沿江沿海以及"一带一路"的连接，就没有其背后其他行业的利益，也没有我国产业"走出去"的利益。新时期水运业的新规则需要建立，并需要政策扶持，从而保证其能够具有"先行"的能力。西方传统的国际航运规则将世界上发达国家之间、发达国家与世界市场之间建立起了连接。但是，发展中国家之间的连接还不充分，亚非拉国家之间的连接还不充分，需要水运发挥先导作用，需要制度上的保障。水运供给侧结构性改革的结果，是出现了越来越多的省级港口资源整合以及越来越大的航运大企业。以传统的西方理论来审视当前的行业集中化倾向，可以说这样的市场结构不利于行业健康发展，不利于水运业提供更好的服务。但是，新时期承担"一带一路"倡议重任以及承载"人类命运共同体"的先行者责任的水运业乃至交通运输业，需要具有"家国情怀"乃至"天下情怀"的大型企业。

第二，战略性。交通运输新时代要彰显战略性，就是要在国家重要的战略行动中发挥作用。这里隐含了一个价值判断，就是要在制度上使得水运企业具备"战略投放能力"。中小航运企业往往在市场好的时候"狠捞一笔"，在市场不好的时候却无法履行作为企业的社会责任。国家的战略意图很难让这样的企业来实现。新时期需让国家"宏观调控之手"以及供给侧结构性改革能够首先惠及大企业，并让其承担历史使命。尤其是，水运业在面对安全发展和绿色发展的时候，中小企业往往难以自发地行动。比如，内河航运长期以来配员低于最低船舶配员标准，监管方的罚款也是无奈之举，最后变成了船东在增加配员与接受惩罚之间的利益权衡。再比如，在当下环境污染问题严重的背景下，仍然有部分长江内河船舶为了经济利益而非法加注超标燃料油，船东对自身给环境造成的危害没有感知能力，大多数人以"别人都可以做，我为何不能做"作为心理的安慰。由此可见，让市场力量的缓慢博弈来实现安全绿色发展，很可能就会陷入行业的低水平发展陷阱而不能自拔。

第三，包容性。当前，我们还需要重视"包容性"的内容，也即用"天下体系"重构国际航运的规则体系。在走出去的过程中，相应的规则需要具有"包容性"，接纳各个国家不同的市场结构和规则体系。海运国际公约的形成过程中，应积极注入中国元素和中国方案，主要是政府主动作为的内容以及规则"和而不同"的内容。政府在供给侧结构性改革中的主动作为，需要以新供给经济学为理论基础，并需要在实践中不断弘扬并完善。西方的普通法体系本来具有一定的包容性和与时俱进的功能，但是西方法律体系背后的核心价值还是西方利益，而不是相容协调的"天下"共同利益。西方普通法体系有包容度，在对外开拓中容易接纳各种族、文化的规则，但也可能存在一个问题，那就是陷入各地规则的低水平循环。西方的普通法体系没有主动改变当地制度的机制，仅仅把第三世界变成劳动力、资源和贸易价值的源源不断输送者。

水运文化的贵州样板

为深入贯彻落实国务院《关于加快长江等内河水运发展的意见》（交水发〔2011〕76号）和国务院《关于进一步促进贵州经济社会又好又快发展的若干意见》（国发〔2012〕2号），2013年9月20日，贵州省人民政府出台了贵州省水运建设三年会战实施方案，用三年时间已达到通航道、优港口、增运力、兴产业、补短板的目的，并取得了卓著的成效。其中的一项重要成果就是建成了贵州航运博物馆。2017年1月，贵州航运博物馆在习水县土城镇开馆。这是全国首家内河航运专题博物馆，对于激发干部群众走好新的长征路，弘扬水运文化具有积极意义。

该项目由贵州省交通运输厅、遵义市、习水县共同投资2800万元修建。该工程于2013年12月正式动工，2015年12月陈列大纲通过评审。该馆占地近3000平方米，建筑面积1800平方米，陈列面积1600平方米。它重点展示了乌江、赤水河等贵州六大河系的航运历史和航运文化，包括航道、船舶、港口、库区、航务管理和发展展望6个贵州航运发展专题。该馆外观有着浓郁的黔北民居特色，与土城镇古建筑融为一体。整个展陈追求空间的拓展，讲究场景的设计，注重观众的参与，采用图片、文字、实物、雕塑、景观、多媒体技术等现代化展陈手段展示了贵州河流的雄奇和优美。

为什么贵州航运博物馆建在这样一个偏僻的小镇？一方面，土城镇历史悠久，具备承载水运文化的条件。土城镇是一座千年古镇，早在7000年前就有人类繁衍生息，春秋时期为古习国所在地，汉代建县，唐宋建州。西汉元鼎六年（公元前111年）在此设置平夷县，北宋大观三年（公元1109年）设滋州。元末明初，街民在改造房屋时发现大量土城墙，故名"土城"。另一方面，土城县在中国革命史上具有极为重要的历史意义。1935年，红军长征到达土城县，经过惨烈的青杠坡战斗后，红军主力就是从这里飞渡赤水河，拉开了四渡赤水军事奇迹的序幕。

总体来看，贵州航运博物馆借古城的文化底蕴和红色旅游的契机宣扬水运文化，是"借船出海"的典范。

除了贵州航运博物馆，贵州省在2013年出版了《当代贵州航运发展史（1991—2010年）》。这是继20世纪80年代初编撰《贵州航运史（古代）》《贵州航运史（近现代）》之后又一部记载贵州航运的专业史书。这样的工作，将为《中国水运史》的编撰起到很好的支撑作用，这也彰显了贵州航运人对水运文化的重视以及对水运发展历程的担当和作为。

供给侧结构性改革

新时期，"看得见的手"的主动作为，主要集中在水运业的供给侧结构性改革上。交通运输部办公厅2017年5月19日发布"深入推进水运供给侧结构性改革行动方案（2017—2020年）"，给出了水运供给侧结构性改革的五个抓手，在"降成本、去产能、补短板"的基础上，增加了"调结构和强服务"，正好与水运的转型升级相结合，并指向安全、便捷、高效和绿色的总体目标。

新时代，经济社会发展对安全发展和绿色发展的要求越来越高。这恰恰是供给侧结构性改革的着力点。环保工作目前不动用行政手段已经根本不可能解决问题。人们一方面抱怨雾霾等环境问题，一方面又认为所有的环境问题与己无关。安全和环境领域的问题，单纯依靠市场是无法解决的，需要动用政府的强制力。2017年冬天"煤改气"的强力执行并产生实效，恰好是给水运行业的安全和环保工作做出了示范。

"环保风暴"和"安全风暴"预计会对水运行业产生越来越强烈的冲击。天津港停止汽运煤的举措就是一个案例。长江水运在环保和安全领域的监管必将强化，在这一领域更具有优势的企业将脱颖而出。目前，已经看到一些标志性事件。比如招商局重返上海，通过并购中外运长航集团布局长江航运乃至物流业；中远海运集团与武汉市签订战略合作协议，共同推进武汉长江中游航运中心建设。这是航运央企在长江布局的两大事件。行业管理部门未来将通过安全和环保领域的强化监管让在安全和环保领域做得好的企业的市场份额提升，进而践行推动长江经济带发展的国家战略。除此之外，长江水运市场不应再是一家家企业单打独斗的市场，中小企业应当积极去拥抱水运物流平台，让该平台更好发挥沟通信息、降本增效、金融保险服务、社保服务等功能。长江水运过去"小散乱"的市场格局，将变成两个"朋友圈"总揽全局。

强化客运监管。新时代美好生活需要的一个重要体现就是水上旅游休闲活动的兴起，与之相关的客运监管需要不断强化。西方自由市场经济的逻辑是开放市场，通过市场的良性竞争自然筛选出有价值的企业。但在实践中，如果仅仅有开放的思维，恐怕会将市场引向低水平恶性竞争的泥潭，进而影响到行业的健康发展，还有可能给广大游客的人身安全带来难以估量的隐患。交通运输的市场规制，在涉及安全、环保的领域，必须强化政府监管，同时也需要重视监管手段的更新和创新。比如长江游轮"退三进一"的市场准入制度就是行业主管部门主动作为的具体行动。上海吴淞口邮轮母港正在试点邮轮船票制度，旨在通过邮轮船票平台规范邮轮市场的价格，并通过对《中华人民共和国海商法》的修订，确定邮轮公司、船票代理及游客之间的权利义务关系，引导市场向良性的方向发展。城市滨江游也随着监管理念的变化而得到不断优化。对事关人身安全的领域，"政府之手"不是隐退而是强化，不是"无理干预"而是"适度作为"，要用好第三方机构的数据服务及研究机构的研究成果，结合专家的集体评判，确定相关市场的准入、各部门的协同及星级评价等。

推动智慧水运的发展。着力推动"互联网+"水运企业的成长，进而推进行业监管变革。我国目前已经诞生了200多家航运电商企业。这些企业通过各自的商业模式创新为客户提供服务，通过竞争最终会有几家企业从市场中脱颖而出。这些企业可以利用对客户服务积累的大数据，以及自身的商业逻辑消除市场的信息不对称。与此同时，其大数据也能够为政府行业监管提供服务，从而形成新形势下行业监管的新逻辑。在此过程中，政府应以开放的心态对待行业中的新兴企业和新兴模式，通过利益相关方的参与及博弈及时完善相应的法律法规体系，通过构建公平公正的市场环境让有活力的新兴企业不被压制。智慧水运不但能够成为水运行业供给侧改革的发力点，也可以推进水运行业制度供给的变革。

培育第三方力量。简政放权背景下行业主管部门需要构建新型的政府与市场关系，才能够在不增加人员和经费的前提下形成两者的良性互动，其中培育第三方力量尤为关键。第三方力量指的是除政府和企业之外的非营利组织，包括行业协会、航交所、科研机构及新型智库。当前正在开展的行业协会与政府脱钩的工作正是促进行业协会发挥第三方作用的重要举措。行业协会要在纵向沟通与横向协调、利益聚合与表达、规则建立与自律等方面发挥作用并承接部分政府转移的职能。航交所要在交易服务、市场晴雨表和平台服务等方面发挥作用。行业主管部门则应召集行业内的所有利益相关方对行业规则变化的方向、边界、内容进行充分讨论，并在科研机构和新型智库的参谋下形成新的规则。科研机构为行业技术创新和政府决策服务，企业购买技术创新服务，政府购买决策服务。智库应是社会公器，为决策者提供咨询。中国特色新型智库建设，既要防止对"独立性"的误解而出现与政府"对立化"趋势，又要避免仅为政策出台做注脚的"迎合化"倾向。行业智库，不是政策的"扩音器"和"复读机"，而是政策出台的"工厂"。作为水运行业的高端智库，应当在"资政""启民""伐谋"和"孕才"四个方面发挥作用。咨询机构为企业代言和发声，新型智库为政府决策当参谋，在协商、博弈和妥协中形成制度演进的路径。科斯在《变革中国》中提出，和谐就是各种音调共同协作奏出完美的乐章，而不仅仅是一个音符在发音。在思想生产机制相对发达的国家，"为了商业""为了学术"与"为了政策"是咨询公司、学术机构、现代智库相对清晰的三类功能[29]。

政府购买公共服务。政府购买服务是诞生于西方社会的一项政府实行社会公共管理的措施,指政府在社会福利的预算中拿出经费,向提供社会公共服务的社会机构直接拨款或公开招标购买服务。这是一种"政府出资、定向购买、契约管理、评估兑现"的政府公共服务的供给方式。政府购买服务体现了西方新公共管理运动的精神。政府由此也可以达到削减经费、降低成本、增强能力的行政目标。我国自20世纪末引入政府购买公共服务制度,十多年间这一制度发展迅速。目前,政府购买公共服务已形成广泛的共识。"政府购买服务"变政府主办为政府主导,调动了各方面的积极性,导入了市场机制,形成了开放系统,培育了社会组织,降低了服务成本,拓展了服务功能,提高了服务效率,代表着公共服务的一种发展趋势。在政府购买服务的行动中,通过"政府提供"与"政府生产"相分离,使政府角色主要定位为决策者、购买者和监督者。具体来讲,政府的理想角色是:公共物品和服务需求的确认者;精明的购买者;对所购物品和服务有经验的检查者和评估者;公平赋税的有效征收者;谨慎的支出者,适时适量对承包商进行支付者。同时,"政府购买服务"也培育和发展了社会组织,创设了政府购买的社会土壤。在大力促进社会组织的发展过程中,应从健全社会组织的内部治理结构和鼓励其参与公共事务管理两个方面着手,提升社会组织的内外治理能力。尤其应着重建设社会组织的民主决策机制、内外结合的监督机制及信息公开机制[16]。第三次工业革命使产业格局发生重大变化,产品生产的小型化和本地生产使得政府发挥作用的空间在逐步减弱,政府在资源配置中地位进一步下降,政府通过投资控制和生产规模控制管理行业变得更加困难。新的商业模式也可能屏蔽政府"闲不住的手",让市场"看不见的手"真正发挥作用。2018年100多项行政审批权的取消和下放预示着政府职能转变切实推进。上海自贸区采取的"负面清单管理"也将使行业管理理念和制度发生变革。党的十八大报告中提出:"强化企事业单位、人民团体在社会管理和服务中的职责,引导社会组织健康有序发展……"行业管理部门应当结合事业单位改革,把政府购买社会组织的服务作为未来政府转变职能的一个重要突破口,培育行业内的社会组织,发挥其在政府和企业之间的中介纽带作用,以更加低成本、高效率的方式让社会组织发挥作用,实现政府职能的转变。这在行业内已有比较成功的案例。比如青岛船东协会在青岛口岸中日航线市场稳定的过程中发挥了重要作用。在市场旺季,青岛船东协会不干预市场,让有实力的企业通过服务和价格的竞争扩大市场份额。在市场淡季,协会依据过往各航运公司的市场份额,给每个航运公司固定的配额,让航运公司可以在保证自己配额的基础上制定运价,对违反配额制的航运企业坚决惩罚。2016年3月,财政部、交通运输部印发《关于推进交通运输领域政府购买服务的指导意见》(财建〔2016〕34号),通过引入市场机制,将公路水路交通运输领域部分政府公共服务事项从"直接提供"转为"购买服务",按照一定的方式和程序交由社会力量承担,有力地促进政府职能转变,加快推进交通运输治理体系和治理能力现代化。第三方机构的信息服务、研究咨询服务等都陆续纳入政府购买公共服务中,提升政府资金利用效率,改善政府与市场之间的关系。构建国企、民企和外企公平竞争的环境,可以使所有企业在市场竞争中锻炼竞争力。而在国家需要的时候,通过政府购买企业的运输服务就能实现支撑国家战略的意图。

老虎咬人启示录:人们为什么不遵守规则?

2017年1月宁波动物园老虎咬人的事件发生后,很多网站转载了《咬死他的其实是两只老虎,另一只更可怕!很多人不知道》这篇文章。文章中指出"第二只老虎"说的就是"不遵守规则"这只"老虎"。这只"老虎"随时都可能跳出来,噬咬秩序,噬咬公德,噬咬良知,噬咬自己。文中举了很多例子,表明人们不遵守规则带来的危害。可是,全文读下来,总感觉隔靴搔痒,没有说到点子上。笔者看来,长期以来社会显性规则与潜规则并行才是根源。

在传统文化中,道德是规范人行为的重要方面。宗族社会中的道德能够作为社会规则的基础存在,规范人们的行为。社会运行的显性规则都是以"人之初,性本善"为基础建立的,并不是大家妥协和博弈的结果,而是怀着良好道德愿望建立的高于社会发展阶段的规则体系。这些规则在现实社会中往往是摆设,表明决策者和政策制定者的高风亮节、高瞻远瞩,却少有实用性。实际社会中运行着另一套规则,被称为"潜规则"。"潜规则"才是经济社会中的真正规则。但由于"潜规则"拿不到台面上,就需要人们长期的试探和彼此的默契,同时还滋生了很多解读"潜规则"的中介,就是外国人所不解的"关系"。

社会生活中方方面面充斥着"潜规则",给人们一个思维定式:所有的规则后面可能都有潜规则;所有规则都可能不需要遵守;看到规则不是立即遵守,而是寻找不遵守规则而获利的捷径,其实就是去找该规则背后的"潜规则"。因此,人们都不拿规则当回事,认为显性的规则是可有可无的东西,由此养成了不遵守规则的习惯。

现代社会是建立在契约之上的,恰如其分的规则恰恰是社会稳定和发展的基础。"潜规则"盛行造成的社会成本太高,其中被"老虎"咬也是"潜规则"的社会成本。这些试探规则"深浅"的人,不小心就掉入了规则的"陷阱"。他们不理解，有时候规则可以"儿戏"，而有时候规则"较真儿"。在过往的经验里，走在规则的边缘或者违规有巨大的收益。通过道德教育、通过十次百次的警示都无法拦住一次次翻越"规则"围栏的人，因为翻越"规则"围栏的利益太大，遵守规则被大多数人认定为"脑子进水"。

改革开放40年是不断打破旧规则的过程。而法治社会的建立，就是要让"潜规则"逐步显性化，让新规则在所有利益相关方都认可的程序正义下得以确立。

国家治理体系和治理能力现代化，就是要让规则显性化，让规则符合经济社会发展的阶段，让规则与时俱进，能够接纳创新。让规则后面没有"潜规则"，就是让人们不再因为"试探"规则的"深浅"而付太多的成本。

对于水运行业来讲，相应的规则要建立在社会经济发展的基础上，让大众能够接受。这是利益各方相互博弈和妥协的结果。在制度形成过程中，各利益集团都能够充分表达自己的诉求，智库、研究机构、协会等第三方机构发挥各自作用，使各方利益的博弈能够找到恰当的均衡点。这就是新规则确立的总体框架。新规则的建立不是只体现政府的意志，也不是只体现大企业的利益，而是综合接纳各方利益之后的中间道路。不要试图在新的规则中藏私货，多次的博弈会把过分的妄求都剔除掉；也不要试图忽略某个利益集团的利益，否则新规则执行过程中必然会带来新的问题，导致新规则执行成本过高等。

6　水运变革的快变量与慢变量[17]

按照传统的认识方式，水运变革是在行业主管的统领下、由行业主管部门发起、充分征求相关各方的意见而确立的一系列标准、法规和制度，"顶层设计"和"由上至下"是水运变革的基本路径。制度变革的快慢取决于行业政策制定者的宏观视野和主管部门决策者的觉悟。现实中，水运变革实际上是水运利益相关者相互博弈的结果，注定是一个渐进的过程。最近几年，水运物流平台快速发展，并在部分领域逐步具备快速扩张的可能，为水运制度开启了一扇"快速变革"之门。

水运变革的慢变量：利益博弈

制度的推行有三种可能：第一，建立的制度与现实匹配良好，得以顺利推行；第二，建立的制度"阳春白雪"，与现实脱节，很难实施，也即制度供给与利益博弈不吻合，进而造成"消极抵抗和怠工"及"潜规则"；第三，建立的制度严重滞后于经济社会发展阶段，无法包容行业的创新。这其实引出了制度与时俱进的命题，恰如其分的制度才是社会需要的制度。要承认利益博弈对于任何一个利益主体都是正当的。新出台的制度应当兼顾所有利益主体的利益,并有利于社会进步。如果现行的制度没有经过充分协商、讨论和博弈,也不适应当前社会的发展,却因为"人治"的制度环境而被确认,那么就会由社会博弈导致"潜规则"盛行[4]。

恰如其分的水运制度如何产生?这需要在传统政府与企业的博弈中,增加中间环节,也就是第三方机构。水运行业的第三方机构包括航交所、行业协会及科研机构,尤其是参与政策制定的智库应当发挥更为重要的作用。政府与企业之间长期以来的信息不对称可以借助第三方机构得到恰当弥补。行业协会要在纵向沟通与横向协调、利益聚合与表达、规则建立与自律等方面发挥作用,并承接部分政府转移的职能。航交所要在交易服务、市场晴雨表和平台服务等方面发挥作用。行业主管部门则召集行业内的所有利益相关方对行业规则变化的方向、边界、内容进行充分讨论,并在科研机构和新型智库的参谋下形成新的规则。科研机构为行业技术创新和政府决策服务,企业购买技术创新服务,政府购买决策服务。

上述的制度演进路径之所以是慢变量,是由现在的社会发展阶段所决定的。改革开放之初,"蛋糕"增大得比较快,制度演进过程中的利益受损方相对较少,容易实现"帕累托改进"。而现在经济增速放缓,改革过程中的利益受损方也越来越多,"蛋糕"增大缓慢也使得不同利益主体之间的补偿越来越难,同时利益的多方纠葛也使得每一项制度演进都不是简单的事情。当前改革面临两难,一方面需要确认产权以稳定预期,另一方面又需要打破已经确认的产权以推进改革。打破既有的产权需要博弈,还需要补偿,都要经历长时间的过程。补偿就是为了使制度改革更"像"一种没有人受损失的"帕累托改进",可以克服改革阻力。制度演进是一个缓慢渐进的过程,不可能"一蹴而就",也无法做到"一劳永逸",只会永远在路上。

在此意义上,利益的博弈决定了制度变革不可能突飞猛进,只能是渐进式的,因此是水运制度变革的慢变量。我们不应对缓慢的制度变革失去信心,因为还有一股力量,完全可能打破蜗牛般的制度演进的逻辑,突然加快水运制度变革的速度,从而使行业发展进入到崭新的阶段。

水运变革的快变量:水运物流平台

近年来,移动互联网技术正在向各行各业渗透,水运行业也正经历着同样的技术推动的变革。不要以为技术创新仅仅停留在技术和市场领域,它必然会对与水运相关的利益格局产生影响,进而推动水运制度与之适应。由于这种技术创新或者模式创新本身就具有颠覆性,其增长逻辑符合互联网公司的增长逻辑,短期内的爆发式增长将打破旧有的利益格局，从而诞生行业新生态。按照互联网企业的一般发展逻辑，行业内的第一名将占据市场份额的70%，第二名占据市场份额的20%，剩余的大部分企业占据市场份额的10%。这样的市场格局隐含了一个结果：从某种程度上来讲，水运物流平台的龙头企业所确定的企业规则就上升为行业规则。换句话说，行业规则被水运物流平台的龙头企业内化为企业规则。只要市场能够接纳，只要其发展过程中所建立的规则能够包容各利益相关方的利益，并能够摈弃过往的行业积弊，大幅度提升效率，这样的水运物流平台就能够快速扩张进而"一统江湖"。

当然，在水运物流平台的扩张过程中，也会引发利益博弈。龙头企业会向政府要扶持政策，也会通过其在市场中的扩张让一部分企业破产，而让另一部分企业借助其平台得以发展。这部分破产企业将形成利益集团去游说政府，破产企业的员工失业也会形成对政府的压力。平台所引发的行业效率提升会对经济社会带来正面效应，进而得到客户的支持。平台产生的数据能够甄选出有信用的企业，对保险公司将产生正面效应，不过平台公司也将压低保险公司的费率。这种博弈更大程度上在市场中发生，让市场通过价格信号来解决。企业商业模式的不断变化和修正就是为了迎合不断变化的市场信号，相应的规则就在企业商业模式的不断迭代中演进。这样的迭代过程十分迅速，无数水运物流平台虎视眈眈地盯着市场，没有快速的应变能力必将被淘汰。这比起传统的水运制度变革的多次博弈和讨价还价过程要快很多。这就是未来水运制度变革的快变量。

当然，会有人说，目前的水运物流平台多如牛毛，也没有看到哪个平台具备"一统江湖"的能力。水运业搭载互联网已经有十多年的历史，走在前面的企业并没有探索出一条可行的道路，举步维艰的企业比比皆是。水运物流平台没有成气候的一个原因是，以前的互联网条件尚不成熟，近几年兴起的移动互联网才刚刚提供了水运行业搭载互联网的"东风"，思维领先技术太多，一时还起不到引领作用。另一个原因是，大多数水运物流平台的切入点搞错了。移动互联网的长处在于解决市场碎片化和长尾问题，而其试图在传统企业主导的市场领域内闯出一片天地太难了。归根结底还是利益的博弈。水运物流平台并非要做"打破旧世界，建立新世界"的事情，更大程度上还是去做"改变旧世界，建立新生态"的事情。其所建立的模式和规则也不是要在行业中产生天翻地覆的改变，而是要懂得团结大部分的利益相关方，"有理有节地打击一小部分的利益。"

水运变革的政府作为

对于水运制度变革的快变量，过度干预和不干预都可能存在问题。过度干预可能扼杀创新。不干预，如果一些被市场认可的水运物流平台只是产生水运某一方面的极大价值而忽略了水运的核心价值怎么办？市场的力量往往尊重经济价值，忽略安全和环保价值。安全和环保价值是隐性价值，短期内难以见效，等到问题出现时可能就难以弥补。因此，"有限有为"的政府在此领域也应当有恰当的作为。

低门槛就是恰当的准入门槛

准入门槛是否恰当对于政府来讲确实是一个难题。"互联网＋"平台与水运传统企业有着完全不同的运行模式和商业逻辑，行业主管部门曾经设置的所有的准入门槛放到这里都会失效。新型水运物流平台普遍是轻资产运营，过去要求企业拥有固定的办公地点、一定规模的船队等门槛不再适用；所发展的业务在更大程度上需要"互联网＋"、金融、营销和策划领域的人才，所有与人才资质相关的门槛也不再适用；其在发展的初期更大程度上体现为"跑马圈地"，盈利能力也不应当成为硬性的门槛。这时所有过往评价企业好坏的尺度都发生了变化，需要政府用开放的心态，让更多的企业能够参与到这块市场中来。在此认识下，在无法确定恰当门槛的情况下，设置尽量低的准入门槛就是恰当的门槛。2016年交通运输部办公厅印发《关于推进改革试点加快无车承运物流创新发展的意见》（交办运〔2016〕115号），展开无车承运人的试点。该意见对无车承运人的门槛设定为：第一，具有较强的货源组织能力与货运车辆整合能力，运输经营组织化、集约化程度较高；第二，具备较为完善的互联网物流信息平台和与开展业务相适应的信息数据交互及处理能力，能够通过现代信息技术对实际承运人的车辆运营情况进行全过程管理；第三，具备健全的安全生产管理制度、经营管理规范，具备较高的经营管理水平和良好的社会信誉；第四，具备较强的赔付能力，能够承担全程运输风险。各地在此基础上制定了相应的详细准入标准。我们认为，无车承运人的门槛应该是开放的，进来的企业可能因运行过程中的问题而被剔除出名单，而未进来的企业也有进试点名单的通道。

建立开放性和包容性的评价标准

简政放权背景下的政府作为，重点在事中事后监管，恰当的评价标准应当兼具开放性和包容性。

开放性的评价标准，需要建立在多式联运和供应链服务的思维上。这也是文中用"水运物流平台"而不是"水运平台"的原因。单纯在水运领域搞"互联网＋"很难有前途，"天花板"很容易看到。而多式联运的前景则十分广阔。这就是"多式联运"及"无运输工具承运人"火爆的原因。从行业管理来讲，多式联运涉及交通运输部水运局和道路运输局两个部门，应该在法律法规和日常监管中相互接纳和协作，才能够实现行业监管的开放性。

包容性就是企业的核心价值观中具有社会责任和公共属性，或者准公共属性。这样的属性能够净化市场，减弱政府的监管压力，被行业中的大多数人所接受，具备接纳弱势群体的能力。其所构建的商业模式要与行业未来的政策导向相容，为行业中的大多数人谋福利，为产业链的上下游带来新的价值，才不会形成剧烈的群体事件和社会维稳压力。比如，物润船联网络股份公司（以下简称物润船联）所构建的"中国水路联运网"及其升级版"长江经济带多式联运信息与交易平台"，正在与行业社保部门合作，为船民提供社保服务。其所提出的主张是："航运人劳有所养，活得更有尊严"。物润船联所构建的平台能够包容普通的水运行业从业人员，与千千万万个家庭的福利相关联，因而就创造了其他平台所难以替代的价值。

政府购买服务为主的政策扶持体系

"十三五"规划时期现代综合交通运输发展的总体目标是"加快推进综合交通、智慧交通、绿色交通、平安交通建设，到2020年基本建成安全便捷、畅通高效、绿色智能的现代综合交通运输体系，推动交通运输实现更高质量、更有效率、更加公平、更可持续的发展"。水运物流平台在提高效率和智慧发展上往往容易实现，但需要通过适当的路径，让行业的核心价值和其他发展目标能够植入到快速发展的水运物流平台之中。在政策扶持体系中，水运物流平台所产生的安全和环保价值要作为考核指标，并通过资金扶持引导规则向这两个具有很大外部性的方面倾斜。平台企业不可能自发实现这两个目标，必须由政府推动。这需要政府转变观念，因为水运物流平台产生的环保和安全价值无法通过具体的运输工具体现，需要设计一套新的评价办法。

同时，构建智慧交通的主体框架，需要水运物流平台的深度参与。当水运物流平台具备了更大的用户群之后，其所积累的大数据就能够在行业监管、行业高效运行中发挥巨大作用。这不但对水运物流平台开展针对性的服务有价值，还对政府掌握行业动态、强化市场监管、引导行业健康发展等方面产生巨大的价值。政府所要做的是减少对行业大数据平台的直接投入，而是通过购买大数据服务，来支撑有实力的平台企业发展壮大，进而为政府提供更好的服务。这样的大数据构建思路是"由下而上"的，相应的投入产出率比现有的模式更高。大数据的事情交给市场，平台企业因其服务用户的数量而对行业有更为深入的洞察，政府的资金也能够产生更大的效益。在智慧水运发展过程中，以地方政府建立地方性航运中心为目标而扶持的水运物流平台，无论其具有怎样的面目，都是区域性的水运物流平台，在未来的市场竞争中无法避免难以服务全国统一市场的尴尬。行业主管部门应该对跨区域的水运物流平台进行重点支持。

7 水运市场规制的总体框架

市场规制的内涵

规制是市场经济条件下国家干预经济政策的重要组成部分，是政府为实现某种公共政策目标，对微观经济主体进行的规范与制约，主要通过规制部门对特定产业和微观经济活动主体的进入、退出、价格、投资及涉及环境、安全、生命、健康等行为进行的监督与管理（监管）来实现。政府规制是现代市场经济不可或缺的制度安排[18]。

市场经济的健康发展是市场机制独自运作的结果，要靠法律法规保驾护航，这样市场才能不"失灵"。国家一方面要给予人们最大限度进行经济活动的自由，另一方面又必须以完善的法律法规确保经济活动的顺利进行。为此，国家首先要制定民商法等架构，保障私人交易制度得以有效运作；而后还必须构建相配套的法律规范体系，以弥补民商法调整市场交易关系的不足，使民商法的作用得以正常发挥。发达国家和地区在这方面类似的立法实践表明，这种配套的法律规范的存在是必要且有效的。这种配套法规在美国称为反托拉斯法，德国称为反对不正当竞争法、反对限制竞争法，日本称为不正当竞争防止法、禁止垄断法，英国称为限制性商业行为法、公平贸易法，欧洲联盟称为竞争法。

通过司法程序去实施的规制被定义为间接规制，通过行政部门去实施的规制被定义为直接规制。依据微观经济干预政策性质的不同，可以把直接规制区分为经济性规制与社会性规制。经济性规制是指在自然垄断和存在严重信息不对称（信息偏差）的领域，为了防止资源配置低效和确保公民的使用权利，政府规制机构运用法律手段，通过许可和认可的方式，对企业的进入、退出及提供产品或服务的价格、产量、质量等进行规范和限制。经济性规制主要通过以下几种方式实施：一是通过发放许可证，或是制定较高的进入标准，对企业进入及退出某一产业或对产业内竞争者的数量进行规制；二是对有关企业的产品或服务的价格进行规制，包括价格水平规制与价格结构规制；三是对企业提供产品或服务的产量进行规制，直接影响价格，限制或鼓励企业生产；四是产品或服务质量规制。社会性规制主要是在具有外部性和信息不对称领域，以确保居民生命健康安全和保护环境为目的所进行的规制，主要表现为设立相应标准、发放许可证等。

规制的主体是国家。国家内部各部门按行使职能的不同，可细分为权力机构、司法机构与执行机构。其中，权力机构主要负责立法，确定是否要对某一产业进行规制，并有权指定实施机构及其职责；司法机构主要负责解决规制实施中产生的纠纷；实施机构包括政府下属部门或各种独立的规制委员会。上述部门分工不同，权力相互制约平衡，有利于提高规制效率，但由于不同部门可能代表不同利益集团的利益，也会出现彼此相互掣肘的情况，给微观经济主体提供"寻租"与游说的空间[18]。

水运市场规制的内容和法律法规体系

水运市场规制是在市场规制经济学的基本理论指导下，结合交通运输领域的具体特点、中国经济社会的发展阶段而产生的市场规制体系。水运市场规制的内容可分为直接规制和间接规制。直接规制包括经济规制和行业的社会规制。其中，经济规制包括进入规制、价格规制、激励规制和行政约谈等。以往，进入规制和价格规制是常用的手段，激励规制则是通过许可证竞标的方式在自然垄断领域实施的规制。在应对水运行业所引发的突发性事件和群体性事件的时候，行政约谈将发挥作用。行业的社会规制分为外部性规制和信息优势规制。其中，外部性规制包括经济手段、行政手段和产权手段；信息优势规制包括许可证管理、标准设立、信用规制和监督检查等。间接规制包括反垄断、反不正当竞争领域的规制、综合的社会规制和民商法。其中，反不正当竞争领域的规制包括法律手段和行政手段，行政手段又包括行政处罚和行政约谈等；综合的社会规制包括节能环保、安全应急和信用规制。民商法是最后一环，所有上述规制无法解决的问题都会导入到民商法的管辖范围，诉诸司法体系（图4）。

水运市场规制的主体及相应的法律法规体系可以分为三个方面：

第一，国际规制。这是由国际组织所主导的一系列国际公约和民间规则构成的。在海运领域，有国际海事组织所主导的一系列国际公约，包括《国际海上人命安全公约》（SOLAS）、《国际防止船舶造成污染公约》（MARPOL）、《海牙-维斯比规则》和《汉堡规则》等。在多式联运领域，有联合国贸发会、国际商会等所主导的国际公约或民间规则，比如《鹿特丹规则》［由国际海事委员会（CMI）发起，并由联合国国际贸易法委员会批准的］。在此领域，还有国际商会所主导的《联运单证统一规则》和联合国贸发会主导的《多式联运单证规则》。这两个规则都是民间规则。

第二，直接规制。这是行业主管部门的职责，分为两个部分的内容：经济规制和社会规制。经济规制主要包括行政法规、地方法规、部门规章、标准规范、规范性文件等。行政法规、部门规章等需要智库和研究机构的支撑，标准规范则需要相应的行业协会的支撑，规范性文件也需要智库的支撑。社会规制需要相关行业管理部门在节能环保领域的规则制订和执法，需要海事局、安监司和搜救中心等在安全应急领域的规则制订和执法，需要相关行业管理部门在人身安全领域的规则制订和执法。

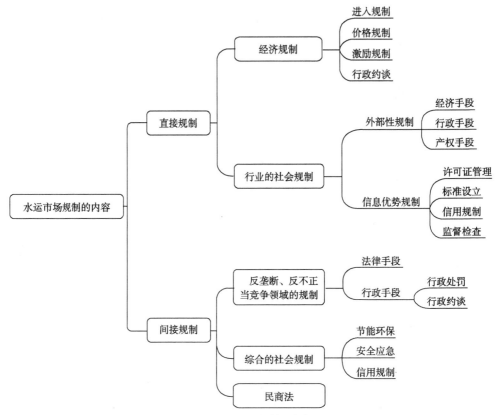

图4　水运市场规制的内容

第三，间接规制。在反垄断、反不正当竞争领域，国家市场监督管理总局是行业主管部门。其一是将案件导入《中华人民共和国反垄断法》《中华人民共和国反不正当竞争法》的管辖范围。其二是采取行政约谈的方式进行社会规制，其中：节能环保领域是生态环境部和自然资源部的职责范围，安全应急领域是应急管理部的职责范围，社会信用体系建设领域是国家发展改革委的职责范围。其三是民商法，即通过《中华人民共和国合同法》《中华人民共和国海商法》等法律以及相应的司法体系实现规制（图5）。

上述三方面的规制，具有相互的关联性。行业主管部门在面对国际规制的时候，既要履约，还需要双向互动。行业主管部门在面对间接规制的时候，要与其他行业主管部门充分互动协同。

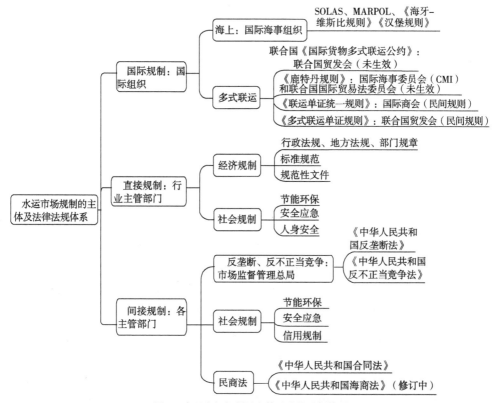

图 5　水运市场规制的主体及法律法规体系

面向新时代的水运市场规制

党的十八大以来，政府不断推进简政放权，市场准入领域的门槛不断减少和降低。

简政放权和对市场准入门槛的调整，是在中国特色的市场监管体系框架下的改革措施。政府部门要在依法履行市场监管职责的同时，充分发挥法律法规的规范作用、行业组织的自律作用，以及市场专业化服务组织、公众和舆论的监督作用，实现社会共同治理（即企业自律、行业自治、社会监督和政府监管的社会共治理念）。

未来交通运输市场规制的方向是实现"三个转移和两个协同"。

第一个转移是从单一运输方式的市场规制到多式联运的市场规制的转移。在国际规制领域，本着互利共赢的原则开展双边和多边谈判，以"通达全球"为指导推进与相关国家在市场规制领域的合作。在国际公约领域，一方面要做好各种运输方式相关规则的与时俱进（比如 IMO 2020 年的限硫令），另一方面就是重点推动多式联运相关规则的建立。多式联运领域的规制要么没有生效，要么是民间规则，法律效力比较弱。《鹿特丹规则》在推出来的这些年中激起了各利益相关方的激烈博弈，而其生效仍然遥遥无期。对于多式联运领域的规则，我们应该秉持两点原则：首先，适度保持对海运的倾斜；其次，适度提升海运的责任限额，即在承认海运在新时期仍然有作为的前提下，适度提升其运输责任，从而构建新时期的利益平衡关系。

第二个转移是从经济规制向社会规制转移。转变政府职能，就是将政府职能从过去过多规制企业微观行为到规制自然垄断、信息不对称和具有巨大社会外部性的领域，比如安全应急、节能环保和客运安全。行业的社会规制应该在国家的社会规制总体框架下进行，并提供更为专业化和细化的规则体系及执法队伍。

第三个转移是从经济规制向民商法的适度转移。美国的市场规制是将交通运输领域的利益纠纷导入到司法体系中，纳入民商法的范畴，由此可以实现"小政府"的目标。与此同时，一个巨大的司法体系建立了起来。改革开放以来，中国的市场规制逻辑是政府把好市场准入关，使与交通运输相关的民事纠纷减少，使进入司法程序的案件被控制住。但在实践中，政府对企业的前端管理并不能杜绝企业在具体运行中的违规。由此，党的十八大以来，党中央、国务院提出并深入推进简政放权和强化事中事后监管。政府在准入端"放手"的同时，一方面通过信息化手段、发挥第三方机构的作用、信用体系建设以及行政约谈的方式提升经济规制的效能，另一方面则将平等主体之间的利益纠葛导入到民商法的管辖范围。依法治国下的行业规制将会更多地发挥海事法院、最高人民法院的作用，但不会走到美国那样的司法体系中。在我国的市场规制中，行业主管部门将承担更多的主体责任，并可以通过更为和谐的、社会成本更小的行政约谈解决新兴领域制度滞后以及突发事件的应急规制问题。

第一个协同是国际规制与直接规制的协同。行业主管部门将在行业科研机构的支持下，积极推动国际规则的制（修）订，在部分新兴领域形成国际规则的主导局面，从而为提升国际话语权积蓄能力。在IMO推出2020年的限硫令的背景下，行业主管部门根据中国的现实情况，适时推出中国履行国际公约的相关制度安排。

第二个协同是直接规制与间接规制的协同。这其中尤其要强调行业主管部门与市场监督管理总局的协同，从而在处理水运行业反垄断、反不正当竞争中，使行业主管部门做好市场动态监测的工作，并在未来的反垄断、反不正当竞争的审查中更为主动，成为审查的发起方。新时期的"一带一路"倡议的落实需要具有竞争力的水运企业作为先导布局于"一带一路"沿线。水运行业的适度集中也有利于支撑国家战略。在市场监管总局发起的水运领域的反垄断、反不正当竞争调查中，需要有行业主管部门的声音及参与。另外，行业主管部门还要做好与民商法体系的协同。比如,通过海事法院的涉水案件的统计和分析,给出水上案件的频发领域,探索通过直接规制减少案件的可能性。行业主管部门要建立与海事法院水上诉讼案件的信息互通和预警机制(图6)。

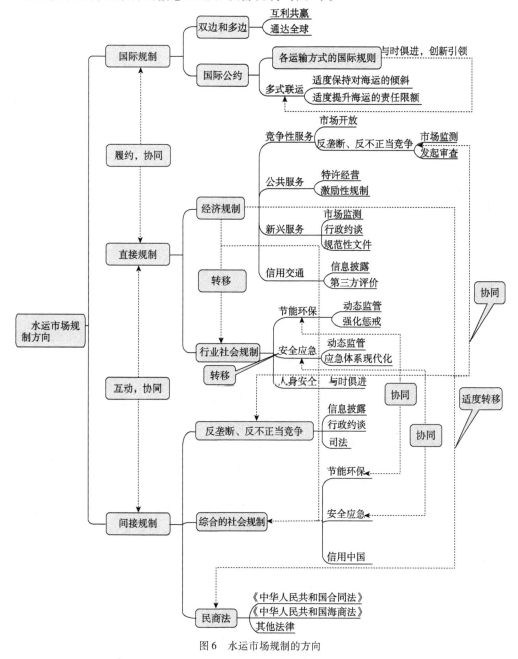

图6 水运市场规制的方向

8 通达全球:水运新使命

据德国《世界报》报道,伦敦船舶价格评估公司提供的最新数据表明,我国集装箱船东的船队价值目前增加到了 214 亿美元,德国集装箱船队则为 187 亿美元。产生这样的差距,是因为船舶价格评估公司把船舶订单的数量计算在内。中国的船运公司目前有 76 份购买订单,总额达 41 亿美元,而德国船运公司仅有 29 份购买订单,总额为 5.91 亿美元。按集装箱船队价值计算,远远排在中德之后的国家是日本、丹麦、希腊和新加坡。

1995 年,我国海运船队的控制运力为 0.3 亿载重吨,排名世界第五。2015 年底,我国海运船队运力总规模达 1.6 亿载重吨,20 年间增长超过 500%。截至 2017 年 12 月 31 日,中国远洋海运集团经营船队综合运力 8635 万载重吨(1123 艘),排名世界第一。其中,集装箱船队运力 189 万标准箱,居世界第四;干散货船队运力 3811 万载重吨(422 艘),油轮船队运力 2092 万载重吨(155 艘),杂货特种船队 461 万载重吨,均居世界第一。以上数据彰显了改革开放 40 年来我国海运企业的成就。站在新的历史起点,我国海运企业的未来愿景是什么?

枢纽:我国在全世界的角色

施展在《枢纽》中为大家展示了世界经贸双循环,以及我国在这个循环中所处的"枢纽"角色。我国超大的经济规模导致全球贸易结构开始变化,形成一个双循环结构。我国与西方国家之间的经贸关系构成第一个循环:我国向西方国家出口制成品,从西方引进技术、资金及各种高端服务业。我国与其他非西方国家之间的经贸关系构成另一个循环:我国向这些国家进口原材料,出口制成品。随着创新经济和制造业外包,西方国家逐渐开始去工业化,主打高端服务业。高端服务业不需要原材料,只有制造业尤其是中低端制造业才需要原材料。而亚非拉这些发展中国家,占据比较优势的就是原材料。因此,西方国家就不再直接和这些原材料占比较优势的国家发生经贸联系。在原材料占比较优势的国家目前主要与我国进行贸易。我国成为全球经贸循环中的枢纽。脱离开我国这一环,全球经济就没法完整运转。在目前的中美贸易摩擦下,这样的双循环结构会面临一些困难。我国与西方国家之间的第一循环面临断裂的风险,传统上通过自由贸易我国获得西方国家高端服务业而产出制成品的模式正在经受逆全球化浪潮的冲击,但相信贸易自由的大趋势不会改变。对于第二循环而言,需要进行扩展,把拉丁美洲也纳入这一循环中,使之具有更大的包容度和想象空间。

引领性：海运企业的作为

党的十九大报告提出了建设交通强国的新时代战略目标。构建交通强国的一个重要内容就是不断彰显交通运输的引领性。交通运输要当好经济社会发展的先行官，水运业也要在经济社会发展中勇当先行。

水运业为经济社会提供基础性服务。没有水运在沿江沿海的连接作用，其他行业的利益就会受影响，特别是我国产业"走出去"的利益。新时期货主与水运业之间的新规则需要建立，但很大程度上仍然需要行业管理部门保持对水运业的政策倾斜，从而保证其能够具有"先行"的能力。

传统的西方国际航运规则将世界上发达国家之间、发达国家与世界市场之间建立了连接，但却忽视了发展中国家之间的连接。目前，亚非拉国家之间的连接还不充分，需要水运发挥先导作用，补充完善。而要水运业能做到这一点，就需要制度上的保障。水运业供给侧结构性改革的结果，是出现了越来越多的省级港口资源整合以及越来越大的航运央企。以传统的西方经济理论来审视当前的行业集中化倾向，这样的市场结构不利于行业健康发展，不利于水运业提供更好的服务。但是，新时期承担"一带一路"倡议连接重任以及承载"人类命运共同体"的先行者责任的水运业乃至交通运输业，需要具有"家国情怀"乃至"天下情怀"的大型企业。

通达全球：构建第二循环

《超级版图——全球供应链、超级城市与新商业文明的崛起》这本书提出，在"冷战时期"和"冷战"结束之初，全球安全被普遍认为是最重要的"公共品"，其主要提供者是美国。但在 21 世纪，最重要的公共品却是基础设施，而中国是主要贡献者。20 世纪的地缘政治学是基于麦金德的名言：谁统治了世界心脏地带，谁就统治了世界。在 21 世纪，这句话就应该改成：谁统治了供应链，谁就统治了世界[19]。

改革开放以来，欧美发达国家为了自身市场范围的扩大以及产业的分工得以实现，主要构建了我国与欧美发达国家之间的海上交通网络。这是第一循环的基础设施。现阶段，"一带一路"的陆上通道和海上通道就是要构建我国与发展中国家之间的交通网络，进而使得第二循环成为可能。因此，海运业承担了国家"一带一路"倡议的重要基础设施连接重任，特别是具有先导性的基础设施。未来第二循环的货运需求增长空间巨大，需要有担当的国内企业去构建这样的连接。我国海运企业的控制运力越来越大，也是为了顺应这样的趋势。

21 世纪海上丝绸之路主要的通道是我国与世界连接的通道，包括东线（跨太平洋至美洲大陆）、南线（穿东南亚地区至大洋洲）、西线（经东南亚地区横跨印度洋至南亚、西亚、非洲，穿苏伊士运河进入欧洲，也可绕南非好望角横跨大西洋抵南美洲）、北线（通过北极航线至欧洲）。在人类命运共同体的宏大愿景下，我国的海运企业应该拥有更广的视野和更宽的胸怀，将通达全球作为新时代水运业对外开放融合的总体愿景。这就需要在广大发展中国家之间找到大规模货物运输的需求，并通过港口建设和航线将它们连接起来。我国需要建立与非洲和南美洲之间的贸易通道，在港口基础设施基本成形的情况下，需要有实力、有担当的海运企业去开拓。在传统的贸易路线上，由于金融危机以来的货运需求乏力和船舶供给过快，海运企业经营十分困难。新的发展空间尽管面临风险，却可能获得更高的风险溢价。由此可见，在交通强国建设的"保障有力、人民满意、世界领先"的总体要求下，水运业发展定位应增加一条"通达全球"，以便更能够与党的十九大报告中提出的"推动形成全面开放新格局"相契合。

"一带一路"倡议正在逐步获得更多国家的认可，人类命运共同体的宏大愿景需要我国以更为博大和开放的胸襟对待欧美国家发起的贸易争端。我国应以更高的姿态展现大国形象，并以海运业的快速发展以及通达全球来支撑对外开放的持续追求，支撑起全球供应链网络的新拓展。

9　水运智库的使命

智库：思想的坦克

智库，英文是"think tank"，"tank"就是"坦克"。100多年前，坦克作为第一次世界大战的新型武器，杀伤力极强。当时欧美国家的知识分子也希望思想具备坦克那样的杀伤力，因而产生了智库这个词。

> 智库的非凡作用有一个比较经典的案例，就是有关苏联解体的一种解释：苏联实际上是败给了美国的智库。20世纪80年代，戈尔巴乔夫上台以后开始寻求改革，由于太过激进，导致失败，苏联解体。叶利钦执掌俄罗斯权力后，急于改变困局，采纳了美国的一些智库兜售的"苏联应该采取的改革"方案——"休克疗法"，一夜之间把国企变卖掉，设想跑步进入资本主义"天堂"，却使俄罗斯经济出现巨大衰退，整个国家几乎崩溃，改革再次失败。这在某种意义上就是中国古代所谓"上兵伐谋，其次伐交，其次伐兵"的体现。

国内对智库的理解有些偏差。第一，认为智库只是研究。实际上智库还要有行动力和传播力。好的研究成果需要传播、包装、营销，让行业管理部门、公众了解并认可。第二，认为智库只是为领导服务。其实，智库也要为社会和公众服务。仅仅为领导服务，不是智库，而是领导的秘书。

中国特色新型智库要做到以下几点：第一，要影响而且能影响国家的决策层，也就是"资政"。行业智库要能够影响行业决策层。第二，要成为大事背后的解读力量，让公众更好地理解大事的真正含义，也就是"启民"。"启民"就是"启发民智"，让纷繁传播的大众信息不至于误导人，让民粹主义思维不至于泛滥。第三，要广交各国朋友，加强与各国著名高校、机构和智库的合作，在思想领域上广泛交流。

对应于水运行业，要打造行业高端智库，也面临着上述所提的诸多问题，需要拿出勇气去改革。交通运输要做好社会发展的"先行官"，就必须在智库管理上做一些突破和创新，进而激发行业智库的活力，支撑"交通强国""海运强国"的早日实现。

智库发展作用的基础：利益相关者发声

从智库的视角来看，在提供决策支持时保持中立公正，源于获得的信息是充分的。这些信息是从各个利益相关方的口中来，从其代言人的口中和研究中来。利益相关者没有发声的渠道，甚至没有发声的意识，智库可能就意识不到其是利益相关者。或者说，政策变化对利益相关者造成的影响可能被忽略，甚至被认为没有发声的必要。

如果认为未来政策的改变会对自己产生重大的影响，就应该主动把声音发出来，甚至请相应的研究机构开展研究，提出对自身利益能够支撑的政策建议。也可以通过行业协会发声，提出行业内具有共性的、能够与大多数企业相契合的政策建议。行业协会的一个重要功能，就是利益聚合与表达。利益聚合的过程就是让行业的利益充分显现出来。利益表达就是通过恰当的途径（比如行业协会作为企业与政府之间的桥梁和纽带作用），把企业的信息传递给行业管理部门或智库。

很多时候，行业诉求所形成的声音并不能产生立竿见影的作用。行业利益所表达出来的声音，需要通过不同的渠道不断地发出。很多利益，都需要长时间的博弈，才可能得到相应的回应。想一次发声就能成功，往往是低估了利益博弈的艰难。很多时候，一项政策不但要具有合理性，还需要契机。这种契机包括社会发展阶段，还包括决策者的充分认识和担当。实际上，说了一次就不说了，只能给决策者一个暗示：这个利益诉求并不强烈。

利益博弈，需要利益相关者把利益都摆出来，把放弃利益所承担的成本也摆出来，把行业对此利益的关切度也摆出来。只有这样才会为智库人员的政策研究提供恰当充分的信息,让其较为容易找到利益的平衡点。如果利益相关者在利益面前很容易退缩,表明其所主张的并非真实的利益,同时也会给政策研究者提供错误的信号。

保持社会的和谐和稳定,不是大家无原则地放弃自己的利益,而是通过恰当的渠道把声音发出来,由智库接收到来自方方面面的信息,进而找到利益的均衡点。出台的政策照顾到了各个利益相关方,接纳各方的关切,才是恰如其分的。这里呼吁大家一定要积极发出自己的声音,哪怕看不到眼前的效果。单个声音和单次发声固然没有立竿见影的成效,但请相信涓涓细流终会汇成江河大海。

智库不仅仅遵循"无知之幕"

智库在参与政策制定时,需要站在公平公正的立场上。然而,不同社会地位的人及不同认知能力的人对公平正义却有各自的理解。公平公正蕴含着价值判断,还蕴含着社会认知,是一个比较含糊的概念。人们希望智库在倾听各利益相关方的声音并权衡利弊时,能给价值划定恰当的界限。最好给智库的内心放杆秤,让其具备找到平衡点的能力。不过,往往不是不想,而是没有能力做到。我们常常以为自己是公平公正的,但其实还是"屁股决定脑袋",自己却全然不知。这里试从西方的"无知之幕(Veil of ignorance)"理论中给出一些分析。

"无知之幕"

美国政治哲学家、伦理学家、普林斯顿大学哲学博士、哈佛大学教授约翰·罗尔斯(John Rawls)著有《正义论》《政治自由主义》《作为公平的正义:正义新论》《万民法》等,是20世纪最著名的政治哲学家之一。罗尔斯在《正义论》中提出一个重要的概念"无知之幕":假设处在无知之幕后的每个人,都不知道走出无知之幕时的自己有多少天生资质,会降落在什么样的社会或组织里,处于什么位置,担任什么角色,能够获得多少社会财富、权力和机会。"无知之幕"后的人们所知道的是"他们的社会在受着正义环境的制约",会考虑社会各个阶层、各个角色的利益均沾和待遇公平,创造出真正公平正义的规则。这样的好处是他们不会因为自己的既得利益而给出不公正的意见,自然就摒弃了"屁股决定脑袋"的情况。因为每个人都不知道自己将来的位置,所以在这一过程下的决策一般能保证将来最弱势的群体能得到最好的保护,但又不是过度的保护。罗尔斯主张,只有在每个人都受到无社会差异的对待时,正义才会出现。在一个问题中所涉及的所有各方,都应该被置于同一个标杆之后。在那儿没有角色之分,没有社会差异,每一个参与者都被作为整个社会的平等成员来对待。无知之幕意味着可以保证参加者做出的选择不被他们的特殊利益和好处所歪曲，能公正客观地确定原则。

智库的"无知之幕"

无知之幕背后的人是否有足够的知识选择正义的观念，罗尔斯并没有回答。实际生活中，如果无知之幕背后的人对自己和他们的社会了解得越多，那么要求他们在正义观念上取得一致就越困难。个人会因为他们的时代局限、甚至因为对历史的无知而产生偏见。在这样的认识下，给智库以"无知之幕"，是假定他们是一群认知能力相对较高的人，是相对理性的人，所提出的政策建议能符合正义均衡点。

"无知之幕"就是智库人心中的标尺，让他们找到一定社会经济条件下公平正义的确切均衡点，进而在参与制定政策和建言献策时有一个一直存在的标杆，不会在受到社会舆论、媒体报道以及利益集团游说影响的情况下左右摇摆不定。这就是智库参与政策制定的第一个原则：正义原则。当然，这种正义并不容易，需要充分的理性。理性虽然可以习得，但却不是智商的直接结果，相当于要给智库人内心植入"同理心"，也就是"将心比心"的能力。

还要搞清楚一件事情，就是心中建立了一个标杆，相应的政策可不见得一下子就能够达到标杆所给定的那个均衡点，还要理解现有格局背后所有利益。要打破现有利益而过渡到那个均衡点，不可能一蹴而就，没有"一步登天"的办法。所有政策的制定只能是"渐进"趋近，而不是"一步到位"。因此，智库参与政策制定的第二个原则是：渐进原则。

如何践行行业高端智库？

笔者的工作是水运的战略和政策研究，在内心置入"无知之幕"，就是要具有设身处地思考的能力，想象自己某一天会成为船民，想象自己一觉醒来可能变为民营企业的老板、国企员工或公务员等。具有了这样的认识，才会在参与政策制定过程中提出更为中立中肯的政策建议。智库的角色与协会不同。协会就是要集聚协会成员的声音并向政策的制定者表达，只需要表达行业的一致意见。而智库则要从不同协会的纷杂的声音中，分辨和找到一条大家都能够接受的路径，满足行业向好的愿望，秉持正义的原则。

同时还要秉持渐进的原则，也就是建言献策不是要"打破旧世界，建立新世界"，而是渐进改革，是利益平衡和赎买，是"迈出坚实的步伐"而不是"一步登天"。水运瓶颈约束期所固化下来的某些垄断利益已经对经济社会产生了较大的负面影响，供给侧改革会对这些利益进行整治和修正，但一定不是下"猛药"，也不是"动大手术"，而是用"汤药"渐渐消除"毒瘤"。行业积弊成为现在的模样经历了较长的时间，要消除也不是"一朝一夕"之功。智库所提出的政策建议要接地气，不但要看到弱势群体的艰难生存状况，也要认识到既得利益集团的利益固化及反抗力，找到一条稳妥的道路，不给行业管理者出难题，而又真正解决了一定的问题，走在行业发展向好的路上，才算达到了目的。现在还有一种力量，可以对旧有的"毒瘤"有巨大的铲除能力，就是新技术、新模式所诞生的新生力量，通过疾风暴雨式的市场变革短时间内消除曾经的积弊。我们呼唤这样的市场变革，而政府要做的就是通过恰当的政策扶持让其快速具备传播行业正能量的能力。制度变革本身是慢变量，由模式创新和技术创新产生的市场新规则则可能是快变量。我们对后者的要求是能够体现行业的核心价值，并且包容大多数利益相关方的利益，并能够解除行业积弊。

智库的职能

在政党交替执政部分西方国家，智库作为各种思想交互竞争的中介力量，具有其存在的合理性。正因如此，科斯在其著作《变革中国》[12]中，给中国制度变革开出了自己的药方：建立"思想的市场"。"思想的市场之所以重要，是因为只有在与无知和偏执的无尽无限的斗争中，真理才会展现其面目；并且，没有真理可以一劳永逸地赢得胜利，也没有权威能够作为真理的决断者。"

笔者在《变革水运——水运业供给侧结构性改革初探》中，曾经探讨过水运智库的职能，就是咨政、启民、伐谋和孕才。

资政。行业智库应该充分介入政策制定的前端程序（如调研、意见征集、方案设计等）、中期建言（通过研究报告等形式设计政策框架）、后期完善（包括评估、完善及应对社会舆论）等整个过程。行业智库要打造"决策实验室"，以专业、客观和独立的方式，帮助决策者对政策进行充分的论证与评估，进而体现政治决策机制的公开化、社会化、民主化和科学化。

启民。在诉求多元化的舆论环境下，行业新型智库在行业的功能定位不能只满足于内部建言，而应起到政府决策层与社会舆论之间矛盾化解与协商沟通渠道的作用。智库学者应善于以通俗易懂的文字语言、贴近大众的沟通技巧，通过出版论著、发表评论、接受采访等各种方式，对社会公众进行政策的解读、普及，也应从社会公众的角度向决策者反映社会诉求。

伐谋。国家战略需要通过智库的工作向外传播，进而逐步提升我国话语权。我国需要通过举办和参与高端的国际论坛，发布具有国际影响力的研究报告，提出具有影响力的言论，推动我国航海文化与思想走向世界。

孕才。行业新型智库不能重复过去盲目听从决策者指令的惯性，而应当担负起培训各级决策者的重任。可以鼓励和安排行业主管部门的负责人到行业智库工作，或行业主管部门从智库挑选精英进入这些部门工作。行业智库应为水运治理现代化培养足够多的后备精英。

政商旋转门与政智旋转门

"旋转门"是指美国公职人员在政府机构与私营组织之间来回任职的现象。经过几十年的发展，"旋转门"已演变成为一种基于美国权力关系网的政商利益交易机制。通过对美国响应政治研究中心"旋转门"数据库（简称CRP数据库）中1997年至2017年的美国"旋转门"相关公职人员进行分析，可以发现美国公职人员"旋转门"背后存在巨大的利益驱动。"旋转门"与美国政府决策过程关系密切。经过几十年的发展，美国的"旋转门"关系网呈现出广覆盖、高流动性和收入差距大等特点。美国大公司积极利用"旋转门"机制影响政府决策。美国"旋转门"关系网既可以滋生腐败，也为人才交换创造灵活的条件。这种利弊兼具的状态使"旋转门"逐渐演变成美国政商关系中的一种默认协调机制。根据CRP数据统计，离任的国会议员中有超过30%的人会选择加入游说公司，超过15%的人会充当私营部门在华盛顿的游说代理人，约20%的人会去私营部门担任顾问。同时，在游说公司或者私营部门工作的人员，也会通过各种渠道到国会工作。这种公共部门与私营部门之间的人员交替广泛渗透到了各个行业[20]。

笔者在《变革水运——水运业供给侧结构性初探》中提出了水运变革的重要路径：重构政企关系，其中的关键环节要发挥第三方机构的作用。发挥第三方机构的作用，就需要建立智库与政府官员之间的"旋转门"，让懂得制度和政策出台全过程的政府官员有机会到智库任职，进而加速智库的决策研究的落地。未来，"政智"之间的双向互动一定更为常态化，为行业的制度变革提供更好的制度安排。同时，我们也要吸取美国"旋转门"的教训，通过恰当的制度安排将其中可能出现的不良后果遏制住。

从美国保守主义智库看中国的智库之路

《政治化的困境　美国保守主义智库的兴起》（王海明著）全面地介绍了美国智库的构成及其内在逻辑，尤其对保守型智库进行了全面的解析，对理解当下的特朗普的对华政策以及中国智库的建设具有借鉴意义。

美国保守主义智库的兴起

美国保守主义智库的代表是传统基金会（The Heritage Foundaton）。在1977年的年报中，传统基金会表明了对"市场解决方案、限权政府和最大化自由选择"的坚定立场。同时，在另一份声明中，传统基金会明确了将继续竭尽全力推进社会的传统价值观,目标是"为那些相信自由企业体系、个人自由和限权政府的人们代言"。考虑到保守派(Conservative)长期以来对美国军事优势的共识,1983年传统基金会董事会主席本·布莱克布伦和总裁埃德温·福伊尔纳共同声明,传统基金会将努力"推进自由企业、限权政府、强大国防的保守主义价值观"。

传统基金会有五条保守主义思想纲领:限权政府(limited government)、自由企业(free enterprise)、个人自由和责任(individual freedom and responsibility)、传统价值(traditional values)和强大国防(strong national defense)。所谓限权政府,即政府干涉社会和市场以必要为限,尽量减小规模,减少对于经济社会事务的干预,严格按照既定的宪法和法律框架所确定的权力范围活动。所谓自由企业,即相信私有部门在经济社会发展中的作用,认为自由市场和私有企业能够比政府和公共机构做出更加符合社会和公众利益的经济决策,因此政府不应干预企业。所谓个人自由,即个人享有某种不受政府限制的自由,政府原则上不应该限制个人行为。同时,自由的个人是有责任的个人,但此种责任是个人对于自己的限制。所谓传统价值,即要秉承美国传统社会的核心价值观念,尤其是家庭观念,反对各种激进和越轨的个人生活方式。所谓强大国防,即相信必须具有强大的军事力量才能够保卫美国的自由和和平,因而主张外交上的鹰派战略[21]。

传统基金会在美国的里根政府时期获得了极大的发展。里根总统在1988年声言:"今天美国最重要的学术都来自我们的智库"。实际上,里根及其政府高层也曾以同样的溢美之词赞赏传统基金会和胡佛研究所的作用。传统基金会组织了250多位政府内外的专家,编写了著名的《领导人的职责》。据统计,在里根政府执政的8年里,这份文稿里60%的政策建议都被采纳,250余位《领导人的职责》写作组成员中有15位很快进入政府高层,相关贡献者加入里根政府的人数则更多。

中立智库与意识形态智库的差别

目前,以布鲁金斯学会为代表的中立智库和以传统基金会为代表的意识形态智库是美国智库的两大主流类型。

以传统基金会在1973年的建立为标志,在意识形态智库的刺激下,美国各种类型智库开始向"现代模式"或新型智库模式转型。所谓的"现代模式"就是同时重视研究和传播的模式。在此之前,以布鲁金斯学会为代表,美国主流智库的主要功能是进行客观中立的研究,而较少顾及研究成果的政策效果。那个时代的智库与现实脱节比较严重,也反映了智库运营模式急需转变的必要性。

作为一类以研究成果服务政策优化的机构，缺乏影响力无异于纸上谈兵。主动推销自己的政策研究成果，是以传统基金会为代表的新型智库的一大特点。无论是传统基金会、加图研究所等意识形态智库，还是卡内基国际和平基金会、彼得森国际经济研究所等中立智库，都强调营销相对于研究的重要性。然而，在传统基金会之前，智库这种主动营销的特点并不突出。传统基金会的成立成为智库发展的转折点。在各类智库的现代化转型过程中，传统基金会积极的影响策略发挥了"鲶鱼效应"。

美国智库两大主流类型的差别详见表1。

保守主义智库与中立智库的差异　　　　　　　　　　表1

对比项目	传统基金会	布鲁金斯学会
价值取向	保守主义价值观	独立性、质量、影响力
对影响力的重视程度	超过对研究成果的重视	并不十分重视
与决策者的沟通	重视组织的力量，尤其重视对国会的影响	重视个人影响力及个人的研究成果
组织方式	自上而下	自下而上或"上下结合"
募集资金	来自个人	来自机构
资金使用	31%用于研究经费，38%用于培训与教育	67%用于研究经费
关注要点	重视"草根"的力量	重视精英的知识生产
工作重点	国会	白宫
工作方式	快速响应	深入研究

资料来源：参考文献［21］。

胡佛研究所也是保守主义智库，在其所长格伦、坎贝尔任职的25年内，云集了经济学家弗里德曼、乔治、斯蒂格勒、肯尼斯、阿罗和政治学家利普赛特等一批著名的保守派学者。另一家保守主义智库加图研究所的创始人也主张把约翰、洛克、哈耶克、弗里德曼等人的观点运用到实际生活中。在加图研究所的办公楼一楼大厅，随处可见哈耶克等人的照片。哈耶克的《通往奴役之路》堪称加图研究所的"圣经"[21]。

智库、游说团体和利益集团

要说明的是，美国国会之外的智库、游说团体和利益集团都属于外部团体。智库与后两者明显不同，不论其本身有无意识形态倾向，从经济和政治上多是独立的，即在研究成果的支持端独立于捐助者，在研究成果的输出端独立于政策制定者，研究成果服务于整个社会的公共利益而非特定利益。游说团体比智库的自由度更大，目的性更强，可以直接代表公司利益，为某些特定利益群体服务，通常还能得到丰厚的报酬。当然，智库与利益集团、游说组织最大的区别还在于不能直接进行政治游说，尤其是不能直接介入选举。而利益集团、游说组织则可以直接秉承自己的利益导向,游说政治体系的具体部门或个人。

美国国家税务局每年都会对智库进行审计,智库一旦被发现从事政治活动,相应的法律地位将会立即被取消。在此背景下,传统基金会等意识形态智库独辟蹊径,找到了"做库"模式。

"做库"模式下智库则试图通过成立相对独立的游说组织,将带有强烈意识形态色彩的政策方案输入政治体系,实现政治结果。如此鲜明的政治特征,至少呈现了这样一个事实:以"做库"模式为标志,美国意识形态智库正在经历一次彻底的政治化转型[21]。

对当下我国智库之路的启示

虽然我国的智库可以追溯到春秋战国时期的谋士和食客,但是现代智库对我国公众来讲还比较陌生。新时代的中国智库发展还在探索当中。笔者通过对美国智库的研究得到如下的一些认识:

智库独立却不一定中立。独立的思想是智库赖以生存、具有竞争力的基础,但是并不意味着一个智库总能找到一个不偏不倚的锚,进而确立对所有利益相关者都没有差别的中立立场。核心价值观在一定的历史积淀和社会经济条件下养成,就是一个智库的思想之锚。作为一个智库,要有自己的使命,但切忌被这个使命带入"执迷不悟"的歧路上。

"智政"关系需要重视。美国智库与政府之间的旋转门十分通畅,智库人可能因为提出有价值的主张而成为政府官员,政府官员也会在退休后进入智库(如胡佛、基辛格等)。长期以来美国保守派与自由派缠斗,即相互对立,也相互塑造。自由派刚开始的时候并没有政治化的倾向,使得其研究报告往往成为大学生的阅读材料而难以成为现实的解决方案。保守派成功之路也给了自由派以激发。特朗普竞选的"通俄门"事件恰恰表明自由派也在"以其人之道还治其人之身"。

新的时期,我国也在打造各个领域的智库。第一,核心价值观预设。科斯在《变革中国》中给中国开出的药方是建立"思想的市场",也即形成各种声音和思想相互竞争的局面。第二,智库要有使命感。没有使命的智库就像没有灵魂的人,是不可能获得决策者的认可的。新时代我国智库的使命,是需要建立在创造价值和满足人们"美好生活需要"上。第三,智库要注重传播。政策研究只是智库发挥功能的第一步,接下来就要让人们接受它。正如彼得森国际经济研究所的创始人博格斯坦所说,当研究人员完成一本书的时候,我们的工作只做了一半,另一半工作是"卖掉它,并且向受众传达意见"。第四,为决策者提供有价值的政策研究。了解美国保守主义智库的发展路径和社会背景,有助于理解当下特朗普对华政策的基本逻辑,也有助于我国相关智库给出有针对性的对策。

水运智库的首要任务：价值观体系的自我养成

《论语·子路》提到："名不正，言不顺；言不顺，事不成。"要做好一件事情，尤其是要做成大事，需要建构价值观体系。当下的我国智库学者接触到很多西方经济学、政治学、法律学等方面的思想。这些学说背后的西方价值观逐步渗透进这些学者们的内心，使得他们一思考就进入了西方所预设的价值体系难以自拔。这是西方文化对中国文化侵蚀的结果。摆脱西方价值观的思维定式，就需要到中国传统文化中去找寻养料。

亚当·斯密所构建的以个人利益为出发点的自由贸易体系在新时代需要推陈出新，需要增加一些新鲜的血液。"和而不同"的"天下观"将发挥巨大作用，成为智库价值观体系的基础。"人类命运共同体"也应成为智库学者的思想内核。

作为水运智库学者，需要在"天下体系"和"人类命运共同体"宏大框架下形成价值观体系。这包括三个方面的内容：第一，建立与"天下体系"相容的"关系"。要在西方自由主义经济学中汲取营养生成新时期的"天下规则"。第二，要有"为人类服务"的初心。这是只有有了这样的价值观体系，才会在遇到前所未有的困难时拥有难以动摇的心灵支撑。第三，要有"天下无外"的恒心，这就要在"走出去"和"一带一路"倡议的实践中，在"人类命运共同体"的价值观下具有对外部环境的包容。

水运智库的第二个任务：构建新时期的国际航运规则体系

交通运输部《关于促进交通运输新型智库发展的实施意见》提出："重点推动部属科研单位结合各自职能、优势和特色，深化体制机制改革，探索专兼结合等新型智库组织形式，着力开展战略性、专业性、应用性等重大问题研究。"这其中的构建新时代的国际航运规则体系是重要内容。其核心是在普通法的规则体系下融入大陆法具有现实意义的内核，进而形成新时期的国际航运规则。国际规则中真正的话语权是在"天下体系"支撑下的全新规则，是对国际航运话语权的重构。

水运智库的第三个任务：核心信念的传播

这部分对应了前文所提到的"启民"和"伐谋"。交通运输部《关于促进交通运输新型智库发展的实施意见》提出："建立健全行业舆论引导智库专家库，积极培育在全国有较大影响力和知名度的专家，充分发挥智库专家在阐释理论、解读政策、研判舆情、引导社会热点、疏导公众情绪等方面的积极作用。""启民",首先要在行业内形成普遍的价值认同。在专业领域,对于因某些利益集团的影响所发出的声音给出恰当中肯的评价,给出不同经济社会环境下应当秉持的中立态度。不同利益集团在各种媒体上的发声,有时候会引起社会对交通运输发展的误解和偏见,需要通过智库专家之口做好舆论导向。

"伐谋"在新时代更为重要,需要我国智库学者"走出去",在与国外专家交流和合作中传播"天下体系"的价值观,阐释"人类命运共同体"的核心内涵,真正让"一带一路"沿线国家的公众理解中国。

交通运输部《关于促进交通运输新型智库发展的实施意见》提出:"完善智库参与国际交流合作机制。全面发挥新型智库对交通运输国际事务的基础支撑和智力支持作用,推动深度参与国际规则与标准制定。鼓励智库参与国际智库平台对话和国际合作项目研究。积极为智库人员参与中外专家交流、举办或参加国际会议等创造有利条件。"这些与智库的思想传播职能密切相关。这迫切需要简化智库人员出国手续,从而保证智库人员更好参与国际对话和合作。

10 交通运输市场规制的实践:行政约谈

交通运输的市场规制,既包含行业主管部门所主导的直接规制,也包含国家其他部门所主导的间接规制。无论是直接规制还是间接规制,都存在一种新型的规制手段:行政约谈。行政约谈是具有中国特色的市场规制,具有用行政手段调和市场各参与主体的利益关系的功能。在西方的市场规制框架下,市场各主体之间的利益关系矛盾,都会尽量导入到司法渠道。这固然是市场规制的基本逻辑,但需要长期的磨合以确定各利益主体的关系,并通过法律法规和明确的规则体系予以显性化。而且,这样的市场规制需要发达的司法体系作为支撑,背后是繁杂的诉讼程序和天价的诉讼费。我国新经济模式正在不断推动行业利益格局发生变化,法律法规很难与经济社会的现实需求完全相匹配。在法律法规难以做到与时俱进时,一些临时性的、柔性的市场规制手段就成为必要。

行政约谈的内涵

行政约谈是行政机关在行政管理活动中针对行政相对人可能存在或已经发生的违法行为,采取调查了解、申明立场、讲解法律、宣传教育、给予指导、提出警示等方式,对其事前预防或予以纠正的新型行政行为。行政约谈作为一种积极行政,有别于行政处罚等传统的行政行为,本质上是沟通谈话而非训斥处罚,具有预防性、针对性和人性化的特点,既体现了行政机关以人为本的和谐执法理念,又促使行政管理由"事后惩罚"转向"事前预防",避免违法行为进一步升级扩大。

行政约谈作为一种独立的行政行为,不同于行政指导中的"利益诱导"、行政合同中的"民事权利义务",更多体现的是一种"警示劝告""行政权利义务"。与具有强制性的行政处罚、行政强制等不同,行政约谈不具有强制性,主要采取建议、劝告、告诫等方式,谋求相对人的主动协助与配合,自觉服从行政意志,从而达到行政管理的目的。行政约谈可归类于柔性的行政管理手段。可以说,这种操作上的柔性既符合民主行政的基本要求,又是转变政府职能的必要举措。故而在确保行政管理目标实现的前提下,应尽量采用行政约谈的方式,减少行政处罚、行政强制等强制性行政行为的使用。

行政约谈具有一定的优势。首先,降低行政成本,提高行政效率。在行政约谈中,行政主体通过允许、鼓励行政相对人及利害相关人参与行政活动过程,不仅极大地提升了行政执法的可接受性,也极大地提高了行政执法的效率,降低了行政执法成本。其次,推动行政民主,促进双方平衡。在非强制行政行为中,相对人享有"不服则不从"的权利,可以意思自治、自由选择,乃至于直接影响、改变正在形成或已经形成的某些行政主张、决定。也就是说,由于行政约谈不带命令性或强制性,行政机关不得将自己主观意志强加于相对人,逼迫其接受约谈内容,而只能采取对话、沟通、劝诫、说服等方式,在充分尊重相对人意思自治的基础上,谋求并取得相对人同意,从而达到一定的行政目的。最后,实现行政法治,转变执法理念。依法行政是行政法治原则的基本要求。在社会关系日益复杂、多元化的今天,许多行政管理领域出现了大量的法律漏洞乃至立法空白。不过,行政约谈的出现极大地缓解了实践需求与违法行政两者之间的张力,促成行政目标与行政法治的实现。

行政约谈引入协商、平等、参与等元素,从刚性、单方、对抗的管制理念转向为柔性、双方、配合的服务理念,既彰显了民主、协商、沟通、合作的法治价值,又反映了独立、平等、尊重、信任的人文精神[22]。

交通运输行业主管部门所主导的约谈案例

2018年8月24日,浙江省温州市一名女孩乘坐滴滴顺风车途中被害。从警方公布的情况看,滴滴公司在此次恶性事件中负有不可推卸的重大责任。8月26日下午,交通运输部联合公安部以及北京市、天津市交通运输和公安部门,针对上述事件对滴滴公司开展联合约谈,责令其立即对顺风车业务进行全面整改,加快推进合规化进程,严守安全底线,切实落实承运人安全稳定管理主体责任,保障乘客出行安全和合法权益,并及时向社会公布有关整改情况。

交通运输部要求滴滴公司切实落实企业安全管理主体责任，改变承诺多、整改少的工作方式，加强整改，规范经营，切实保障乘客安全和社会稳定。一要严守安全底线，按照国家安全生产有关法律法规要求，严格落实安全生产主体责任，把乘客安全放在首位。对近期发生的安全事件，要认真开展调查，严肃处理相关责任人员。交通运输部将密切关注此次事件调查处理情况，对经公安部门调查确实存在渎职失职的人员，提请有关部门依法依规处理。二要立即按照"应以合乘服务提供者自身出行需求为前提事先发布出行信息、由出行线路相同的人选择车辆、不以赢利为目的分担部分出行成本或者免费互助、每车每日合乘次数应有一定限制"的原则，对顺风车业务进行全面整改，堵住安全管理漏洞，建立保障乘客安全的长效机制；要举一反三，吸取教训，全面排查整改网约车平台存在的安全隐患，坚决杜绝以顺风车名义组织非法网约车的经营行为；即日起，不得再新接入未经许可的车辆和人员，并加快清退已接入的不合规车辆和人员。三要落实承运人安全稳定管理主体责任，积极配合公安部门办理案件，同时要加强对接入驾驶员的教育管理。四要严格依法依规运营，严格按照政策要求以及地方实施细则规定，全面推进网约车合规化工作，确保平台、车辆和人员均符合有关规定；网约车运营信息数据要实时、全量、真实地接入全国网约车监管信息交互平台，并确保数据质量。公安部对滴滴公司安全管理、规范经营、严格遵守地方实施细则等提出了要求。

滴滴公司承诺：一是自8月27日起，在全国范围内下线顺风车业务，重新评估业务模式；二是9月1日前完成合规化运营工作方案，报送有关部门，并接受社会监督；三是落实安全生产责任制，开展安全隐患自查工作，完善隐患监察机制，通过线上、线下手段查找整改存在的问题；四是整改升级客服体系，加大客服团队的人力和资源投入；五是开拓平台用户紧急情况报警通道，完善配合公安机关证据调取机制。

市场出现问题，相关的法律法规有可能来不及给出确切的答案，政府需要积极作为，不可能等待所有的条件都具备才开始对企业进行规制。"该出手时就出手"，约谈也是市场规制。新兴的互联网商业模式会产生诸多新兴的问题，法律法规不可能事无巨细对新兴领域都有所涉猎，这就需要非常规手段。等到新兴模式具有市场规模的时候，相应的法律法规才可能逐步补齐。

国家发展改革委所推动的约谈案例

按照国务院关于持续为实体经济减负、激发市场活力和社会创造力的宏观调控要求，根据有关方面的反映和举报，国家发展改革委同交通运输部从2017年4月中旬起依法对上海港和天津港开展了反垄断调查。

此次调查持续了近两个月的时间，从有关省份抽调 100 余名执法人员，调查走访了港口及其下属企业、上下游相关经营者等 100 余家市场主体，深入细致地了解了有关情况，查明了港口涉嫌违反《中华人民共和国反垄断法》的主要行为。在此基础上，国家发展改革委同交通运输部、中国港口协会于 2017 年 9 月 22 日联合召开会议，要求全国沿海 39 个港口都要对照此次反垄断调查发现的问题，进行自查自纠和切实整改。其中，19 个规模以上港口的整改方案报国家发展改革委审核。从目前有关港口上报的自查自纠情况看，多数港口认识深刻，进行了全面自查，并制定了切实可行的整改措施。

调查中所凸显的问题包括以下三个方面：

第一，要求船公司使用本港下属企业提供的拖轮、理货、船代等服务。拖轮、理货和船代是船舶在港口停靠和进行装卸作业时需要的一些辅助性业务，市场本来是放开的。但调查中发现，港口通过签署格式合同、不开放信息端口、为不同公司划分市场等方式，限定或者变相限定船公司只能接受港口下属企业提供的服务。例如，在拖轮方面，有的港口与船公司签署合同中设置由港口下属企业提供服务的格式条款；有的港口在船舶信息申报系统中则根本没有设置拖轮公司选项，实质上剥夺了船公司对于拖轮公司的自由选择权。在理货方面，有的港口不允许非下属企业进入港口开展业务，有的则直接为理货公司划分了市场。在船代方面，有的港口在内贸、中转等领域不开放信息端口，使得船公司只能选择港口下属企业。这些做法完全排除了港口内相关服务市场的竞争，涉嫌构成限定交易行为，导致相关服务价格高企，不合理增加了实体经济运行成本。

第二，对不可竞争的本地外贸集装箱业务，收取远高于竞争性国际中转集装箱的装卸作业费。总体来看，在港口运输的外贸集装箱分为两类：一类是以港口为出发地或者目的地的，可称之为本地集装箱；还有一类是在港口中转，换船运输至其他港口的，可称之为国际中转集装箱。对港口而言，这两类集装箱在成本和面临的竞争条件方面均存在显著差异。从成本来看，国际中转集装箱由于装卸次数更多，成本相对较高；本地集装箱的成本则相对较低。因此，在政府定价时期，国际中转集装箱的装卸费用定价高。但从面临的竞争条件来看，本地集装箱受运输距离限制，货主难以选择其他港口运输，港口面临的竞争约束很小；国际中转集装箱则不需考虑港口与货物最终目的地之间的距离，在不同港口中转差别不大，港口面临的竞争环境非常激烈，甚至还面临周边其他国家港口的竞争。调查显示，由于竞争环境和压力不同，很多沿海港口在两种集装箱装卸费用上采取了不同的定价策略。国际中转集装箱虽然装卸成本高，但由于竞争较为激烈，很多沿海港口均制定了较低的价格。而对本地集装箱，由于港口面临的竞争约束较小，收费水平显著高于国际中转集装箱的水平，中间的差距高达 2~3 倍。这种依靠市场支配地位抬高价格的做法，涉嫌构成《中华人民共和国反垄断法》禁止的不公平高价行为。

第三，向交易对象附加强制服务、不竞争条款、忠诚条款等不合理交易条件。很多港口利用其在相关市场的支配地位，在与船公司和货主交易时附加了一些不合理的交易条件。例如，有的港口将本应由货主自主决定是否需要的拆箱理货服务，设置为码头提箱放行的前置条件。货主需要提箱，必须先进行拆箱理货并支付相关费用。有的港口在与船公司签署的合同中，要求船公司将其作为周边港口的中转港，并且保证海运费不高于周边港口相应航线的海运费水平。这些条款都与港口和船公司的交易本身无关，是不对等和不合适的，涉嫌构成附加不合理交易条件行为。

国家发展改革委在对港口企业开展反垄断调查的过程中，多次引用《中华人民共和国反垄断法》的条款，但是并没有将相关企业的违法行为导入《中华人民共和国反垄断法》的司法程序，而是通过行政约谈的方式，指出港口收费领域的诸多问题，推动相关企业进行整改。否则，导入《中华人民共和国反垄断法》的司法程序，很可能让企业难以承受相应的处罚。与此同时，也会对相应的物流体系产生巨大影响，进而影响到制造业乃至经济社会的正常运行。通过柔性的行政约谈的手段，既让企业认识到存在的问题，并通过整改纠正其不恰当的行为，又能够将其对经济社会产生的负面影响降到最低，契合国家物流领域降本增效的大政方针。

行政约谈具有优势，是新时期市场规制的补充手段。让其发挥良性的作用，需要推动其走向规范化。这可以在三个方面进行推动：第一，明确行政约谈所遵循的基本原则。行政约谈过程应坚持合法合理、自愿平等、刚柔相济相结合的基本原则。第二，健全行政约谈的法定程序。由于《中华人民共和国行政法》不可能对行政约谈的实体性内容加以详尽规定，否则就会妨碍行政约谈功能的正常发挥，因而通过推进行政约谈程序法定化就成为防止行政机关滥用权力与恣意妄为，保障相对人合法权利，以及推进行政约谈制度化、规范化和法治化的重要突破口。这包括确立约谈审议与告知制度、确立信息公开制度、确立约谈回访评估制度和确立约谈资料立卷存档制度等。第三，完善行政约谈的监督与救济制度。这包括健全行政约谈的监督机制、完善行政约谈的救济制度等。

11 水运变革需要规范性文件

2018 年 5 月 16 日，国务院办公厅发布《关于加强行政规范性文件制定和监督管理工作的通知》（国办发〔2018〕37 号，以下简称《通知》）。《通知》是目前我国第一个从国家层面对行政规范性文件的概念、制定程序、监督管理作出全面、系统规定的文件，也是从源头上规范行政管理和执法依据的重要措施。它的公布使我国行政规范性文件制发和管理有望全面纳入法治化轨道，对于现阶段的依法治国具有十分重要的意义，值得关注学习。

文件中的关键提法

行政规范性文件是除国务院的行政法规、决定、命令以及部门规章和地方政府规章外，由行政机关或者经法律、法规授权的具有管理公共事务职能的组织（以下统称行政机关）依照法定权限、程序制定并公开发布，涉及公民、法人和其他组织权利义务，具有普遍约束力，在一定期限内反复适用的公文。

近年来，各地区、各部门不断加强行政规范性文件制定和监督管理工作，取得了一定成效，但乱发文的现象还不同程度地存在，侵犯了公民、法人和其他组织的合法权益，损害了政府公信力。

严禁越权发文。坚持法定职责必须为法无授权不可为，严格按照法定权限履行职责。不得规定出具循环证明、重复证明、无谓证明的内容；不得违法减损公民、法人和其他组织的合法权益或者增加其义务，侵犯公民人身权、财产权、人格权、劳动权、休息权等基本权利；不得超越职权规定应由市场调节、企业和社会自律、公民自我管理的事项；不得违法制定含有排除或者限制公平竞争内容的措施，违法干预或者影响市场主体正常生产经营活动，违法设置市场准入和退出条件等。

严控发文数量。凡法律、法规、规章和上级文件已经作出明确规定的，现行文件已有部署且仍然适用的，不得重复发文；对内容相近、能归并的尽量归并，可发可不发、没有实质性内容的一律不发，严禁照抄照搬照转上级文件、以文件"落实"文件。

严格制发程序。行政规范性文件必须严格依照法定程序制发，重要的行政规范性文件要严格执行评估论证、公开征求意见、合法性审核、集体审议决定、向社会公开发布等程序。

认真评估论证。起草行政规范性文件，要对有关行政措施的预期效果和可能产生的影响进行评估，对该文件是否符合法律法规和国家政策、是否符合社会主义核心价值观、是否符合公平竞争审查要求等进行把关。对专业性、技术性较强的行政规范性文件，要组织相关领域专家进行论证。评估论证结论要在文件起草说明中写明，作为制发文件的重要依据。

广泛征求意见。除依法需要保密的外，对涉及群众切身利益或者对公民、法人和其他组织权利义务有重大影响的行政规范性文件，要向社会公开征求意见。

起草部门可以通过政府网站、新闻发布会及报刊、广播、电视等便于群众知晓的方式，公布文件草案及其说明等材料，并明确提出意见的方式和期限。对涉及群众重大利益调整的，起草部门要深入调查研究，采取座谈会、论证会、实地走访等形式充分听取各方面意见，特别是利益相关方的意见。建立意见沟通协商反馈机制，对相对集中的意见建议不予采纳的，公布时要说明理由。

严格审核把关。起草部门要及时将送审稿及有关材料报送制定机关的办公机构和负责合法性审核的部门，并保证材料的完备性和规范性。制定机关的办公机构要对起草部门是否严格依照规定的程序起草、是否进行评估论证、是否广泛征求意见等进行审核。制定机关负责合法性审核的部门要对文件的制定主体、程序、有关内容等是否符合法律、法规和规章的规定，及时进行合法性审核。未经合法性审核或者经审核不合法的，不得提交集体审议。

坚持集体审议。制定行政规范性文件要实行集体研究讨论制度，防止违法决策、专断决策、"拍脑袋"决策。地方各级人民政府制定的行政规范性文件要经本级政府常务会议或者全体会议审议决定，政府部门制定的行政规范性文件要经本部门办公会议审议决定。

及时公开发布。行政规范性文件经审议通过或批准后，由制定机关统一登记、统一编号、统一印发，并及时通过政府公报、政府网站、政务新媒体、报刊、广播、电视、公示栏等公开向社会发布。

防止乱发文、规范文件出台程序、完善文件的备案审查制度，都是依法行政的内在要求。行政机关要根据全面深化改革、全面依法治国要求和经济社会发展需要，以及上位法制定、修改、废止情况，及时清理本地区、本部门行政规范性文件。

水运变革需要接纳规范性文件

改革开放以来，我国的经济发展成就举世瞩目。与此同时，相应的制度构建必须跟上。改革从来都是走在制度的边缘。新时期我国仍然要继续深化改革，扩大开放。这都需要制度的变革与新时代相匹配。制度变革过程中，制度和规则通过法律、法规、地方法规和部门规章等确立，同时还包含标准、规范等方面的约束。2018年3月，根据第十三届全国人民代表大会第一次会议批准的国务院机构改革方案，国务院法制办公室的职责被整合，重新组建司法部，不再保留国务院法制办公室。这将有利于支撑相关法律法规和部门规章的制修订。既然新时期国家对依法治国的要求很高，就需要配置更多的资源在此领域，不能让上述问题成为依法治国的障碍。

另一方面，由于经济社会面临前所未有的变革，新技术新模式层出不穷，具有市场影响力的创新会对现有制度框架产生作用,进而影响到相关利益主体。新生力量与传统力量的博弈结果,需要用一些相对固定的规则确立下来。这时通过规范性文件确立相关的利益关系就是最为可能的途径。新技术来得太快,对经济社会的影响很大,甚至还具有巨大的社会影响力,并对政府公信力产生影响。比如网络预约出租汽车经营服务相关管理办法的制订过程,就充分证明了这一点。因此,需要具有程序相对简单并能产生实效的规则,在问题的初发期给予恰当的约束。等到这些具有初步力量的新兴主体不断发展壮大并形成了新的利益格局,可能就需要在法律法规和部门规章中进一步确立规则。从这样的视角思考,推动规范性文件的合理合规制订,对于我国构建"创新型国家"具有深远意义。

第二部分　水运市场篇

12　看待水运市场的时空尺度

水运市场的一个分析框架

人类对未知的事物总是充满了好奇，水运市场的未来走向就是其一。虽然没有人能够扮演上帝的角色，但仍然有很多研究机构和很多人坚持不懈地做着预测。虽然大家都预测不准，但是仍然有相对较好的预测框架，可以让人们离真相更近一些，让人们对市场出现的"黑天鹅"不再那么惊异。这里给出一个极简的分析框架。

分析水运市场，无非是搞清楚供给和需求，以及两者共同决定市场价格的机制。供给和需求时时刻刻都在变化，引起其变化的原因不外乎长期因素和短期因素。总体上来看，供给大于需求，市场处于低潮期；供给小于需求，市场处于高涨期。同时，总体过剩市场中定会存在结构性不足的细分市场。这些细分市场因为一些短期因素导致的供需变化，会出现局部的热点。这种热点会因为价格信号的激励作用在短期内补足相应的供给空缺，而只是"小热点"。

影响水运市场的长期因素

影响水运市场的长期因素主要是技术。这里所说的技术是引领时代变革的颠覆性技术。第一次工业革命和第二次工业革命都从技术端大大改变了水运业的供给模式。船舶从人力推动到风帆推动，再到蒸汽机推动，进而再到内燃机推动，都大幅提高了船舶的运行效率。这使得水运业的运输成本不断下降，与需求端形成正相关互动。

第三次工业革命同样会改变水运业的供给和需求。从供给端来看，无人船舶、LNG（液化天然气）动力船舶以及未来可能的可再生能源动力船舶等都是技术对水运业的改造。从需求端来看，第三次工业革命所对应的智能制造、共享经济和可再生能源等新技术和新模式,将对水运业的需求产生重大的影响,是前两次工业革命从未发生过的事情。

影响水运市场的短期因素

政策因素。比如国家的供给侧结构性改革的一项工作是"去产能"。"去产能"对供需双方都会产生影响。水运业的"去产能"政策包括拆船补贴,减少运力供给,对市场价格施加正面影响。同时,包括煤炭、钢铁在内的大宗物资运输需求的行业"去产能",则直接降低水运业的需求,对市场价格施加负面影响。

经济因素。比如汇率变化、房地产异动、货币投放乃至季节性因素,都会对水运需求产生影响。上下游产业的异动也会对水运业产生影响。

心理因素。一般来讲,有经济学素养背景的市场分析人士不谈人的心理,但恰恰是心理造成市场涨跌更为跌宕起伏。市场是由诸多利益不同的人所参与的,人们的群体效应和集体预期往往会加剧市场的波动,让市场变化更加具有戏剧性。比如,2016 年美国大选后,国际市场对新总统特朗普的基础设施建设政策的预期值很高,间接推动了航运板块的走强。希腊散装航运商 DryShips 的股票在美国总统大选后一路狂飙,从 2016 年 11 月 9 日起至 11 月 15 日为止,以收盘计算的涨幅竟高达 1500%,若以 15 日的盘中高点(102 美元)计算,涨幅更冲高至 2137%。更让人吃惊的是,这个最高触及 102 美元的小盘股,10 月底的价格只有 0.3 美元。也就是说,半个月内最大涨幅 339 倍。在我国,美国总统特朗普当选当天,有一只叫"川大智胜"(与"川普"音似)的股票神奇大涨,一度冲击涨停。而另一只股票"西仪股份"(与"希拉里阿姨"音似),随着大选结果的陆续公布,则大跌近 9%。

如何判断市场的走向?

关注技术因素。技术因素决定了市场的远期走向,需要给予足够的关注。尤其是作为实际经营人的船东,买卖船舶的时候,一定要关注长期的技术因素。

关注政策因素。政策因素会对供需双方产生影响,但要进行准确的测算十分困难,因为政策的执行效果存在差异,还会有意想不到的效应,让人们对政策产生的影响的判断产生偏差。对政策执行效果的判断,需要具备利益相关分析的能力,切实了解政策执行过程中的动力与阻力,客观判断政策产生的实效。

关注经济因素。经济因素是人们惯常的分析视角,相关的工具数不胜数。考虑到经济社会的复杂性,经济因素会对供需产生多大的影响仍然是难以判断的。最好的策略是形成专家团队,共享所有的信息,然后各自独立作预测,并综合专家预测的结果,给出政策影响的可能区间。这样的方案有利于摈弃专家的短视和偏见。

关注心理因素。心理因素只能到人群最为密集的地方去感知。每天用很多时间泡咖啡馆和聊天，不是休闲和娱乐，而是为了感知市场，获得市场分析师所不能提供的市场情绪信息，进而作为船舶买卖的决策变量之一。这也是波罗的海航运交易所起源于一个咖啡馆的原因，还是航运经纪人热衷于聊天的原因。同时，它又是航运界一个个论坛此起彼伏的原因。参加论坛，很大程度上不仅听专家的真知灼见，还要能够恰如其分地感知市场心理，顺便听一些有价值的观点。

运价"节节败退"的逻辑

因为各种因素，运力大于需求，导致"每一批货物有多条船等着"，船东不得不降价。船东当然希望运价能够覆盖所有成本，并有利润，但运价的走向却事与愿违。我们下面具体分析一下运价是如何节节败退的。

第一步，运价能够覆盖资金成本、人力成本、燃油成本和管理成本。对于这四项成本综合起来较高的船东，除燃油成本不能省，其他三项成本都有节省的空间，可首先压缩人力成本和管理成本。

第二步，供大于求的市场格局没有改变，运价继续下降，有部分船东在此运价下已经无法全部覆盖上述四项成本，且只能覆盖一部分资金成本。资金成本中，银行贷款具有刚性，只要能够还上就还可以运营。自有资金的折旧暂时无暇顾及，其他成本继续压缩。

第三步，供过于求的市场格局仍然没有变，没有船东退出市场，运价继续下降，降到恰好能够还上银行贷款和其他可变成本为止。贷款比例相对较高、贷款利率比较高的船东将面临破产，只好卖船，另一部分已经还完银行贷款的船东还可继续运营。船舶的买家因为船价相对于市场中的船舶来讲大幅降低，资产成本具有较大的优势，会继续维持这部分船舶在市场中的运营。

第四步，供过于求的市场格局还是没有变，运价继续下降，当降到只能覆盖燃油成本、人工成本和管理成本的时候，市场中运行的船就再无压缩成本的余地了。其中除燃油成本以外的三项成本相对较高的船舶就会进入封存状态，剩下无资金压力的船舶与低价重新进入市场的船舶竞争。相对而言，还是无资金压力的船舶有优势。对于新进入市场的船舶来讲，虽然资产成本低，但也还有支付的压力。这时，因为部分船舶封存，市场的供需情况有所缓解，运价得以维持（如果不行，继续上述过程，直到运价相对维持不变）。可见，在上述过程中市场的盈亏平衡点越来越低的原因，是参与市场中的船东的船价不断走低，其他各项成本也在压缩。

第五步，运价的最低点就是只能够覆盖最低人工成本、燃油成本和管理成本。低于此水平，船东就不会继续运营了，大量的船舶进入封存状态，进而引发船价进一步下降。当船价降到距离钢材价格比较接近的时候，拆船就成为更为经济的行为。

以上的分析仅仅是即期市场，不包括长期包运合同。这部分运价也将受即期运价的影响，不会完全无关。

对于集装箱运输，虽然一直以来被人们认为是寡头垄断市场，但这轮运力过剩也让该领域无法逃脱市场低迷的冲击。当然，其最低运价有市场基本面的问题，也有最后部分仓位甩卖的因素，但说其最低价不能看个案，而需要看其平均值。

那么，抄底买船是否有未来？船价的最低点可以以钢价为参照，有没有可能在钢材价的基础上乘以一个系数来判断船价的最低点？如果市场真的如上述分析的一样，抄底买船也很难盈利。市场上有一批只要能够覆盖可变成本就继续航行的船舶，至少让人还有船可用。其他船的船价再低，也仍然拼不过这些船。当然，这种情况在市场严重供大于求时才会发生。

最后，给出一条策略：如果能够低价抄底买船，然后手头还有稳定的货源，那么就可能立于不败之地。货主有两个诉求，一个是运费低，另一个是运输稳定。能够提供融合上述两个诉求的产品即可获得货主青睐。

兵无常势，水无常形——袁厚安的观点

多年的航运经历，我对市场是这样判断的：

首先，我们应对船舶运输市场进行细分，可分为远洋、沿海、江海直达、内河、运河五个大的板块，每个板块各自有特点。远洋和沿海板块是开放市场，存在一定的流动性；江海直达板块为半开放半封闭市场，有其独特性；内河板块为相对封闭的市场；运河板块则为完全封闭的市场。

其次，运价主要取决于供求关系，有三种情况：第一种情况是运力大于运量，船求货，运价持续下跌；第二种是船货平衡，运价相对稳定，船公司有基本利润；第三种情况是运力小于运量，货求船，运价持续上升，保持高位，船公司有高额利润。本人从事航运事业50年，运力大于运量的时期占70%，而运力和运量相对平衡和运力小于运量的时期各占15%，因此运力大于运量是航运市场的基本格局。而在运力大于运量的时期，又分为几种状态：一种是运力略大于运量，运价是持续处于较低水平的状态；一种是当运力严重大于运量时（特别是近5年的各个运输市场，运力高于运量50%~70%，远洋市场更是达到100%以上），导致运价持续下跌。

然后，我们分析成本。船公司的主要成本包括船舶折旧、银行贷款资金利息、燃润料费、人工费、规费、修理及管理成本。在运力大于运量导致运价下跌的初期阶段，船公司基本没有利润，维持成本运营。当运价持续下跌，折旧成本、管理成本无法保证，利息成本能够支出，银行维持银贷关系，不发生变化。而当运力严重大于运量时，运价持续下跌，就会出现船公司无法支付利息成本，仅仅是在维持人工费、燃润料费和规费成本情况下的简单生产。这个时候，有银行贷款的企业会因无法还贷被银行起诉，面临破产。由于航运业是资金密集型行业，完全没有银行贷款的企业几乎没有。企业自身能力和银行贷款额度决定了企业破产倒闭的进程。在简单生产的时候，有的船公司破产"跑路"，有的船公司会选择部分停船的方式维持公司生存状态。这时运力会逐步减少，一旦当运量阶段性大于运力，运价开始反弹（如2013年第四季度和2016年9—12月）。运价反弹，封存船舶逐步启动（视封存船舶的状态、地点和船公司自身的条件，启动的时间往往需要1~4个月）。当运力逐步投入市场，运力和运量的关系又会发生变化，运价再次进入下跌通道。在运力与运量发生变化影响市场行情的长期周而复始的过程中，老牌和经验老到的船公司都会在运价下降到极点、船价跌到最低点时购买船舶，扩大运力。这种行为的逐步增多会导致船价逐步回升，当期待值不能实现时，市场购买船舶的行为和热情又会减弱。我们知道，船舶折旧成本占营运成本较大，低廉的购买价格导致总成本的下降。当今，购买船舶不是通过银行贷款，而是由出资人筹资购买，投资回收主要是折旧和经营利润的回收，容易形成高回报，导致了市场存在抄底行为。抄底船舶的时机不是由钢材价格高低决定的。

水运市场是一个不断动态变化的市场，所谓：兵无常势，水无常形，业无常态。当前的水运市场存在着大货主相对稳定的货源和完全市场化货源两种情况。投资人购买船舶完全是根据对市场的判断和自身拥有的市场份额而做出的决定，越俎代庖的行为都是不恰当的。

水运市场价格与市场信息

人们总是对未来充满了好奇，想尽一切办法要知道未来的真相，于是对市场的预测方法应运而生。

市场会自发地消化信息，其所呈现的价格往往是已经吸纳了充分信息的结果。作为水运市场的参与者，要想更为准确地知道市场的走向，就需要从分析信息披露的渠道入手。影响市场的信息，一是市场中的突发信息（比如某一个公司的运输需求因为突发事件而产生了短期的急剧变化，只有那些与这块市场密切相关的人才能够第一时间得知，并且以迅速布局的方式获取相应的收益），二是恶劣天气的相关信息（这样的信息通常知道人的比较多，因而相应市场的价格很快就能够随之变动），三是政策信息（对市场起决定性作用由上至下的政策，首先为相应的政策研究者和政策决策者掌握后会被有意无意地传播，并在第一时间反映在市场价格中）。

上文曾探讨过，水运物流平台由于有众多市场交易的数据，通过对"大数据"进行分析，具有了比一般市场参与者更强的信息获取和分析能力，并基于此就可以提前布局而获利。比如，大数据计算到某个航线未来15天供给稀缺，船东即可提前低价租船。不过，看了薛兆丰的《经济学通识》的分析，就知道这种可能性应该是不存在的。由于获取的已经不是第一手的信息，而是通过市场交易形成的信息，所有的市场走向已经在交易中得到实现，水运物流平台并不能比市场参与者知道更多未被披露的信息。当平台获取和分析出未来15天某个航线的运价要涨的时候，这可能已经成为市场的共识。

市场难以预测，并不意味着人类对未来毫无作为。虽然随着披露的信息不断出现，市场会左右摇摆，但行业发展的大势，市场在哪些方向的摆动概率稍大一点还是可以了解和掌握的。只要有这一点认知，就可以使有准备的人获得竞争优势。对于水运市场来说，笔者还是坚持用充分的现实感去预测。预测的核心并不是短期行为，而是长期趋势。短期行为受各种难以预测的信息所左右，不可能有确切的答案。长期走向在技术和制度双轮驱动下具有相对的确定性。

看待水运市场的几个维度[23]

在市场运价极度低迷，以及国内外诸多航运企业倒闭、亏损和整合的悲惨境遇下，对未来水运趋势的看法可分成了两派。一派认为："此轮低迷，并未能逃脱以往市场周期变换的逻辑"，水运业迟早会复苏并再上高峰。此观点可以简称为"周期论"。另一派认为："新技术新模式将重构整个经济社会的基本逻辑，水运业风光不会再现"。此观点可以简称为"夕阳产业论"。面对截然不同的两个判断，需要怎样的思考和视野才能够拨开迷雾见晴空呢？

"复眼"看市场

对未来的预测，没有人能够完全正确，因为人各有自身的局限。对任何一个观点都保持一个开放的心态，先不要在心中赋予一个价值判断，不要以"对错"论"英雄"。各个视角都是对客观世界的一个反映。只有像蜻蜓那样接收"复眼"所提供的全面信息，才有助于对未来世界做出一个更为全面的判断。对于水运市场的未来判断，不必排斥"周期论"，也不必排斥"夕阳产业论"，冷暖正是在不同观点的碰撞中形成的。"一边倒"的一致观点往往并不能给我们带来安全，反而会误导我们。

《超预测》[24]提供一个预测未来的方案，就是构建预测团队。这样的预测团队并非民意测验，而是专家预测。不是单个专家，而是掌握了正确预测方法的专家团队。专家团队的好处是有利于多视角综合多方信息，能够汇聚智慧，摈弃单个专家可能产生的自负、偏见等因素的影响。专家共享信息，独立预测，结果以概率的方式呈现。在移动互联网逐步普及的当下，更有条件针对某些具体的问题构建专家团队，大家共享信息，各自独立预测，最终给出对未来的判断。对未来的预测还需要摈弃自大的倾向，因为有些事件本就不需预测（比如时钟），有些事件不能预测（比如白云变幻的样子、市场价格）。

借助"照片"看市场

目前有许多表征水运市场冷暖的指数，比如波罗的海干散货指数（BDI指数）。它不是标准，也不是标杆，只是波罗的海航运交易所以其可以获得的数据以及相对公允的方法反映水运市场的某一个侧面。水运本身是复杂的，想要描述水运市场的全部是不可能的，任何形式的简化都是为了在技术可能的条件下让我们能够看得清市场的某些侧面。就像拍照片，用长焦镜头可以拍宏大的场景，使大场面的全景可以看得很真切，可其中的细节就会被忽略；用短焦镜头就可以拍主题鲜明而背景虚化的近景照片，忽视全景和远景，关注细节；有时还需要"鱼眼"镜头，让更大范围的景象纳入照片当中。照片是对现实世界的固化处理，并不是世界本身，关键要看拍摄者的取舍，想要留下的"现实"。以这样的眼光看BDI指数，不过是我们看航运市场的一张"照片"，或者是一种"拍摄方式"和"观察视角"。在此意义上，BDI指数虽然有改进的余地，但足以从一个侧面体现水运市场的冷暖。实际上，市场从业者的真正决策仍然是市场中与同类竞争者和客户的不断博弈，不会真正拿BDI指数当回事。对于非市场参与者，如果关心水运市场，那么看看BDI所反映出来的市场"照片"也就够了。这个"照片"不够，再去看看别的指数，会使观察者从更多的侧面了解水运市场。可以找出千条BDI指数不合理的理由，也可以修正BDI指数，但永远别指望指数会完美无缺。可以用各种视角"拍摄"水运市场，只要有人喜欢，有人愿意埋单。不要说拍出的照片就是"现实"，关键要搞清楚照片给谁看。客户是政府，用长焦镜头拍摄能够给出市场的全景，就是最佳的拍摄方式。客户是企业，用短焦镜头拍摄可以提供更多的市场细节。

区分"快变量"和"慢变量"

对海上的波浪来说，天气是快变量（无风不起浪），月亮是慢变量（有月亮才有潮汐现象），叠加在一起就是当下的海浪。不听天气预报，贸然出海或许会遇到风浪；只听天气预报，不了解潮汐原理，船舶就可能无法顺利靠港。

我们每天听到的市场价格、公司倒闭和企业亏损等都是快变量，试图追赶是不明智的。快变量带来信息的泛滥、噪音的比例高。信息时代最重要的不是得到最新、最多的信息，而是甄别、筛选信息的能力。面对海量的信息，没有鉴别能力的话，必然会失去重要的信息，进而对决策产生致命影响。免费的信息往往是最贵的，因为它占用注意力，削弱判断能力，在增加了其点击量的同时收割了大众的"智商税"。航运市场的信息过载一样严重，需要"慧眼识英雄"，还需要培养付费的习惯。专家的价值就在于能够帮助大家在纷繁复杂的世界中找到有价值的信息并为人所用。用钱购买有价值的信息恰恰是提高效率的最佳手段。要知道，能够用钱买来的东西都是便宜的。航运市场低迷的时候，压缩成本是企业生存的不二之选，"买智慧、看未来"的钱一定不能省，否则就可能短视，甚至决策失误。

对于"慢变量"，需要一个"闹钟"，定时处理关乎长远未来的、重要但不紧迫的事情，不被每天的烦琐事务牵绊，忘记方向和初心。航运人，除了日常的事务以外，一定要安排时间了解未来技术的走向、市场需求的方向和政府政策的导向。另外，不同的时间尺度，有不同的慢变量。把握好慢变量就好像需要有多个焦距不同的望远镜才能看到远近不同的景物一样。各类咨询机构和智库就是航运人的望远镜。水运人善于运用望远镜，才有运筹帷幄的底气，才能赢得未来。

"人性为锚"看未来

经济社会发展的核心在人，关注"慢变量"就要把视野放在人的需求的长远趋势上。人口现象通常表现较慢，日积月累，水滴石穿。水运业的长远发展应该把"人性"当作所有决策的基准。满足"人性"成为每个水运企业的核心价值。唯有如此，企业才有希望。叶茂中曾提出通过洞察、冲突、诉求、舍得、重复、劝诱、产品创新和价格等手段获得客户的心。为此，他说过一段有趣的话："如果你贪食，我给你美味。如果你贪婪，我给你免费。如果你懒惰，我送货上门。如果你傲慢，我送你身份。如果你嫉妒，我让你更美。如果你愤怒，我赠你平静……"对于水运企业而言，只有真正忘记水运的比较优势，在水运的比较劣势上下功夫，在水运业长久以来的痛点上下功夫，才有未来。在人们对时效性越来越苛刻时，水运业为什么就不能提速？在人们对个性化需求越来越强烈时，水运业为什么还在继续搞船舶大型化？不以"人性"为锚，水运业将注定是"夕阳产业"。

"人性为锚"的另外一层含义就是控制住自己的欲望。在希腊神话中，英雄奥德修斯带领船队经过墨西拿海峡，遇到居住在那里的海妖塞壬。塞壬美妙的歌声会诱惑过往的水手，使他们驾驶的船舶触礁遇险。奥德修斯让水手把自己绑在桅杆上方才安全渡过。有了"复眼"和"望远镜"，并不一定保证能做出正确的选择。即使我们能够看清未来，也很可能坚持不到未来，因为经不住当下的诱惑。这一轮市场低迷一方面来自外部环境，另一方面还是"人性"中的贪婪作祟，控制住自己的"心魔"是在未来的市场中屹立不倒的关键所在。

脱离舒适区

大多数低等动物的眼睛都具有360°全视野的功能。这样的能力让其对周遭的危险具有随时应变的可能。然而，就像比目鱼，双眼虽无时无刻不在关注着周遭的世界，但却被自己"永恒的当下"所困。人类作为高等的动物，放弃了一部分安全感，让眼睛紧紧盯着前方，成就了人类的思考，以及能够使人看到更为广阔的世界。害怕失去，就不能真正得到。无法脱离舒适区，就永远将自己囿于极为有限的境地。害怕风险让我们不敢跳上另一辆车，而当下的车恰恰可能将我们带入最危险的境地。人类是天生的猎奇者，而风险则是人类的镇静剂，让人不至于玩的过火。在猎奇与风险之间进行权衡是每个人的必修课。因此，放弃一部分安全感，让自己脱离舒适区，寻找更为广阔的可能性，才能够彻底摆脱生命对我们的约束。水运人往往难以跳出水运业，认为只会干水运，别的干不了。其实，摆在水运人面前的路径很多，比如搞多式联运等。水运人有水运的长板和国际海运的运作积累，更有规模化运作的经验，搭载物流的其他环节具有很好的发展前景。

13　水运市场面面观

放弃时效性和可靠性，集运的未来在哪里？

笔者在《变革水运——水运业供给侧结构性改革初探》中提出了水运供给老化的五大特征，其一是水运供给的灵活性没有与时俱进。其中写道："为了追求规模经济，水运业的船舶大型化自大航海时代以来就没有停止过，但船舶大型化的副产品就是水运服务的灵活性下降了，大型船舶需要大型枢纽港与之匹配，需要超大型码头和超大型装卸工具与之适应，同时还需要巨大的揽货能力，后方的集疏运体系也需要极高的效率，还需要航运联盟来与之相适应。如此繁复的运输环节需要每个环节的可靠性，这一定程度上丧失了水运服务的灵活性。现在只有中小型航运公司在提供更为灵活性的服务，而这样的服务并不是行业的主流。"

而今，上海港的拥堵则是集运整个体系失灵的一个典型表现。

2017年4月1日起，集运市场2M、Ocean和THE三大联盟正式运作，旧的全球集装箱运行模式被打破。而新的运行模式刚一开始就遭遇到了港口的瓶颈约束。航运联盟是松散的组织，分分合合看似容易，可是产生的相应成本却不容忽视。更为重要的是，集运服务的可靠性降低了。据Seaintel海事智能公司的调查，2017年第一季度全球18大班轮公司准班率整体下滑约10%。各班轮公司准班率都有所下滑，其中曾经准班率第一的马士基航运跌至第八位，准班率较上年同期下滑7.1%，地中海航运下滑11.1%，排名跌出前十位。

2018年2月8日发布在公众号"航运界"的文章《2017年全球班轮准班率下挫8.4个百分点，万海航运表现最佳》，其中有关全球班轮准班率的数据，颇值得玩味。2017年，全球班轮准班率下挫至74.5%，同比下降8.4个百分点。万海航运综合准班率排名第一，为81.0%；汉堡南美和长荣海运分列第二和第三位，分别为79.7%和79.1%。Seaintel海事智能公司调研得出，排名全球前十八位的班轮公司中，没有一家公司的准班率相比于2016年有所提升。长荣海运和现代商船准班率跌幅最小，分别下降4.7%和5.0%。而商船三井、太平船务和阳明海运则跌幅超过10%，分别为12.7%、11.2%和10.2%。

分航线来看，亚洲—北美洲西海岸航线去年的准班率为72.1%，下跌9.3%。美森轮船成为该航线最值得信赖的航运公司，准班率高达93.3%；长荣海运次之，为81.0%。

亚洲—北美洲东海岸航线的准班率遭遇严重下滑，从2016年的80.4%降至2017年的66.3%。长荣海运表现最佳，准班率为72.3%；马士基航运有限公司和地中海航运公司并列第二位，均为70.5%。

亚洲—北欧和亚洲—地中海航线的准班率分别下降3.0%和9.3%，为76.4%和74.6%。在亚洲—北欧航线上，长荣海运以82.6%夺得第一名，中远海运名列第二，为82.5%。在亚洲—地中海航线上，准班率排名第一位的是萨非航运公司，为95.5%；第二名为长荣海运，为79.8%。

跨大西洋航线成为全球主要航线中表现最为糟糕的航线之一。其准班率下跌超过10%。其中，跨大西洋西向航线准班率仅为67.4%，同比下降10.5%；跨大西洋东向航线准班率为70.2%，同比下跌10.6%。独立集装箱航运公司和Marfret公司分别在西向航线和东向航线上表现出色，准班率高达97.5%和98.7%。

海运业的比较优势是成本低，劣势是时效性。2008年以来海运业已经通过降低航速来减少成本支出，保证准班率，必然会使客户流失。看看中欧班列自2011年以来的飞速增长势头，就知道准班率的持续下滑给海运业已造成了不利的局面。经济社会发展不是没有替代方案。

运输服务的好坏有两个指标：第一，运输的时效性；第二，运输的可靠性。货主选择水运，是因为其货物的时效性要求不高，但对运输的可靠性总还是有保证性需求。没有可靠性，运输过程中会产生许多不可预期的成本，对于货主来讲是一个噩梦。比如上海港的拥堵，对于班轮公司来说，临时调整靠泊码头，势必造成作业成本增加和航班混乱；对于货代企业来说，船期拖延成为普遍现象，港区开港时间不确定，班轮公司缺箱严重，导致客户要另外花钱预提箱，堆场暂落箱费也随之上涨；对于车队而言，重箱积压造成空箱短缺，集卡送箱后无空箱可提，增加了车队的运行成本；对于货主而言，班期延误可能意味着合同违约，面临着贸易伙伴的索赔[25]。

曾经的货主还有机会选择准班率较好的班轮公司，即便价格稍高也会比较有保障。马士基航运曾经推出的"天天马士基"（Daily Maersk）是指从亚洲的四个主线港（宁波、上海、盐田、丹戎帕拉帕斯港）将货物运往欧洲的三个主线港（费利克斯托、鹿特丹、不来梅港），每周7天都设有同一截关/截港时间；每次订舱时，只要根据预计交货截关/截港日期，便能获得固定的运输时间承诺。如果不能在承诺时间内将货物送达，马士基航运将会对货主做出相应赔偿。延误1~3天，马士基航运每个集装箱赔偿100美元；如果延迟4天以上，每个集装箱赔偿300美元。经过这一轮航运市场的低迷，这样的服务已经销声匿迹，集运业的准班率也是每况愈下。集运业在2008年全球金融危机以来，为了在高涨的油价环境下节省成本，减速20%以应对危机，不断造大船以获得规模经济效应，又不断通过联盟来解决大船难以装满的窘境。总之，近些年来集运行业在外部环境的压力下不断放弃服务的时效性和可靠性。试问，在这种情况下集运的未来在哪里？

下面这则消息可能会对集运行业的从业者以警示：

宝马公司2011年开始借助中欧班列向我国运输货物，运送货物大致分为三类：生产原材料、发动机零部件及售后服务所需零部件和配件。宝马公司先前向我国运输货物采取的主要物流途径是海路运输，但在德国内陆运输至欧洲或其他地区的港口过程中，货物运达的准时性无法得到保障。德国人非常看重准时性，于是宝马公司选择改造中欧班列。中欧班列保障了宝马公司货物运输的准时准点，为公司节省了不少成本。2011年，宝马公司的货物每周搭乘一班中欧班列运往我国，当时运输总需时30天左右。6年过去了，宝马公司货物2017年已增加到每周搭乘三班中欧班列运往我国，目的地包括沈阳、丹东等地，运输时间总计只需17天左右。铁路运输为宝马公司解决"海运慢、空运贵"的难题提供了另一种行之有效的可靠方案。宝马公司选择中欧班列不仅是考虑到时效和成本问题，也是出于环保和可持续发展的考虑。按照宝马公司的统计，在选择中欧班列运输后，2016年宝马公司在运输方面共有效减少二氧化碳排放量大约1.5万吨[26]。

中欧班列从2011年3月开行以来，从最初的每年17列增加到2017年的3673列，年均增长率达到145%。有些人说，这都是政策支持的结果，否则中欧班列马上消失。笔者认为这种观点有失偏颇。

水运业有比较优势，但也是限定在一定的范围内。如果水运人坚守比较优势，不断打磨自己的比较优势，变得更强，那么水运就会在与其他运输方式的竞争合作中占据更大的主动。市场环境不好，还有来自其他运输方式的竞争，主动求变、创新升级是必然，不要把视野仅仅聚焦在大型化上，提升服务品质才是核心，具备更高时效性、更好灵活性、更强可靠性的服务才是客户需要的服务。否则，水运是看不到未来，看不到希望的。

对收取"取消订舱费"的认识

据《中国航务周刊》报道，2017年6月1日起，达飞轮船针对所有北欧国家到印度、巴基斯坦和斯里兰卡等地的集装箱（不包括冷藏箱），在开船截止日期7天之内或更短时间内收取"取消订舱费"，收费标准为150美元/柜。达飞轮船有限公司也成为继马士基航运有限公司之后第二家收取该费用的船公司。据相关人士的解释，在亚洲，20%~30%的舱位预订取消是很平常的事情，影响船公司为客户提供优质可靠的服务。

从货主的视角来看，如果确实因为自身的原因造成了航运企业的亏舱，可以考虑以支付"取消订舱费"的方式弥补航运企业的损失。但船公司也应对超配"甩柜"给货主造成的损害予以相应的补偿，才能体现规则的公平性。

笔者对此有三点认识：

第一，违约赔偿符合惯例。从航空业的实践来看，乘客退订机票会根据起飞时间的不同支付不同额度的退票费用。同时，飞机误机一定时间后，也会对乘客予以赔偿。这样的惩罚机制有利于各方尽力履约，尽量消除因为不能履约而产生的损失。铁路退票也会根据时间的紧迫与否收取不一样的退票费。对于客户来讲，主观上都希望取消合约不收费或者少收费，而其实正是因为有了收费，才使得其获得的服务具有了更高的可靠性。这种可靠性是隐性收益，不能用金钱衡量，不容易察觉。用钱购买可靠的运输服务天经地义，对供需双方都有好处。

第二，违约赔偿金额多少是关键。在达飞轮船收取"取消订舱费"中，违约赔偿金额是150美元/柜。航空业违约赔偿费用，一般与票价挂钩。集运业的赔偿金额是不是应该跟运价挂钩呢？违约金额过低，不能起到约束的作用；违约金额过高，消费者可能选择其他的承运人。这需要计算产生违约的概率以及因违约而产生的相应费用，进而得出恰当的赔偿金额。赔偿金额其实是市场竞争的产物。船东因为赔偿金的存在而提升了需求的确定性，货主因为赔偿金的存在也对船东有更强的约束，有利于提高整体运输的可靠性。一旦发生风险，也会因为赔偿金的存在而对不可靠的运输流程予以赔偿，减少风险。船公司超配是原有制度下船东的理性选择。有了赔偿机制之后，因为货主违约的可能性下降，船公司超配的可能性也会下降。另外，赔偿金的设定既要公平，还要简单，以免因设置的方案繁复，让客户难以鉴别，进而导致客户决策的非理性。

第三，信息化技术解决信息不对称。现在的信息化技术已经足够发达，集运过程中供需双方的实时信息可通过高效的手段获得。船公司没有这样的系统也没有关系，还可从航运电商的相关服务中获取。这样在很大程度上消除了供需双方的信息不对称，能够大大压缩因整体供应链发生的不确定性而产生的成本，进而使赔偿的可能性下降。也就是说，信息获取技术手段和赔偿解决方案的采用使困扰集运市场很久的超配将不是问题。水运物流平台起到了滤波器的作用。由于集聚了大量的货主和服务提供商，使得市场的供需关系能够通过水运物流平台显现出来，货主的货物运输可靠性提升了，船公司回程货的实载率也得到提升，并带来了实实在在的价值。尤其对于货主来讲，运输可靠性的提升有助于货主优化自身的生产体系，使其能够以最低库存的状态进行生产，提高了生产价值。

水运业比较优势再思考

水运具有运量大、成本低、能耗小、污染轻、不占地（或少占地）等优势。这样的技术经济特征是水运业的先天属性，经常为水运人津津乐道。笔者曾经参与过长江黄金水道对沿江经济社会贡献的相关研究，其中对水运的优势做过比较系统的分析，主要体现在三个方面：首先，水运在资源节约方面具有比较优势，也即在单位能耗、占地、成本和运能等方面具有相对于其他运输方式的优势；其次，水运在环境友好方面具有比较优势，也即在排放、噪声、景观美化等方面具有优势；最后，水运在社会进步与和谐方面具有比较优势，也即安全性和特殊时期的关键作用方面具有优势。这些优势都有相应的数据支撑。需要注意的是，这些数据是特定航段、特定市场环境下计算的结果，不一定具有普遍意义。

比较优势的内涵

经济学所说的比较优势，指的是相对优势，而不是绝对优势。比如，笔者写文章能力强，打字能力也不错，但肯定不会去打字，而是专心写文章。打字工作仍会交给打字员去做。在此意义上，打字员在打字方面就具有比较优势，而我在写作方面具有比较优势。各自在自身比较优势范围内工作，能够使社会资源得到最优配置。水运业所说的比较优势，其实是相对于其他运输方式的绝对优势。

需要注意的是，比较优势会随着社会经济环境的变化而变化，所能发挥的空间也会发生变化，一门心思地钻在比较优势中不能自拔就可能出问题。比如，油价高涨，水运的优势就会凸显。国家对环境保护的相关制度越严格，水运的优势也会更明显。土地价值的上升本质上也是有利于水运业发展的。另外，经济社会的需求也在发生变化，小康社会下公众的出行需要快速的交通运输匹配，供应链也需要更高的速度以实现高效运转，水运速度慢的劣势就会凸显出来。外部环境的变化使得各种运输方式之间的关系发生微妙的变化。尽管不会引起颠覆性影响，但在不同运输方式之间的边缘地带还是产生了转移。以前因为成本高而不愿意空运的不少货物会因为油价的下降而转向空运。

修补水运的比较劣势

忘记比较优势，多从水运的比较劣势着眼。在速度上提升一点，在价格上更加透明一点，在服务的灵活性上提升一点，水运的市场空间和盈利机会就会出现。船舶改装、船舶提速、一体化服务、航运大数据等都是针对水运业的比较劣势而采取的行动，也终将获得市场的回报。市场中已经有很多成功的案例，如快速船舶、频率更高的航次获得市场溢价。市场低迷期，跟随策略会失效，需要企业拿出开拓的勇气，用开放的眼光在市场中寻找细分市场、细分领域的小机会，在比较劣势上面逆操作，找到自己的市场空间。水运市场不是没有盈利机会，哀鸿遍野的惨境下仍然有企业过得不错。这个市场再也不能因循守旧，而是需要发现的眼睛，甚至需要创新的精神。

放弃部分安全感"活在未来"

万维钢在"得到"APP所开设的专栏有一篇《霍金说的劫数，人人都有》的文章，说的是小概率事件长期积累的理念。

2016年11月15日，霍金在牛津大学作演讲，表达了这样一个观点：人类老老实实在地球上待着是没有前途的，因为地球存在各种风险。这句话可以理解为：虽然地球在未来一些年里发生灾难的概率很低，但是累积上1000年，发生灾难的概率就很高。比如地球每年发生毁灭性灾难的可能性是万分之一，未来1000年内地球发生一次灾难的概率则为9.5%。如果时间跨度达到1万年，发生一次灾难的概率就变为63.2%。这就是小概率事件后面隐含的内容。"人生不如意事常八九"，其实就是概率规律在起作用。

对于许多水运人，尤其是京杭大运河上的船民，大半辈子都是在船上度过，所有船上的风风雨雨都经历过，铸就了坚毅的品格。未来需求侧的逆转，给水运人的路只有两条：要么离开这个行业，要么用新的技术武装自己，就是转型升级。离开这个行业，在很多水运人的心中根本就不是选项，但不应抱有这样的思维定式，未来没有什么不可能。市场回暖还很漫长，继续亏损经营不如迅速止损。尽管世间充满了风险，但也存在着无数的机遇。十年后再回头看今天，你一定会后悔为什么没能抓住身边俯拾即是的机遇。随着消费升级，现代农业的发展空间十分巨大，船民回归农业是一个很好的选项。离开水运业，很大程度上已经不是放弃自己的安全感，而是给自己一个重新开始的机会，何况船舶残值还能为重新开始新工作多少提供一些保障。

对于坚定信心继续耕耘的水运人，需要与水运电商对接，利用它们的服务减少市场信息不对称、提高运输效率、减少行业失信，并获得较低费率的融资和保险服务。这部分水运人放弃自己的安全感，接纳"互联网＋水运业"的新兴业态，通过稳定的货源、低廉的借贷成本、完备的增值服务以及良好的行业生态获得长期稳定的发展。

水运电商是放弃了安全感的前行者，最应注意的是不要冲得过猛，忘记了自己的客户需求和行业的痛点，高估了自己的市场空间，低估了市场的风险。多方面的小风险积累一段时间就可能成为一个大风险。谨记，硅谷风险投资的成功概率仅有2%~3%，是比"九死一生"还要残酷的现实。先不要提"百年企业""千亿市值"的愿景目标，还是踏踏实实推出为客户服务的基础版本，然后在与客户互动的过程中迅速迭代。指数级增长才有可能打败商业模式抄袭者，与客户形成互动才能有一些客户黏性。当前，每个人的注意力已经被各种手机软件所瓜分，不要对自己企业手机软件推出后的行业关注度太乐观，也不必太悲观。提高转化率就需要烧钱，看看商家在线上和手机软件售卖货物的差价，大体能够判断商家获得每个消费者数据的成本。而且，这些消费者还不一定具有忠诚度，一旦不打折或者不优惠，就可能流失。水运业是一个小众群体，要切实找到和抓住这些客户或者用户，还需要深入探索。如果不把自身封闭在水运业，而是进军多式联运，或者供应链管理，那么市场空间就会完全不一样。而且，市场需求本来就是一体化的，与其他运输方式割裂的水运业并不存在，仅将自己的视野关注于水运业，市场的想象空间就太有限了。

14 内河水运支撑交通强国的落脚点

党的十九大报告中涉及诸多与水运相关的内容，是水运人建设海运强国、提升内河优势、支撑交通强国的指南针。水运业支撑"交通强国"，一方面体现在海运领域，主要指响应"一带一路"倡议，构建全球的海上运输网络体系；另一方面体现在内河水运领域，主要指充分发挥水运比较优势，完善我国综合运输体系乃至供应链。要契合党的十九大报告所提出的"美好生活需要"，内河水运支撑"交通强国"应该有新的落脚点。

构建"交通强国"总框架下的内河水运网

交通基础设施具有明显的网络性特征，只有形成网络，才能拥有更大的可达性，进而发挥更大的运输效应。随着交通基础设施网络的不断发展，其所提供服务的平均成本有逐渐降低的趋势，并且其所提供服务的有效性会逐渐增强。交通基础设施网络效应来源于每一个网络节点都增加了到其他网络节点的联络通道，使得人流、物流、信息流的输送能力和效率大大提高。同时，网络本身具有自强化功能，能够进一步扩大网络容量和拓展网络范围。

在建设资金充裕以及技术水平不断提升的条件下，铁路、公路乃至航空几乎可以不受自然条件的制约构建基础设施和运输网络，而内河水运则只能按天然的河流走向和分布构建运输网络。我国内河水运网"两横一纵两网十八线"，这些年总体的线路长度和网络格局没有发生多大的变化，规划建设部门和航道管理部门的工作主要聚焦在提升航道等级上，比如长江"深下游、畅中游、延上游"，京杭大运河"四改三""三改二"等。内河水运在更大范围内成网、形成更加合理的网络布局、更加有效对接综合运输体系等方面并没有取得突破，基本都是循着各个水系、各条河流展开建设，网络化程度远低于其他运输方式。

新的发展阶段，需要站在"交通强国"的高度上，站在各种运输方式协同发展的综合运输体系的视角，审视内河水运网的发展。适应全面建成小康社会的内河水运网，不仅要提升现有网络中各条航道的能力，而且在很大程度上还要搞好与其他运输方式的协同。如在公路干线拥堵、货运成本高企的背景下，探讨区域内河航道等级和能力提升；在高铁快速发展并承担越来越多客运的背景下，铁路能力逐步释放，铁路系统逐步变革，探讨区域内河水运应对可能会被铁路货运所替代的局面；在综合运输体系的构建中，探讨某些节点水运与其他运输方式深化衔接的问题。

在这样的大格局下，水运就不是简单的提升能力，而是总体的节点提升、网络优化和结构调整，进而与综合运输体系相匹配。调整和优化水网结构，应树立一个新理念，就是不要一味将注意力集中于通过浚深现有航道达成水运能力提升，而是要借鉴古今中外的经验，在有条件的区域通过开挖运河来完善和优化水运网络结构。我国自古以来就有开挖运河、主动改造自然河流，以适应经济政治发展的悠久历史。京杭大运河为历代水运要道，对南北方的经济和文化交流曾起到了重大作用，是沟通海河、黄河、淮河、长江、钱塘江五大水系，贯通南北的交通大动脉。历史的经验表明，只有主动作为，才能弥补天然河流的局限性，使内河水运网得到更高层级的优化。

全国内河水运网的重新构建，需要与全国高速公路网、铁路网甚至民航机构网络布局进行全面的系统协调，实现各种运输方式的全面协同，进而形成"交通强国"下的统一棋局。

推动运输组织方式与时俱进

在过去十多年里，我国内河机动货船在市场竞争中逐步取得优势地位，包括机动货船大型化、港口大型化与专业化、运输服务质量不断提高以及货源结构变化等，使得内河机动驳船运输逐步走向衰落。

当前，市场环境发生巨大变化，水运由曾经的"瓶颈约束""基本适应"发展至"适度超前"，甚至"局部严重过剩"，企业通过船队组织优化节本降耗的意愿逐步增强。在水运的"瓶颈约束"阶段，高企的运价使得水上运输企业以提升效率为第一目标，驳船运输船队虽然单位能耗和单位成本更低，但因为码头方面的不匹配而导致效率太低，无法适应市场供小于求的状况，继而逐步使得机动货船具备更强的竞争力。近年来，水运市场的供需关系发生逆转，需求增长乏力，产能严重过剩，水运企业除了转型升级以外，节本降耗就成了首选。原有模式下的修修补补很难产生明显的效果，需要对运输组织模式进行大的变革，其中驳船船队的复兴应该是一条路径。

在当前的市场环境下，驳船船队运输发展具备了一些有利条件：第一，从港口来讲，部分码头已经处于过剩状态，能力闲置，可以接受驳船较为烦琐的装卸要求；第二，水运企业运营举步维艰，有通过驳船船队来节本降耗的动力；第三，"互联网+水运"正在蓬勃发展，在内河领域已经有一些相关企业正在逐步成长，其所建立的水运物流平台可以在货源组织上发挥作用，进而支撑驳船运输规模更大的揽货需求；第四，国家对于节能减排的支持力度不减，与绿色发展相关的创新必将获得各级政府的大力支持，进而获得快速发展的契机。

内河驳船运输的复兴，需要推动内河水运的船港一体化，使得部分企业能够从运输组织的全局综合优化内河水运。同时，未来有关运输组织的创新也应纳入水运节能减排的范畴，且政府应当予以必要的资金支持，引导驳船运输船队的相关创新。

拓展新兴服务

冷链物流。自"十二五"计划以来，水上运输和港口领域的节能减排成效显著，诸多指标呈现不断下降的趋势。过去几年在比较中国港口与日本港口单位能耗的时候，我们发现日本港口单位能耗比中国港口的单位能耗高不少，原因就是日本人消费冷鲜食品的比重很高，进而推高了港口的单位能耗。因此，对港口节能减排的评价体系需要与时俱进，把公众需求升级的因素考虑进去，给出更为客观的评价。近几年，多家物流企业相继进入冷链物流市场，多条铁路线路冷链班列开通运营，未来还将有更多的传统物流企业进入冷链市场。他们有庞大的基础网络和设施，有雄厚的资金、大量的人才，必将对今后的冷链物流市场格局产生影响。

水上活体牲畜运输。传统水上货运供需失衡已经历了很长一段时间，近一年来虽有好转，但仍然没有长远的支撑，需要航运企业转型升级，找到新的突破口（比如活体牲畜运输等）。由大连船舶重工集团船务工程有限公司（以下简称大船船务）改装建造的6400平方米大型牲畜运输船"长和"轮2017年3月10日交付。该船一次可装载运输约5000头牛或16000头羊，由一艘660标准箱运输船改装而成，是在原船基础上增加8层半围栏甲板，载重约1600吨。这是我国首艘具有国内自主知识产权的活体牲畜运输船，具有标志性意义。

时效性和灵活性。水运业的比较劣势是运输工具的时速很慢，且在水运业不断追求船舶大型化而降低单位能耗的驱动下，服务灵活性缺陷也在不断凸显。新的时期，需求升级和供应链变革要求水运业在时效性和灵活性上作出反应，为客户提供适合其需要的服务，且在服务稳定性上下功夫。水运不应只盯着自身的比较优势，更要切实改变比较劣势，才能走出一条全新的发展道路。

融入供应链

国务院办公厅印发的《关于积极推进供应链创新与应用的指导意见》（国办发〔2017〕84号）提出，供应链是以客户需求为导向，以提高质量和效率为目标，以整合资源为手段，实现产品设计、采购、生产、销售、服务等全过程高效协同的组织形态。随着信息技术的发展，供应链已发展到与互联网、物联网深度融合的智慧供应链新阶段。综合运输体系是从交通运输的视角来看各种运输方式之间的协同，而供应链的视角则是从用户来看商品产供销各环节的协同，其中蕴含了各种运输方式的匹配。在智慧供应链中，水运将有机会更加充分地发挥自身的比较优势，并通过信息系统的协同实现生产的全过程优化。水运虽然具有时速慢的天然缺陷，但却可以通过运输组织的优化，在"慢但准时，慢却代为存货"方面体现新价值，实现运输过程中的仓储功能。

港口企业规模较大，在与相关企业构建供应链体系中具有优势，有条件、有能力就整个供应链系统进行优化。2017年5月19日，交通运输部办公厅发布《深入推进水运供给侧结构性改革行动方案（2017—2020年）》。该行动方案的

"调结构"中提出"推进'互联网+'水运应用"是智慧水运的基础。诸多航运电商正在市场中探索智慧水运的新路径，取得了一定成效，也存在不少困难。智慧水运的发展，需要一个鼓励创新的开放环境，让技术创新和模式创新有机会去探索和实践，进而逐步推动相关领域的制度创新。

拓展客运服务

党的十九大报告中提出"美好生活需要"，正是需求升级对水运业供给侧结构性改革提出的新要求。改革开放以来，围绕国民经济的快速发展，水运业以服务货运为主，经历了瓶颈约束、初步缓解、基本适应、适度超前乃至产能结构性过剩的发展阶段。而与此同时，水上客运和旅游休闲做得还很不够。水上旅游休闲业正在快速增长，也是未来我国居民消费升级的着力点，需要重点关注。总结成一句话：水运供给侧结构性改革的调结构，就是要将水运业从过去重点关注运输货物，转变为同时做好服务游客的转变。水上普通客运需求仍然会有，但在部分边远地区、农村渡口满足人们基本出行需求、实现公共服务均等化不是未来的"新动能"。水上客运的"新动能"在于满足人们休闲旅游的诉求。

水运业需要从三个方面发力：

首先，建设和升级相应的码头设施。沿海的邮轮码头近些年已经被快速增长的游客需求所推动而进入快速建设的时代，设施条件和能力已经达到了较高的水平，很多地方已经呈现一定程度上的过剩态势。而对于内河水运来说，相关的码头设施建设还相对滞后。三峡库区经常出现很多条船并排停靠的景象，最外面停靠的船上游客要上下船，需途经很多条其他船的通道，很不方便。三峡库区巨大的水位落差给建设相应的游轮码头造成了很大的困扰，需要通过技术创新为新时期的游轮码头建设提供新的解决方案。在长江下游地区，随着需求的提升以及企业开发相关市场，游轮码头的规划和建设已提上日程。

其次，促进本土游轮公司的发展。本土游轮公司发展尚需要一定的时日，既包括国有大型企业的发力，也包括民营企业的探索。2017年9月22日，在2017游轮游艇旅游节开幕式上，世纪游轮公司与携程旅行网共同宣布成立合资公司——冠程（上海）游轮船务有限公司，进军长江中下游豪华游轮旅游市场。这是一个具有开拓性的新动向。

最后，探索建立与时俱进的游轮制度。长期以来，我国致力于发展水上货运，相关的制度建设也以货运为主。现阶段，水上客运（游轮）市场蓬勃发展，对相应的制度建设提出了需求，亟待相关部门根据市场需求以及各利益相关方的利益诉求，建立与游轮发展相适应的制度，并且还要具有前瞻性。

15 水运业支撑交通强国的基线：胡焕庸线

胡焕庸线及其稳定性

胡焕庸线是我国地理学经典理论成果之一，揭示了我国人口密度分布的东南和西北分异突变。

从1935年到2010年，"胡焕庸线"东南半壁人口比重由96.8%下降到2010年的93.5%。这一方面显示出"胡焕庸线"具有相对的稳定性，另一方面也显示出经济格局和交通格局正在缓慢改变"胡焕庸线"的趋势。

从2004年到2013年，"胡焕庸线"西北半壁的GDP占全国的比例缓慢上升，由2004年的7.7%升至2013年的8.8%。其中工业增加值由6.41%增至8.6%，农业增加值由10.7%增至11.6%，第三产业增加值则由7.7%增至7.9%。

胡焕庸线自提出到现在已经历经80多年，但仍然具有相当的稳定性，原因在于有一系列气候、地貌、人文、经济等方面的决定因素。在解释东西人口分布差异时，胡焕庸先生曾提出三个因素：自然环境、经济发展水平和社会历史条件。这三个因素中，自然环境是最基本的因素，经济发展和社会历史都受制于自然环境，是在一定自然本底上发展形成的。因此，胡焕庸线不仅是一条人口地理界线，而且能够深刻地反映自然因素对经济活动的约束。

交通网络与胡焕庸线的关系

盛磊在其所撰文章《中国交通现代化发展展望——从"胡焕庸线"两侧分析经济研究参考》[27]中，给出了胡焕庸线两侧交通网络的密度差异。按照胡焕庸线的划分来看，2013年东南半壁交通运输线路里程达到391.9万公里，占全国交通运输线路总里程的85.5%；而西北半壁交通运输线路里程仅为66.6万公里，占全国交通运输线路总里程的14.5%，两者之比为5.9∶1。2013年，东南半壁路网密度达到90.7公里/百平方公里，而西北半壁路网密度仅为12.8公里/百平方公里，两者之比为7.1∶1，相对差距由2000年的7.9∶1缩小到2013年的7.1∶1。由此可见，胡焕庸线两侧交通网络的差异性并没有人口分布的差异性显著。虽然胡焕庸线东南半壁的人口占全国人口的比重达到了93.5%，但交通线路总里程的比重为85.5%。东南半壁人口密集区路网的平均里程为29.9公里/万人，而西北半壁人口稀疏区路网的平均里程为73.6公里/万人。这意味着，人口密集区的交通集约化程度高，交通网络的利用效率高，反映在人均道路里程上则相对较少。

由此可以得出一个结论，交通强国战略下的交通网络优化，落脚点可能不在胡焕庸线的西北半壁，而是胡焕庸线的东南半壁。

以胡焕庸线为分界看综合交通体系

盛磊在《中国交通现代化发展展望——从"胡焕庸线"两侧分析经济研究参考》[27]中，提出了胡焕庸线两侧区域的交通差异化发展之路。

在胡焕庸线以东人口稠密的空间，应大力提升公路（铁路）运输、水上运输、航空运输等交通方式的可达性，建设高密度的综合交通网络，促进地区经济聚集能力，提高空间溢出效应，加强地区间经济关联，促进交通与城镇化、生态文明建设融合，致力于打造产业、城市和山水田林湖均衡发展的绿色、高效、美丽的交通格局。

这里所谓的"绿色"，就是要大幅降低交通能耗，提高客货运输效率，提高地区间、城市间、城乡间的交通可达性，构建高效的交通运输体系；"高效"就是要统筹海陆空的交通运输网络体系，以最佳的交通组合完成经济社会的需要；"美丽"就是要合理开发利用交通土地资源，布局以交通项目为主线的制造业与服务业，实现交通线两侧的景观化，达到交通与产城的融合发展。

在胡焕庸线西北半壁地广人稀的空间，应加强战略性的交通基础设施建设，提高城镇化地区可达性，发展点状中心城市，带动国际交通节点发展，形成与国家战略要求相匹配，与中心城市发展需求相适应，与广大的生态涵养区、保护区和禁止开发区不冲突的交通布局。

在国际层面，响应"一带一路"倡议，在完善国内相应的交通基础设施建设基础上，根据市场需求加强我国与世界各国和各个地区的交通联系。

水运业支撑交通强国的思路

广大的国土空间，并非每一片土地都有建设水运通道的条件，同时也没有这个必要。胡焕庸线为水运业的长远发展提供了一个总体发展的基线。部分具有国家战略意义的通道有可能突破胡焕庸线，但基本格局不会有大的变动，须知思想的开放和人的能动性限定在一个范围内才更科学。

水运发展的核心区域应聚焦在"胡焕庸线"东南半壁。一方面，我国东南半壁是内河水运"两横一纵两网十八线"的主体区域，有支撑水运发展的良好的自然条件和充沛的水资源。内河水运在需求大的区域才能更好地发挥其运量大和成本低的优势。地广人稀的西部地区，即便有水运的天然条件，也缺乏大规模的运输需求，很难实现水运的经济性。边远地区有动力通过修建交通基础设施扶贫致富，某些地区可以在航电枢纽修建船闸和升船机实现通航，进而给这些地区带来发展的希望。但这样的水运通道建设需要考虑投入产出比，船闸和升船机等基础设施要基于国民经济的总体经济性作出评估，以实现各种运输方式参与下的最大效益为目标。人口稀疏区域的水运业，还要承担基本公共服务均等化的任务，因为需要在有条件的地区继续建设农村渡口渡船。这样的工作也应有限度。过于偏远地区的居民应当通过恰当的政策鼓励其迁居到人口聚居点而不是散落在四处。这样才有利于布置公共基础设施，发挥公共基础设施的最大效能。

水运充分融入综合运输体系。在"交通强国"战略下，水运只有充分融入综合运输体系，才能更好地发挥作用。适应全面建成小康社会的内河水运网，不仅是提升现有网络中各条航道的能力，而且在很大程度上是与其他运输方式协同发展。融入综合运输体系的水运要在运输强度较高、其他运输方式运输满负荷、土地资源稀缺、环保压力较大的人口密集区发挥更大作用。我国水运业发展的聚焦点应该落在"两横一纵两网十八线"中的"两网"。长江三角洲高等级航道网和珠江三角洲高等级航道网应该是建设重点，其中需要推进诸多线路的打通、升级乃至新建。

借鉴古今中外的经验，在水资源匹配的区域通过开挖运河完善和优化综合运输网络。京杭大运河南部的延伸——杭甬运河，西起杭州市滨江区西兴街道，跨曹娥江，经过绍兴市，东至宁波市甬江入海口，全长239公里，2013年全线贯通，2014年底实现全线500吨级通航。杭甬运河是我国首条现代人工开挖运河，具有非同一般的现实意义，是新时期适应经济社会需要的开拓性工程。与之遥相呼应的是，京杭大运河北段复航早在十年前就有所动作，政、企、学界也曾围绕这一问题进行过专题探讨、宣传呼吁。新时期站在"交通强国"战略的高度讨论京杭大运河北段的复航更有意义。

新时期，长江黄金水道应成为水运与"胡焕庸线"东西连接的通道。国家"一带一路"倡议，让长江黄金水道不仅是中西部产品向东的通道，而且还成为中东部产品沿着欧亚大陆桥向西的通道。重庆和成都作为西部重镇以及公铁水的综合枢纽，具备了在新的环境下快速发展的机遇。配合供应链的时效性需求，针对一定的客户群体，强化水运与其他运输方式的衔接，构建更为无缝高效的供应链体系，是长江黄金水道未来发展的思路。

16　对港口资源整合的认识[28]

港口资源整合的历史

港口资源包括自然资源、经营资源和行政资源。自然资源主要包括岸线、水域、陆域等；经营资源包括港口生产经营中所需要的人力、财力、物力、市场、管理、信息、知识技能和技术，以及品牌等，既有看得见摸得着的码头、堆场、航道、设施设备等有形资产，也有管理、信息、资本、技术等无形资产；行政资源包括政府对港口行业的行政管理以及其他涉及港口相关业务管理的部门、层级、体制、政策、法律、法规等要素。港口资源整合就是通过行政、市场等手段，将某一特定区域内、具有相同腹地、占有相同资源、存在一定竞争关系的港口自然资源、经营资源和行政资源在不同主体间进行优化配置，以实现港口自然资源的高效利用。简言之，港口资源整合就是港口资源的优化配置。

《中华人民共和国国民经济和社会发展第十二个五年规划纲要》中明确提出："要深化港口岸线资源整合、优化港口布局。"2011年12月17日，交通运输部出台的《关于促进沿海港口健康持续发展的意见》中提出："继续推进港口结构调整与资源整合。"

从2003年开始，上海国际港务集团实施"长江战略"，沿着集装箱运输链向长江腹地南通、武汉、南京、重庆、九江等港口进行投资。上海国际港务集团从企业经营资源层面进行的资源整合取得了很好的效果，通过与长江沿线各港口在资本、业务等方面的合作，将港口的腹地从长三角伸入整个长江流域。

2006年1月1日，厦门和漳州两市所管辖的8个港区成立了新的厦门港口管理局。这次改革涉及厦门、漳州两市和招商局漳州开发区，是对跨行政区域港口整合的一次探索、创新和突破，对于加强厦门湾港口资源整合和综合开发、改善厦门港集疏运条件、进一步做大做强厦门港，更好地发挥厦门龙头港对整个海峡西岸经济区发展乃至全国内地纵深腹地的辐射效应，对今后福建其他海湾"一湾两港"的整合改革都有促进作用。

2007年，广西壮族自治区重组防城港、钦州和北海三港的国有资产，成立广西北部湾国际港务集团，对北部湾港口进行统一经营。广西北部湾国际港务集团的成立，对减少恶性竞争、提高岸线资源利用效率发挥了巨大的作用。

2008年，在辽宁省政府支持下，大连港集团和锦州港集团组建了共同开发锦州港西部海域的合资公司。其后，辽宁省政府要求大连港集团对绥中、葫芦岛、锦州、太平湾、海洋红等地港口资源进行整合，营口港集团对盘锦港资源进行整合，推进辽宁沿海港口资源的优化配置。

2009年，河北港口集团有限公司成立，旨在发挥秦皇岛、唐山、沧州三地港口优势，在继续保持煤炭业务优势、确保国家能源运输安全的同时，大力发展杂货、集装箱和综合物流业务，加速产业聚集，推动结构升级，积极拉动冀中南、环京津和冀东三大经济区发展。

2015年8月28日，浙江省海港投资运营集团有限公司由浙江省海洋开发投资集团有限公司更名后在舟山正式揭牌。2015年9月29日，宁波港集团与舟山港集团完成控股式合并，成立宁波舟山港集团有限公司，并在宁波挂牌。2015年12月，宁波舟山港集团资产注入省海港集团，成为省海港集团的全资子公司；宁波港股份通过定向增发，吸收舟山港股份资产。

2017年5月22日，江苏省港口集团有限公司在南京正式挂牌成立。新集团总资产900亿元左右，净资产300亿元左右。其最大股东为江苏省国资委下属的江苏交通控股有限公司。省属港航企业和南京、连云港、苏州、南通、镇江、常州、泰州、扬州等沿江沿海8市国有港口企业整合并入江苏省港口集团。此前纳入《江苏省沿江沿海港口布局规划（2015—2030年）》的盐城港和无锡（江阴）港，目前还未在江苏省港口集团中。江苏省港口集团的经营范围主要包括：港口运营管理，港口基础设施建设，远洋、沿海、长江及内河航运，陆上货物运输，仓储物流，大宗商品交易，港口和航运配套服务，沿江沿海岸线及陆域资源收储和开发利用，港口产业投资，涉江涉海涉港资产管理，股权和基金的投资、管理和运营。

伴随着企业层面的整合，行政资源的整合也越发强烈。比如广西壮族自治区北部湾成立北部湾港口管理局，标志着广西壮族自治区北部湾三港整合后，正式开启统一规划、统一建设、统一管理、统一运营的"四统一"管理模式。2015年底，中央机构编制委员会办公室批准浙江省组建海洋港口发展委员会（简称浙江省海港委）。浙江省海港委根据省政府的授权履行有关省级经济管理权限，负责全省海洋和港口经济发展的宏观管理和综合协调。

港口资源整合的正面价值与负面效应

港口资源整合作为优化资源配置、提升港口资源利用效率、减少恶性竞争等的有效手段，符合政府进行有效宏观调控的需要，也符合港口企业追求自身做大做强和可持续发展的需要，其发展方向总体是正确的。港口资源整合有利于摒弃相邻港口之间的同质化竞争，优化和集约使用岸线，优化港口的集疏运体系，探索最佳的物流通道等。在现阶段，港口适应度逐步走向适度超前，少数区域已经出现了能力过剩。在这样的市场环境下开展资源整合，倒是容易在各种利益的相互交织中达成一致意见。省级层面的港口集团虽然得以成立，但各个港口的地域专属性依然存在。比如连云港港与南京港之间虽然整合了，但却不会影响各自市场供需关系，二者在定价方面的协调显然不可能。如果坚信港口的地域专属性以及与各自的物流通道之间关联的市场属性，那么省域内港口的合与分确实不会对市场造成太大影响。

看到整合带来诸多收益的同时，也要注意到整合可能会产生诸多意想不到的问题。港口资源整合并不是一个具有普适性的资源优化配置方式，也不是港口行业调结构、转方式的唯一手段，是在某一特定区域内经济社会发展条件、港口自然条件和行业发展条件下出现的一种趋势。它牵扯到利益的调整和重新分配，是有成本、有代价、有风险的，处理不当是会产生负效益的，甚至违背利用港口资源整合促进港口资源利用效率提高的目的。

当省域内的港口都变成一家港口企业的时候，原先通过市场竞争确定的市场格局变成了企业内部各区域板块之间的格局。这种格局具有市场的属性吗？其价格信号如何真实地传递市场的供需关系？市场竞争的逻辑是优胜劣汰，劣汰的过程是社会资源的损失。但是当港口企业都变成一家的时候，固然少了劣汰带来的社会资源损失，但会不会产生因激励不足导致的效率损失？虽然港口竞争无所不在，省际的港口竞争并没有消除，不同运输方式之间、不同运输通道之间都会影响港口的竞争力，但整合后的港口企业会不会因为竞争不足而获得更多的提价机会？

原先没有整合的港口已经发生过进入壁垒、过度服务和强制服务等伤害客户的现象，整合后的港口企业会不会对其服务方产生更强的垄断力和话语权？整合之后的港口集团，可能会导致因为企业内的相互协调而产生的物流网络优化的正面效应，但会不会产生因为价格信号失灵而产生对供需关系不敏感，反而降低了物流运行效率？当价格没有真实反映市场供需关系时，就会有潜规则，就会有市场之外的力量介入。整合后的港口集团应该如何为省域内不同的下属企业定价呢？

港口资源整合的总体方向

在当前和未来较长时期内港口需求逐步放缓、港口码头能力已经出现局部过剩的背景下，除进一步加强港口规划管理，严格控制岸线、水域、陆域等自然资源使用外，未来我国沿海港口资源整合的重点是对经营资源的整合，以实现自然资源的优化配置，并辅之以适当的行政资源整合。在港口经营资源整合的手段上，应该让市场作为配置资源的决定性力量，辅之以政府政策引导，以企业为主体，鼓励采取兼并重组、交叉持股等方式进行整合。同时也要认识到，港口资源整合不应"一刀切"，而要根据各地经济社会和港口发展的情况有针对性地进行整合，整合的早晚、快慢和节奏需要把握。

希望港口企业的社会责任能在资源整合的过程中彰显，而不是把过去过度投资带来的恶果转由全社会承担。港口企业整合在给港口带来正向价值的同时，也希望给上下游产业链带来正向价值，并有利于节约行政资源，优化自然资源的利用。如果上述几方面都做到了，那么这样的港口资源整合就是成功的。

评价港口资源整合有效性的标准

2017年8月17日，交通运输部发布《关于学习借鉴浙江经验推进区域港口一体化改革的通知》，向各省推荐浙江港口一体化的成效。其意义被该通知总结为"推进区域港口一体化发展是促进港口提质增效升级、化解过剩产能、优化资源配置的重要举措，对于建设国际一流港口、推动交通强国建设、服务经济社会发展具有重要意义。"

浙江省港口一体化改革的成效，在上述通知中被总结为："优化了全省港口定位分工，构建了协同发展的格局，有力促进了港口发展定位科学化；设立省级港口资源整合平台，协同推进老港区功能调整与新港区开发，有力促进了港口资源利用集约化；推动沿海港口、内河港口一体化运营和内陆无水港联动发展，运输组织进一步优化，有力促进了港口运营高效化；实现了区域港口从分散竞争、各自为政向协同发展转变，宁波-舟山港的龙头带动效应进一步显现，有力促进了市场竞争有序化；适应城市新一轮开发开放的需要，加快港产城融合发展，有力促进了港口服务现代化。"这些成效，有些有数据支撑，有些是定性表达。笔者在《变革水运——水运业供给侧结构性改革初探》中，提出了水运变革的三个价值观：秉持水运发展的至臻性、构建水运业的和谐观和弘扬水运企业的诚信观。这里，想从这三个方面谈谈对区域港口一体化成效的评价问题。

秉持水运发展的至臻性。水运有相对于其他运输方式的比较优势和相对劣势（比如速度慢、大多依赖天然形成的自然河道等）。未来，经济社会对运输的时效性要求会逐步增强，而新能源逐步替代化石能源的过程中将使水运能耗低和环境友好的相对优势弱化，水运业的比较优势有可能走弱。在这样的形势下，需要探索水运业最具经济竞争力的发展途径。新的发展时期，适应运输服务多样化的需求，港口建设发展导向将不再是以往大规模和深水化的码头为主，而是根据新时期的新需求探索新思路。比如，随着经济社会对物流时效性要求的不断增强，提供足够数量的停靠小型快速船舶的码头；随着新时期航运的绿色发展要求，提供适应性的新运输组织方式；随着港口区域一体化发展趋势，为老码头的客运改造创造条件。上述港口的结构性问题能够找到答案，则表明区域港口一体化的成效是显著的。另外，水运的至臻性还体现在资源利用的高效上，尤其是港口岸线资源的高效利用。长期以来岸线无偿使用使得港口岸线资源浪费严重，为此岸线有偿使用的相关政策正在探索中。

构建水运业的和谐观。这种和谐观指的是货方、港方和船方的和谐，水运业与经济社会在节能环保、安全应急领域的和解，港口与城市的和谐，以及水运业与公众需求的和谐。区域港口一体化的目标，在于推动港口与服务对象的和谐，减弱甚至消除长期以来广受船东诟病的强制服务、过度服务和进入壁垒，增强港口方的服务意识，为绿色水运和安全水运带来正面的价值。伴随着全面建成小康社会的来临，还要满足逐步富裕起来的中国人对水上休闲活动的邮轮、游轮、游艇和帆船等停靠码头的要求。除此之外，在区域港口一体化评价中必须有船东的声音，且要充分体现船东的话语权。

弘扬水运企业的诚信观。中国经济的奇迹被经济学家张五常解读为区域竞争，而区域竞争在港口领域的表现就是在地方政府支持下的恶性竞争。各地政府出台诸多对本地港口的扶持政策，寄希望于港口的快速发展，并推动城市能级的提升。在这样的过程中，港口能力过剩日益凸显，进而引发诸多违反市场秩序的不正当竞争行为和诚信问题。强势港口常常对区域内的弱势港口以各种非市场手段进行打压和排挤。评价区域港口一体化成效，要看是否能够在一定程度上解决上述问题，能否缓解行业的恶性竞争和不正当竞争，会不会引发区域港口的市场垄断，以及形成市场垄断时行业主管部门是否有应急预案或防火墙。

从上述三个视角评价区域港口一体化的成效，也许是对区域港口一体化赋予了太多责任，可能很多目标不是区域港口一体化所能解决的。港口资源整合或者区域港口一体化就是一个牵涉诸多利益的复杂博弈过程，很难有一个统一的标准和路径。不过，增加一些看待此问题的视角，也许能够对其成效有更全面和深入的认识。需要注意的是，看待一件事是否成功，不能仅仅看成效，还要看到为获取这些成效所付出的成本（代价）。这是评价这件事是否值得不可或缺的。

17 "三管齐下"重构水运新生态

水运市场目前持续低迷，既有需求不足的外部原因，也有水运生态系统失衡的内在原因。

水运生态系统失衡

第一，水运业与上下游企业之间的生态失衡。首先，水运企业与船厂关系失衡。这表现在航运公司纷纷采用单船公司和项目公司的方式下单造船，市场不好时纷纷弃单和违约，尽量规避自己的风险而把风险转嫁给船厂。其次，水运企业与货主关系的失衡。这集中表现在责任限额、海损豁免及反垄断豁免等航运业基本规则上的失衡，使更多的风险转嫁给了货主；还表现在没有与货主建立长期稳定的合作关系，市场好的时候"运价涨上天"，市场不好的时候则得不到货主的一丝怜悯；更表现在时常发生的货主欠运费、船东压货催款等。再次，水运业与港口的关系失衡。这表现在港口借助自身的优势地位垄断定价、限定服务、过度服务等行为上。最后，水运业与金融业的关系失衡。金融机构不但没有改变对航运业"只会锦上添花，不能雪中送炭"的做法，而且还对水运业此轮产能严重过剩推波助澜。

第二，水运业与其他运输方式的关系失衡。这一方面体现在不同经济社会环境下水运业的比较优势发挥的程度有所不同，因此形成了不同地区航运业发展的不均衡，在许多地区节能环保压力未能促使水运业的优势得到真正发挥，部分本应选择水运的货物反而"弃水走陆"，增加了社会物流成本；另一方面体现在多式联运衔接不畅、成本高昂以及服务效率不高，物流服务的碎片化十分严重。对于我国来讲，海铁联运的比重一直以来没有明显改观。

第三，水运业与政府的关系失衡。水运业作为开放性行业，往往趋向政府监管较弱的地方。比如，为了规避监管和降低税费，全球船公司挂方便旗盛行。水运公司为了使船舶大型化能够有效运行，纷纷采取联盟的运营模式。这样的模式面临各国政府监管规则不统一的难题。对于联盟是否垄断、事前监管还是事中事后监管也并没有形成统一的意见，政府与企业在反垄断、反不正当竞争领域的"猫捉老鼠"时常发生。水运业作为国家基础性产业，在越来越开放的市场环境下承担国家战略任务而引发的政策性成本很难获得相应的补偿。在水运企业亏损严重面临破产时，政府在是否应该救助水运业以及救助水运业的方式上并没有形成普遍的、一致性的意见。

构建水运新生态，既需要从基本的理念入手，还需要建立与时俱进的规则，更需要技术创新和模式创新。

构建水运新生态：理念先行

构建水运新生态，需要全新的理念，这包括秉持水运发展的至臻性、构建水运业的和谐观和弘扬水运企业的诚信观。

水运发展的至臻性。贾大山早在2007年就在其《中国水运发展战略探索》中提出了内河水运发展战略的内涵之一：至臻性。他还在2015年与纪永波合著的《内河优势战略》中进一步完善了其观点。所谓至臻性，就是充分发挥水运运能大、占地省、能耗低、环境友好的比较优势，不断提升运输服务安全性、便捷性、经济性和可预期性，不断减少建设生产对环境的影响。通过航道高等级化、区域成网，船舶大型化、标准化，以及码头专业化，逐步向水运自身最具经济竞争力的状态发展。

水运业的和谐观。这种和谐观就是在海上运输过程中客观判定船方的责任，而不是将责任限定在船方能够承受的范围之内；结束港口与船东之间无休止的指责，通过规则制定以及强化监管实现兼顾到双方利益的和解，同时通过制度构建使得船东和港口以资本为纽带共享水运业的收益；努力达到水运业与经济社会在节能环保、安全应急领域的和解，促使水运业为经济社会提供绿色环保和安全的运输服务；促进港口与城市的和谐，满足城市扩张、港城互动过程中的协同发展；促进水运业与人民大众的和谐，既要满足内河水运水上观光旅游的大众需求和边远地区人民出行的需要，又要满足部分人选择游轮旅游的高端需求。

水运企业的诚信观。交通信用体系应当是在政府主导下由社会共同建设完成。其中，社会力量广泛参与和第三方评价应当放在信息系统建设重要的位置。在建设过程中，鼓励第三方机构开展诚信评价，对诚信表现良好的企业予以表彰和奖励，对诚信表现差的企业进行公示并纳入黑名单中，引导企业诚信经营。更为重要的是，还要打通行业信用体系建设与社会信用体系建设的连接，让曾经的信息孤岛互联互通，使行业内的违规企业在社会上无处遁形和寸步难行，弘扬水运业的正能量。

构建水运新生态：规则与时俱进

行业规则与经济社会发展阶段匹配。水运业的规则是行业健康发展的基础，既不能超前也不能滞后。规则超前就会产生"潜规则"，导致执法成本和运行成本增高，进而制约行业的健康发展。规则滞后就会抑制行业的新兴力量，进而制约行业的可持续发展。"互联网+水运业"催生了诸多的水运电商，使过去的规则不能完全适用，束缚了这些新兴力量的成长，导致行业转型升级失去了动力。基于这样的认识，对于水运行业中存在的积弊进行全面的梳理和清查，可知这些问题不是通过加强执法和监管力度可以解决的，而是要审视和修订相应的制度、法律法规。相应的规则应该是让行业中的大多数主体经过一定程度的努力就能够达到的，而不是高不可攀的，更不能使大家因而无可奈何地被"潜规则"。

利益相关方的充分博弈。行业规则的与时俱进需要引入恰当的规则建立程序，让所有的利益相关方都能够充分表达其利益，并通过相互的协商和妥协达到利益的均衡。由此构建的行业规则，是大家经过长期讨论和磨合而产生的，让利益相关方面对规则时明确地知道自己的投入和产出，并能够根据收益情况决定在市场中的进退。这就阻止了在"潜规则"下因为忽视"看不见的成本"而盲目进入市场的那些"市场主体"。因此，政府在制定法律法规及部门规章的时候，需要对方案进行充分讨论，避免听证会"走过场"，并且要广泛征求企业的意见。在此过程中，行业协会要发挥"利益聚合和表达"的功能，把行业中真实的利益汇集起来并参与博弈。行业智库要在政策制定的前期调研、政策实施以及政策的后评估中发挥"咨政"作用，权衡各方利益诉求，找到恰当的利益平衡点，并让制定的政策具备因时而变的修正能力。例如为"网约车"出台的相关监管办法引起了社会巨大反响。这正是规则逐步形成过程中的必然，应当正视这样的讨论，接纳这样的博弈。最终出台的政策只有经过充分的讨论和激烈的博弈才不会"华而不实""脱离实际"。

构建水运新生态：创新引领

互联网与水运业的创新和融合为构建水运新生态提供了一条现实可行的路径。

江苏物润船联网络股份有限公司将水上物流运输与互联网、移动互联网深度融合，通过线上的信息整合智能管理，结合线下的跟踪服务、资源配置，建立起集网站、手机软件为一体的智能匹配型船货竞价模式。货主或货代可以通过网站或手机软件，一键发布货源信息，进行实时在线招标。船东或船代也可以通过上述途径竞价投标。双方通过信用评价及保证金制度，建立起自动的招标投标评标及船货位置跟踪与到港提醒系统等。该公司由此形成的水上物流大数据，为生产企业、贸易商、物流企业及第三方物流提供一站式智能物流运输及船货交易撮合平台，从而根本上摆脱了传统物流的管理调度模式。这样的新型模式，在构建水运新生态上实现了三个方面的功能：第一，以信息流、物流和资金流的一体化弥合市场结构碎片化；第二，以证据流和票据流解决税收畸形化；第三，以"五流"一体化构建行业诚信的新逻辑。这样的平台让诚信的企业有运不完的货，而让诚信缺失的企业没有货运，真正起到净化水运市场的作用。这样的平台能够沉淀水运的大数据，为行业的市场预警和监管提供基础的信息服务。

18 驳船运输：长江经济带绿色航运发展的落脚点[29]

2017年8月4日，交通运输部印发《关于推进长江经济带绿色航运发展的指导意见》（交水发〔2017〕114号，以下简称《指导意见》）。《指导意见》提出了6个方面、17项任务要求，包括完善长江经济带绿色航运发展规划、建设生态友好的绿色航运基础设施、推广清洁低碳的绿色航运技术装备、创新节能高效的绿色航运组织体系、提升绿色航运治理能力、深入开展绿色航运发展专项行动。长江经济带航运的绿色发展，牵涉绿色航道、绿色港口、绿色船舶和绿色运输组织方式等四个层面的目标及举措，而笔者更为关心的是绿色运输组织方式。由于市场环境发生变化，长江运输组织优化已具备条件。我们现在应重点探究欧美国家更为流行、更加绿色低碳的驳船运输方式是否能够在这样的大背景下在长江经济带推广应用。

长江的驳船运输船队有可能复兴

《指导意见》中提出，支持发展大宗液体散货顶推运输船队，鼓励港口企业对顶推运输船队采取优先靠离泊、优先装卸等优惠措施。

过去十多年，我国内河机动货船在国内市场竞争中逐步取得优势地位。贾大山等在《内河优势战略》一书中阐述了其竞争力的来源：①机动货船大型化。与20年前相比，机动货船平均吨位提高了10倍，5000吨级已经成为三峡主力船型，下游主力船型已达7000吨级，最大达到18000吨级机动货船平均吨位达7000吨级，机动货船占内河货运船队中货船的百分比达到90%（图7）。②港口大型化与专业化。码头条件的改善使作业效率大幅度提高。如武钢原干散货卸货效率约100吨/小时，现在则大幅度提高到700吨/小时。以往2000吨级甲板驳、分节驳对应的作业方式，加上装卸作业前后通常需要等待港作拖轮进行取送作业，严重影响港口装卸效率的发挥。③运输服务质量不断提高。驳船船队形大、航速慢、操纵难，航行安全风险远高于自航船。驳船抗风能力差，在长江下游遇6级风需停航避风，也影响航行周期和船舶效率。机动货船相对于船队具有航行速度快、抗风能力强、靠离码头作业环节少、装卸时间短等优势，运行周期短，更能满足货主对运达期限和资金占用时效性的要求。由于驳船人员少，特别是无人驳，常常发生船舶设备、货物被盗和发生海损找不到责任方的情况，而自航船24小时有人值班，有效避免了上述情况的发生。④货源结构变化。过去长江干线传统的煤、铁矿两大货源使上下水基本对流，为大型船队高效运行提供了条件。如从美国进口的4413千瓦推轮，下水顶推20艘载重2000吨的分节驳，由汉口运煤到镇江谏壁电厂，上水由镇江顶推3.6万吨铁矿石到武钢。现在，下水煤运量急剧下滑上水进口铁矿石运量大增，对流大型船队难以组织，加速船队不断萎缩。驳船船队对矿建材料、集装箱商品车、载货汽车等运输需求适应性差，货源组织难度高于机动货船[30]。

目前，市场环境发生巨大变化，水运业由曾经的"瓶颈约束""基本适应"发展到了"适度超前"或者部分领域"严重过剩"，企业通过船队组织优化节本降耗的意愿逐步增强。在水运的"瓶颈约束"阶段，高企的运价使得水上运输企业以提升效率为第一目标。驳船运输船队虽然单位能耗和单位成本更低，但因为码头方面的不匹配而导致效率太低，无法适应市场供小于求的状况，继而使机动货船逐步具备更强的竞争力。而当水运市场的供需关系发生逆转，需求增长乏力，产能过剩严重，水运企业除了转型升级以外，节本降耗就成了首选。只是原有模式下的修修补补已很难产生大的效果，需要对运输组织模式进行大的变革。

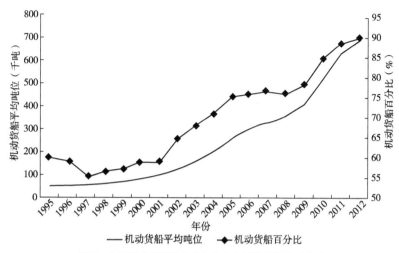

图 7　内河机动货船平均吨位和占内河货运船队百分比

在目前的市场环境下，驳船船队的复兴应该是一条路径，具有一些有利条件：第一，从港口来讲，部分码头已经处于过剩状态，在能力闲置的情况下可以接受驳船稍微烦琐的装卸要求；第二，水运企业运营举步维艰，有动力通过驳船船队节本降耗；第三，"互联网＋"水运正在蓬勃发展，在内河领域已经有一些相关企业正在逐步成长，所建立的水运物流平台可以在货源组织上发挥作用，进而支撑驳船运输规模更大的揽货需求；第四，国家对于节能减排的支持力度不减，与绿色发展相关的创新必将获得各级政府的大力支持，进而获得快速发展的契机。

驳船船队运输存在的问题是：第一，目前和未来的经济社会更加关注运输的时效性和灵活性，驳船运输总体上降低了运输的灵活性乃至时效性，因而很难全面展开，不可能完全替代现有的机动货船（欧美国家的内河运输也是二者并行的局面，以适应不同货种、不同货主的需求）；第二，驳船运输船队要替代机动货船，除了少数船舶能够继续利用外，大部分船舶要被淘汰，巨大的资产置换成为复兴的障碍。企业会进行权衡，做出恰当的选择。

企业内河驳船运输的实践

上海长江轮船公司在驳船船队运输方面进行了有益的尝试，开展顶推集装箱船队运行的探索。其所开发的江海两用船舶——"平底船－江海联运疏运模式（ATB）船组"，每个驳船装载量为360标准箱，"平底船"和海上推轮组成2推2驳的船队，往返于外高桥码头和洋山港之间进行短途驳运。2005年11月，首批"平底船"投入洋山港和外高桥之间营运。到目前为止，上海长江轮船公司已有4艘360标准箱驳船和4艘铰接式推轮组成的多组船组投入运输。一体化后船组长度129米，最大装箱数360标准箱，载重量4332吨，解决了洋山港和内河之间水路物流营运存在的"海船无法入江和江船无法入海，转运不经济"的矛盾。当然，此创新是在长江口开展的，还不是严格意义上的内河集装箱顶推船队运输。

目前此种运输模式的经济性尚未发挥，主要原因在于：第一，没有专用码头。上海长江轮船公司曾有在洋山港建ATB（Authorization to Board）专用码头的意愿，然而由于种种原因至今仍未能实施。在这样的条件下，4推4驳只能当作单船使用，无法发挥ATB一推多驳、高效率运转的优势，违背了ATB运输方式设计的初衷。第二，由于ATB推轮和驳船的吃水深度各不相同，在洋山港普通大轮码头停靠和装卸时容易受到风浪影响，增加了不安全因素和日常操作难度。未来，这方面的探索还需要各方主体的密切配合。对上海港来讲，由于码头岸线资源极为紧缺，要开展这方面的探索存在较大的困难。

图8为上海长江轮船公司在长江口进行集装箱顶推运输的场景。

图8　长江口顶推集装箱

国外经验借鉴

经过40多年的发展，欧盟内河船舶中自航船和驳船的数量发生了比较大的变化。20世纪70年代，自航船占据着主要地位。到2004年以后，驳船和推船的数量逐渐与自航船持平，驳船的载重吨也逐渐接近自航船的载重吨（图9）。其核心的原因在于：欧盟绿色发展的体系完备，水运在综合运输体系中的比较优势得以正常发挥。莱茵河上诸多挖入式码头也为较为烦琐的驳船运输提供了可能。驳船运输的节能减排效应得到市场激励，发展较快。总体来看，欧洲内河的岸线并不像中国内河的岸线紧张。一方面是由于欧洲已经度过了大建设时代，水上货运需求增长不再强劲；另一方面则由于各码头通过内挖的方式新增了诸多岸线，为码头方能有更好的服务空间提供了可能。从图 10～图 13 可略窥莱茵河上码头、船队之一斑。

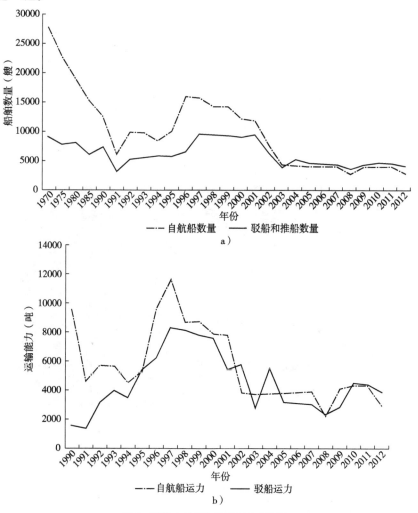

图 9　欧盟自航船与驳船运力的发展

从图 10～图 13 可以看到，莱茵河上的集装箱顶推船队有多种形式，包括一艘机动集装箱船顶推一个驳船，也有一艘机动集装箱船顶一拖二的模式，还有一艘机动集装箱船侧拖滚装驳船的。集装箱船拖带一个装满了车的驳船的运输方式确实让人惊异，表明莱茵河上的运输组织方式灵活自由，只要符合市场需求就能够开展相应的业务。

图 10　莱茵河上的码头

图 11　莱茵河上的集装箱船队

图 12　莱茵河上的集装箱顶推船队

图 13　莱茵河上的集装箱拖带滚装驳船

20 世纪 60 年代以来，美国内河驳船数量始终远超自航船的数量，占船舶总数量的比例一直在 70% 以上，高峰时一度达到 82%。自航船的数量比较稳定，50 多年来一直维持着非常平缓的增长趋势。美国高度集中的内河航运市场结构是船队运输发展的重要条件，尤其是大的企业有条件从运输组织上进行革新。同时，大型内河航运公司兼营港口，港航一体化也为船队运输的发展提供了重要的保障。美国内河大型航运企业规模大、船舶多、市场占有率高，其所经营的内河港口可以支持货物在驳船、公路和铁路之间的转运，为拖船和驳船提供编队、转运、清洗和维修服务的方便。

美国驳船艘数占内河船舶艘数的比重约为 3/4（表 2 和图 14）。驳船数量多，除上述原因之外，还有一个原因是美国内河运输的平均运距较长，达到了 750 公里，有利于驳船船队发挥其比较优势[30]。

美国船舶数量构成　　　　表 2

年份（年）	驳船艘数	比例（%）	自航船艘数	比例（%）	合计（艘）
1960	16777	71.9	6543	28.1	23320
1965	17033	73.7	6083	26.3	23116
1970	19377	75.0	6455	25.0	25832
1975	25515	80.6	6144	19.4	31659
1980	31662	81.6	7126	18.4	38788
1985	33597	81.7	7522	18.3	41119

续上表

年份（年）	驳船艘数	比例（%）	自航船艘数	比例（%）	合计（艘）
1990	33597	80.3	8236	19.7	41833
1995	31209	79.0	8281	21.0	39490
2000	31360	79.3	8202	20.7	39562
2005	33152	78.7	8976	21.3	42128
2009	31008	77.3	9101	22.7	40109
2010	31412	77.5	9100	22.5	40512
2011	31498	77.7	9023	22.3	40521
2012	31550	77.8	8980	22.2	40530
2013	31081	77.7	8918	22.3	39999
2014	31043	77.4	9039	22.6	40082

资料来源：United States Department of Transportation. National Transportation Statistics 2017 [R]. Bureau of Transportation Statistics, 2018.

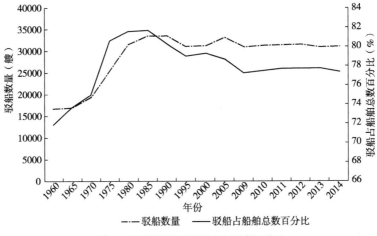

图14 美国驳船数量及占船舶总数百分比

对我国内河驳船发展的建议

驳船运输要发挥效益，需要整个水运体系的良性运转，也就是需要船舶和港口的一体化运作。目前，我国内河码头的船港一体化并不如沿海港口。上海国际港务有限公司在长江沿线集装箱码头的布局是一个好的开始。最近中远海运集团践行长江经济带的国家战略，有意在武汉港配置资源。这些都将有利于内河港口的船港一体化。对于散货运输，货主码头需要有自己构建的船队或稳定合作关系的船队，根据货主自身的供应链特性打造一体化的运输体系。驳船运输在这样的体系中具有相对于机动货船运输更好的经济性，可以作为企业转型升级的一个突破口。如果是内河公共码头，在码头能力富余的条件下，应该积极配置锚地及相关空间，推动驳船运输码头装卸效率的提升。对于原油和化学品运输而言，针对大客户打造基于驳船运输的一体化运输体系也存在着可能性。不过，从安全性和可操控性的角度来看，这方面的探索还需慎重。在莱茵河上并没有看到化学品船的驳运方式。

从政策的角度来看，需要结合市场的需求和企业的创新，积极推动相关船型的研发和相关技术标准的制订。同时，鉴于中央和地方对水运节能减排的支持力度很大，港口岸电、LNG 动力船的相关政策已经全面展开，未来有关运输组织的创新也应纳入水运节能减排的范畴，尤其对驳船运输船队的相关创新应当予以资金支持。

19　船东应对国际海事组织限硫令的长远视角

2018 年以来，随着国际海事组织限硫令的大限越来越近，与此相关的消息和讨论非常多，有的聚焦于国际海事组织限硫令的推迟，有的关注届时的监管能否实施，有的披露船东选择了脱硫塔，有的向业界宣布某个船东选择了低硫燃油，还有的给出了炼油企业的态度。总之，来自船东、炼油商和供油企业的消息不绝于耳，正所谓"乱花渐欲迷人眼"。对于船东来说，面临低硫燃油、脱硫塔和 LNG 三个选项，每个选项都有利有弊。到底哪个选项最后能够成为主流取决于各利益相关方的博弈，没有人能够给出准确的答案。在这样的艰难时刻，船东该如何应对国际海事组织限硫令呢？

低等动物往往具有一些非凡的能力，比如比目鱼就有 360°的无死角视野，能够看清周围所发生的所有情况，无论是猎物还是捕食者都逃不过它的眼睛，并且能够快速决策。这是一项自然选择机制下的特殊技能，让比目鱼能够应对当下所有的重要改变。当比目鱼将所有精力都聚焦于当下的时候，却无暇顾及长远和未来的事情。而作为高等动物的人，则有两个向前看的眼睛，能够走得更远。这是因为只有放弃一部分的安全感，才能够看到更为长远的未来。因此，对于当下热闹非凡的限硫令，用更为长远的眼光去看待，更可能找到决策的方向。

限硫令的时限会不会推迟？

有些文章认为，由于各国在监管上的技术和手段难以跟进，可能意味着限硫令不得不推迟。针对这样的论调，国际海事组织的相关官员在不同的场合不断强调，限硫令不会搁浅，各国的相关机构也正在解决相应的监管难题。就船东来讲，如果所有企业届时都无法满足限硫令的规定，那么限硫令就会成为一纸空文，正所谓"法不责众"。但是，这种情况并不会发生，因为船东并不会统一行动，也从来没有统一行动过。这恰恰是市场机制的根本特征。看来，寄希望于船东通过统一行动的方式推迟限硫令不切实际。从国际上来看，各区域排放控制区的划定和实施，为相关的排放监管积累了经验。国外已设立6个排放控制区，其中波罗的海海域、北海海域、北美海域和美国加勒比海域排放控制区由国际海事组织批准设立，欧洲海域排放控制区和美国加利福尼亚排放控制区分别由欧盟和美国自行设立。我国新的船舶排放控制区方案也正在征求意见，并且提出了比国际海事组织限硫令更为严格的规定。在世界主要港口及周边地区已经成为排放控制区的情况下，船东应该相信未来的硫排放监控能够到位，国际海事组织在这样的背景下绝不会松口。强约束和软约束下企业的行为会十分不同，给市场哪怕释放一点点软约束的信号都会使限硫令的口子越撕越大，最终让所有的努力落空。

鸡蛋放到哪个篮子里？

船东能源利用的外在强约束已经给定，就在脱硫塔、低硫燃油和LNG三者之间选择。

脱硫塔最近的消息很多，甚至有些文章断定脱硫塔将成为未来船东的主流选择。但是从最基本的经济学原理来思考，让每艘船安装本该炼油商安装的设备，把脱硫任务交给船东，并非是具有经济性的行为。同时，脱硫塔在消耗能源的情况下收集起来的废弃物还有可能排到海中，比大气系统自净化过程更加不环保。况且，脱硫塔也仅仅能够应对目前国际海事组织的限硫令，对更进一步的限硫乃至限制氮氧化物和颗粒物无能为力，只是暂时的解决方案。脱硫塔生产商还要与世界各大炼油商进行博弈，博弈能力不占优势，进而影响最终低硫解决方案的走向，使选择脱硫塔方案的风险大增。

低硫燃油的使用会有三个问题：第一，价格比高硫燃油更高（据测算能够使集装箱运输的每箱运输成本增加100美元）。在航运市场并不乐观的情况下，船东对此部分成本的增加忧心忡忡，正在考虑通过燃油附加费的方式转嫁给货主。至于能否转嫁成功，依赖于市场供需关系的变化。供大于求的市场，这部分成本很难转嫁给货主。尤其是在全球贸易保护主义的阴影下，海运业的需求端并不乐观，供给过剩的市场需要船东更多地自行消化新增的成本。第二，炼油商能否生产足够的低硫燃油。埃克森·美孚公司计划投资5亿英镑升级英国最大炼油厂，在美国增产低硫燃油。壳牌集团也公布了其供应低硫燃油的网点。中国石油化工集团有限公司在第二届世界油商大会上，负责任地向全世界宣布有责任（"绿色企业行动计划"和建设水上清洁能源体系）、有能力（全球第一大炼油企业和炼化加工能力充足）和有优势（炼油技术先进，炼化企业临近市场）向市场供应低硫燃油，并提出了供油四部曲：第一步，2018年第四季度到2019年第二季度，与重点客户签订长约；第二步，2019年第四季度，在中国重点港口启动低硫船燃油置换供应；第三步，2020年1月1日起，在中国沿海的全部港口，供应合规稳定、绿色经济的低硫重质船用燃料油；第四步，在新加坡、部分"一带一路"沿线港口提供低硫资源，并陆续拓展至全球重点船加油港口，优先为战略合作伙伴提供自产资源。第三，低硫油供应。炼油商即便有低硫油的生产能力，还有可能在供应链环节出现问题，让合规的燃油难以在合适的时间、合适的地点加到相应的船上。这需要供油商新增仓储能力和供油船舶，打造低硫燃油的供应链体系。这还需要各国相应的监管机构能够及时对低硫燃油的供应出台相关的监管手段和政策措施。可以预期，短期内一定会出现局部市场的供需不平衡，进而给相应的企业带来一定的困扰。这也需要船东采取一定的避险措施，比如通过油价衍生品规避油价波动风险。

大家都知道LNG是未来的发展方向，是船舶中长期替代燃料，在温室气体、硫化物、氮氧化物、颗粒物排放方面综合优势十分明显。但是现阶段相应的供应链体系难以满足船舶的要求，同时巨大的储气罐也会占据船上的运载空间，因此目前LNG尚未成为主流的选项。不过，已经有不少企业未雨绸缪，在此领域率先布局，对不少船舶进行了LNG-ready的设置。比如最近投入运营的武汉创新公司"创新6"号，是国内1万吨级以上干散货船中第一艘"双燃料"（液化天然气/柴油混合燃料）动力船。新奥舟山LNG接收及加注站项目于2018年10月19日正式投入运营。该项目一期早在2016年1月4日正式开工建设，目前已经建成，投资58亿元，达产后预计可实现LNG年接卸能力300万吨，年销售额140亿元，创利税约8亿元以上。该项目二、三期接卸能力将分别提升至每年500万吨和每年1000万吨。下一步，该项目将充分发挥其在LNG国际采购、接卸储存、气液外输、船舶加注、应急调峰等多领域的功能，建立起涵盖上中下游的完整天然气清洁能源产业链，并加快打造东北亚LNG交易中心和舟山LNG指数。

在"蓝天保卫战"下，企业主动符合国家的环保要求，会有两方面的红利：第一，新能源补贴；第二，环保政策强监管会使得不达标的企业退出市场，进而让长期失衡的市场更加倾向于船方。

船东应对2020年限硫令的长远视角

对于船东来讲，不应将主要的精力和视野局限在2020年的限硫令。长期以来，供给老化困扰着海运业，海运业的时效性、整体性、灵活性等方面并没有顺应时代的潮流，反而长期停滞不前甚至倒退。船东的眼光仅仅盯着成本，就有可能使企业陷入"成本陷阱",被成本锁定,无法自拔。在这种情况下,船东更应将注意力放在自己所提供的服务给货主带来更多的价值,使货主愿意为更好的服务付费。增收燃油附加费固然是每次燃油价格上涨之后的行业惯例和船东的第一选项,但决不应成为唯一的选项。更好的服务可以把燃油成本的增长都包含在内,对于货主而言其实不会产生怨言。可以说,船东把注意力放在客户身上,才能找到新的发展方向。

基于对未来环保政策强约束的基本判断,船东应该分层次推进其能源利用计划。比如,超过15年船龄的船舶,现阶段可以不作改变,届时使用低硫燃油和船用柴油解决燃料油的合规问题;15年船龄以内的船舶和新船,应该考虑进行LNG的改造,为即将配套的LNG供应链做好准备。此外,还应积极考察电动船的技术发展,适时跟进。须知电能将是未来的终极能源。届时有两种方式可提供低价的电能,包括分布式太阳能和可控核聚变。这虽然是较为遥远的事情,但值得船东关注和跟进,因为那是海运能源的终极解决方案。

党的十九大以来,各地的"环保风暴"纷纷加码并产生实效,企业与环保监管机构"躲猫猫"游戏在新时代再也没有用武之地。趋严的环保政策和超乎想象的执行力正在给走在低质量发展固有老路上的企业以致命一击。水运领域也可以看到这样的趋势。

武汉创新公司的绿色行动

武汉创新公司已经在众多船东犹疑不决之时迈出了坚实的步伐。其第一艘LNG双燃料江海直达船"创新6"号已于2017年10月29日在扬州开建。该船是在国内海船中首次采用了双燃料技术的船舶,具有"节能环保、经济实用"的特点,是目前能直达武汉的最大吨位江海直达货船。

"创新6"轮总长138.60m、型宽20.40m、型深10.60m,设计航速11.5节,参考载重吨13900吨。该船的创新点可以总结为几个关键词:LNG双燃料、双规范和江海直达。

LNG双燃料。该船是国内1万吨以上干散货船中第一艘"双燃料"(液化天然气/柴油混合燃料)动力船。其按LNG-Ready设计,尾部预留C型LNG燃料罐(容积按照800海里续航力设计)和透气桅安装位置;机舱按本安型机舱设计,预留燃气双壁管、加压风机位置;烟道预留NOx(氮氧化物)吸收装置安装位置,底舱预留尿素舱。该船能满足国家关于船舶排放控制区的要求,属于国家大力提倡建造的新型节能环保船舶。长江高质量发展的重要内容之一,就是长江航运高质量发展。民营企业在新时期有这样的担当和作为,值得广大船东学习借鉴。近期,交通运输部发布了《深入推进水运行业应用液化天然气的意见(征求意见稿)》,其中提出"率先以长江干线为主稳步推进内河 LNG 运输,有序发展国内 LNG 运输船队,不断壮大远洋 LNG 运输船队规模。""创新 6"号充分体现了船舶建造的前瞻性。

双规范。"创新 6"号没有球鼻艏,应用了"直型艏"。这是一个创新,配合相应的船舶线型,具有节能降耗的性能。该船由武汉理工大学所属台州理工船舶工程设计有限公司设计,航区覆盖国内沿海和长江,采用了"尾部设置前置预旋流导管节能装置"等先进技术,海军系数高于同类型船舶,增强了船舶的快速性、操作性。"双规范"使得该船的可航行区域从环渤海、珠三角、长三角区域的沿海港口直达武汉,具有极大的区域适应性。

江海直达。1997 年 5 月 6 日,由武汉创新公司主导建造的"江夏"号的江海直达货轮,满载 5000 吨进口铁矿石从南京长江大桥下驶过,由宁波直达武汉。该轮首开进口铁矿石直达运输到武汉的历史先河,创造直达武汉海轮最大吨位纪录。根据货主的需要,武汉创新公司充分利用桥梁、航道、港口的极限条件,通过与船舶设计院所合作,先后研发了 5000 吨级 A、B、C 型,6000 吨级、7000 吨级、8000 吨级、9000 吨级、10000 吨级、12000 吨级双机船和单机船,15000 吨级等 12 种优良船型,成为长江上大吨位江海直达运输发展的风向标。"创新 6"号是第十三种江海直达新船型。截至目前,每型都造了 2 艘、4 艘、8 艘不等,各类船共有 35 艘。"创新 6"号在同类船舶中钢材用量最省、船舶自重最小、载货量最大、航速最快,是江海直达优秀船型。2018 年 7 月 21 日,该船举行下水仪式,标志着绿色的江海直达船舶正式面世。

内河水运市场长久低迷,很多内河水运企业彷徨无措,难以确定未来的发展方向。而今,在内河水运的环保大潮下,摒弃在市场的低迷和政府的严厉监管下苟活的发展路径,找准水运的未来发展大势,义无反顾地拥抱这个大趋势,才是水运企业最好的出路。抓住这个大趋势的企业会有两方面的回报:第一,政府对节能环保的补贴;第二,政府通过强化监管进行供给侧结构性改革,让不合规的企业逐步退出市场,进而给环保优异的企业以良好的市场回报。

航运市场自 2016 年第四季度以来逐步呈现出复苏的态势,虽然 BDI 指数仍然没有达到所谓的盈亏平衡点,但诸多航运公司已经实现了较好的盈利。盈利的原因,是在几年极度低迷的市场条件下,航运业的成本已经被压缩到了最低值,市场稍有好转,企业就会盈利。从长远看,航运市场的需求并没有强力的支撑,对航运产生负面影响的新技术和新模式不断爆出新进展。这是航运业未来发展的基本面。

这样的趋势并不意味着不可以造船,关键是造什么样的船。"绿水青山就是金山银山",支撑"绿水青山"的节能环保型船舶将会有较大的发展潜力。环保政策越来越严格是大势所趋，能耗较高的船舶有较大概率被政策的红线排除在市场之外。这是"创新6"号一类船舶未来能够在市场中立足并产生较高效益的基础。草原上的羚羊并非要跑得比狮子快，只需要跑得比其他羚羊快，就可以谋得生路。航运业的市场空间存在不确定性，但一定不会消失，只要比其他船舶具备竞争优势，就能够博得较好的收益。

20　海员发展浅谈

2018年6月25日是第八个"世界海员日"，大连海事大学航运发展研究院与信德海事网发布中国海员职业幸福感指数，能够让我们清晰地了解到中国海员的幸福感觉和关键诉求。大连海事大学航运发展研究院与信德网于2018年3—6月共同开展了中国国际航行海员主观幸福感指数公益调查活动。该项调查活动在我国尚属首次，真实地反映影响我国海员职业幸福感的关键因素，客观体现广大海员的关键诉求。本次调查了近万名海员，总体上看我国海员的职业幸福感指数在多项指标上低于5分（满分10分），10项指标的平均分为4.91分，与全球海员职业幸福指数的同期水平差距较大，离及格线还有不小的距离。比如有关船员的伙食、WiFi、工资、休假等方面的问题很多，需要努力改进才能让船员有归属感，进而获得船员意想不到的正面响应。

让海员得到社会尊重

中国航海日系列活动已经举行了15届。每年航海日活动，是航海文化的宣传，也是船员职业价值的宣传。航海日论坛中专门开辟有海员论坛，就海员的职业生涯规划、相关政策法规等进行探讨。2018年，交通运输部部长在"世界海员日"来临之际，向全社会发布了"致全国海员的一封信"，表明了新时期行业主管部门已经意识到了海员的重要性，并通过"由上至下"的行动形成共识，推动全社会对海员职业的尊重。在笔者看来，这封信还应该传达交通强国建设和"一带一路"倡议对海员所寄予的厚望，让广大海员对未来充满信心。同时承诺，让配套的政策能够支撑海员对海运事业的奉献，让海员体会到社会的尊重，比如让船员通过所得税的减免有更好的获得感。

船东要善待海员

从中国国际航行海员主观幸福感指数公益调查活动中，可以看到很多船员日常工作和生活条件存在着不少有待改进的地方。

作为船东，在航运市场低迷的背景下，降本增效是熬过寒冬的措施，减少劳动力成本就成为优先的选择。选择就近或方便港口换班，是船东从节约成本的角度所做的安排，可对于船员的归属感来讲就十分糟糕。国外大型航运企业的船东在船员服役期满的时候，通常让海员就近搭乘飞机回国。企业发展，人是核心资源。不能安置好员工的心，企业就没有凝聚力，也就很难有企业的发展和成长。

《从领先到极致》讲了加拿大的四季酒店通过40多年的努力成为全球顶级酒店的经历。其创始人说："四季酒店是人的集合，是众多善良的人们的集合。""评价一家公司的整体实力的唯一标准便是：公司是否能吸引以及留住有才能的人。"

在酒店突然遭遇困难时，酒店领班转换角色为餐厅服务员，部门经理开始整理客房，连总经理也收起了垃圾，所有的管理人员都超时工作，做的是他们从未做过的服务工作。董事会主席打电话问这位创始人究竟是怎样让员工做到这样的。这位创始人回答："善待他们！"

海员要自我升级

人生的不断经历和成长，使我们逐步认识到世界上没有好做的事情。笔者作为行业智库成员，会通过各种途径表达作为船员所承担的风险、对收入增长的迫切需求。但是，作为船员自身，还要进行不断的自我升级。作为海运业，过去海上风浪的风险、海盗的风险都很大，还有一般人难以体会到的孤独，这是海员高工资的基础，所谓"高风险对应着高回报"。现在，海员的海上风险大幅下降，海上孤单的感受也因为通信技术的进步得到改善，尤其海运的稀缺性在下降，高运价的好日子变得越来越稀少和越来越短暂，海运业本质上不再是朝阳产业，海员必须自我升级，才有出路。海员的自我升级有两条路径。

第一，继续当海员。这不但需要企业文化的支撑，还需要海员自身有内在动力。海员只要"干一行爱一行"，在业务上精益求精，能够紧跟海运业的技术进步，在海运业引入大数据、区块链的时候能够应付自如，就一定会有好的未来。

第二，离开海运业。随着技术进步，海运业的总体趋势是所用船员的数量在不断减少。虽然无人船是比较遥远的事情，但其隐含的趋势就是预示着海员数量会下降。对于无意在此领域深耕的海员，及时更新自己的知识，然后在新的领域中找寻人生的新机会也未尝不可。

上述两条路，其实可以归结为一条路，那就是自我升级。人生没有捷径，哪怕把海员所有的诉求都满足了，还是需要广大海员的勤勉和努力。

衷心希望，以后的调查报告中，海运的幸福感会提升。如果外部不能提供足够的幸福感，那么就需要海员自身在内心建构幸福感。因为，幸福感本身就是主观愿望。当醒着的时候被梦想占据，睡着的时候被梦想唤醒，苦日子也会充满幸福。

21 对航运公司下调码头作业费的认识[31]

2017年3月14日,中远海运、马士基航运等11家集装箱班轮运输公司相继致函国家发展改革委和交通运输部,主动承诺规范码头作业费(THC)收费行为,并提出调整收费标准。这11家班轮运输公司的THC调整方案已由各公司发布于其官网。这也标志着相关部门对集装箱班轮运输公司收取码头作业费等附加费行为的执法调查取得了阶段性成果。3月26日,东方海外、阳明海运、万海航运、太平船务、川崎汽船、以星航运、阿拉伯轮船7家集装箱班轮运输公司主动致函国家发展改革委和交通运输部,承诺THC收费行为,调整收费标准。上述班轮公司的码头作业费最高降幅为21.9%,最低降幅为11.5%,平均降幅为15.6%(表3)。据悉,此次调整每年可减轻进出口企业负担约46亿元人民币。从货主来讲,此次下调THC仍然没有达到其希望完全取消THC的预期。货主们的主要观点是:THC性质上属于班轮运费的组成部分,本应由船上交货价(FOB)条款中的买方支付,但班轮公司全部强行转嫁给了与班轮公司无合同关系的FOB卖方,违反了几十年来国际集装箱班轮运输CY-CY(从场站至场站)价格条款惯例。

各班轮公司调整码头作业费的数值一览表 表3

船 公 司	调整前平均收费标准（元/TEU）	调整后平均收费标准（元/TEU）	降幅（%）
中远海运	717	596	16.9
马士基航运	681	566	16.9
地中海航运	644	503	21.9
达飞轮船	695	560	19.4
美国总统轮船	676	576	14.8
赫伯罗特	696	607	12.8
长荣海运	639	542	15.2
现代商船	706	592	16.1
日本邮船	711	577	18.8
商船三井	678	564	16.8
中外运	664	575	13.4
东方海外	633	553	12.6
阳明海运	675	593	12.1

续上表

船公司	调整前平均收费标准（元/TEU）	调整后平均收费标准（元/TEU）	降幅（%）
万海航运	682	580	15.0
太平船务	661	585	11.5
川崎汽船	684	594	13.2
以星航运	731	604	17.4
阿拉伯轮船	682	582	14.7

对于海运附加费的认识

海上运输的环节很多，在整个海运链条上有多个参与主体，这就使得海运费有可能以打包的形式出现，也可能分门别类细分到每一个细节的收费名目中。从船公司来讲，其所收的码头作业费（海运附加费）是用来支付与码头装卸相关的费用。对货主来讲，所有的费用相加就是真正意义上的海运费，费用的高低与市场供需状况直接相关。运费由卖方支付还是买方支付，取决于市场交易的惯例。如果由卖方支付，那么卖方可以将部分运费隐含在商品的价格中，在商务谈判的过程中就让买方承担了此部分运费。如果由买方支付，那么买方可能在商务谈判的过程中让卖方降价。目前的实际情况是，船公司让卖方承担了码头作业费，而让收货方承担了船公司的名义运费。总体来讲，在一定的市场环境下，运输环节的费用高低由市场供需状况决定。名义上的海运费高，海运附加费（码头作业费）就会低；名义上的海运费低，海运附加费就会高。对于卖方和买方来说，他们都有应对各自费用涨跌的手段，最终会体现在商务合同中。

买方更倾向于选择名义海运费较低的船公司来运输，相应海运附加费就会高，且会加在卖方的头上。卖方可能吃亏，但会在未来的商务合同中将此部分费用隐含在其中。长久来看，上述做法就形成了一定的市场均衡，谁也没有占便宜，无非是"羊毛出在羊身上"。由此可见，在上述18家公司所列出的海运附加费中，不是谁家费用低就是谁家的海运总费用低，因为还有名义上的海运费没有体现出来。相信也没有人真正在意公布的海运附加费下降，这一部分费用下降完全可能在名义上的海运费上涨中弥补回来，而且还可以另立别的什么附加费来弥补。上面所计算的为出口企业减负45亿元的说法也不必当真，不过是海运公司玩的数字游戏。减少了45亿码头作业费，市场供需关系没有改变，买方可能承担更多的名义海运费，接下来就会在商品价格上要求降价来弥补此部分损失。因此，考虑海运费和海运附加费时，其实还应把商品价格纳入进来。市场的供需关系，应该是货物到达目的地时的市场供需关系，所形成的价格是商品价格、海运费、海运附加费三者之和。同时，还有第二个供需关系，就是海运市场的供需关系，也就是货运需求与船公司舱位供给之间的关系。这个关系决定了船公司实际上能够拿到手的运费。在现实中，船公司能够拿到手的运费既包含名义上的运费，还可能包含一部分海运附加费。最后还有第三个供需关系，就是港口的供需关系，也就是港口装卸需求与码头供给能力之间的关系。这个关系决定了码头作业费的高低，是港口要价能力的核心。

如果是出口，为了吸引货主，货代会降低名义上的海运费，而附加上名目各异的海运附加费，并可能让收货方支付。这就是长期以来海运领域零运价和负运价存在的原因。收货方也不会吃亏，承担了更高的附加费，就可能在商务合同中想办法把这部分费用找回来。如果是进口，船公司会降低名义海运费吸引收货方，而让货主承担码头作业费。货主应当也不会吃亏，承担了更高的码头作业费，会在商务合同中想办法把这部分费用弥补上。

总体来看，如果市场是有效的市场，那么所有的价格都会在各自的供需关系中被决定，最终体现在船公司所提供的运价中。这样的价格构成虽然从本质上没有直接损害买卖双方，但是由于增加了整个产业链鉴别真实费用的成本，增加了买卖双方的商务谈判成本，对经济社会将产生负面影响。总之，交易成本的增加总会间接转嫁给买卖双方才是问题的核心。

航运公司应当简化价格构成

海运的中间环节很多，码头装卸、堆存、理货、报关、船代、拖轮等不一而足。这些主体在为船公司服务的时候都需要收取一定的费用，加上一些因为政府监管、汇率变化以及突发因素而产生的费用。船公司所收取的海运附加费包括燃油附加费、货币调节附加费、港口拥堵附加费、目的地交货费、文件费、提单费、超重费、物流不平衡附加费、战争险附加费、拼箱费、内陆转运费等，据说多达几十种。而且，随着监管强度和市场环境的变化，海运附加费还会多出新的种类，以规避监管。

笔者在分析水运供给侧结构性改革时，提出了水运供给老化的 5 个特征，其一就是水运供给价格没有与时俱进。海运费如此繁杂，附加费甚至多达几十种，而且还会不断变化。这样的服务价格构成大概在经济社会中是绝无仅有的。水运市场十分低迷，为客户提供更好的服务才有水运公司的未来。水运公司总在试图提供差异化服务，规避同质化的恶性竞争。面对长期以来繁杂的海运附加费，希望能有公司率先拿出勇气，为客户提供打包的海运费，让客户在价格上不再困扰。这可能成为水运公司在当前市场环境下对客户提供优质服务的一个内容。

低迷的市场会出现恶性竞争，但却不必然出现恶性竞争。有担当的企业可以通过差异化服务获得竞争优势，而对价格构成的改变就是路径之一。这件事情，不是在政府的监管压力下企业不得不做，而是通过做这样的事情，重新建构企业的核心竞争力。市场的外部环境是政府所构建的规则，但企业不是一定要有鞭子才能为客户服务，主动为客户提供好的服务才会获得市场的更好回报。以往的市场没有激励好的市场行为，原因在于违规的企业没有得到惩罚，让好的企业没有得到更好的回报。未来，政府将创造公平公正的市场环境，使船公司简单明了的运价逐步变成现实。

政府监管应当惩治价格欺诈

一直以来，行业主管部门都十分重视水运领域的价格管制，采取了一系列的价格管理手段。2009年6月15日，交通运输部在国际集装箱班轮运输市场一片惨淡的情况下，应广大班轮公司的呼声，实施全国范围班轮运价备案制度。交通运输部明确，加强对中日、中韩、中国至东南亚等近洋航线的重点监管。针对部分中日航线船公司在备案运价中出现明显不符合要求的信息，交通运输部及时责令整改。交通运输部还与反垄断部门、反不正当竞争部门建立了相应的机制，反对航运市场中的价格违规行为。2015年10月21日，交通运输部针对班轮公司提出了6项整改建议，明确提出班轮公司不得长期、固化、只升不降地收取临时性的海运附加费，不得哄抬价格，不得利用垄断地位指定服务、强制服务并收费等。2016年1月5日，交通运输部联合国家发展改革委下发了《港口收费计费办法》，发布了《关于进一步清理和规范进出口环节收费的通知》（发改价格〔2015〕1963号）和《关于开展清理和规范海运附加费收费专项督查的通知》（交水函〔2015〕685号），促进了海运相关费用的规范化和透明化。2015年，交通运输部等七部委联合开展了进出口环节收费清理规范工作，重点是沿海、沿江、沿边的港口、码头、口岸向外贸船舶、货物、运输车辆的违规收费。目前国家发展改革委正联合交通运输部研究制订《港口收费监督管理办法》，督促港口企业加强自查，落实已出台的港口收费政策，不断规范港口经营服务性收费行为。

笔者认为，海运费由市场决定，设定运价应当是企业的自由，打包的海运费或"名义海运费+海运附加费"其实没有差别，监管还应该有一个重点，就是要让客户知情，不能揽货的时候给一个名义的海运费，其实后面跟着诸多客户不知情的附加费，最后由于货在承运人手里而不得不支付。这涉嫌商业欺诈，应该是相关部门监管和杜绝的事情。只要做到让客户事先知情，对所有费用一目了然就好，至于该升该降则由市场供需关系决定。在此意义上，运价备案就是要把所有相关费用都罗列出来。企业可以根据自身情况备案任何运价，但一定要事先向全社会公布，同时要按照公布的运价严格执行，所有附加费用必须穷尽列出，不允许任何通过隐性费用和变相费用等手段欺诈客户。建立透明的有奖举报制度，一旦有举报并证据确凿，涉案企业申诉无效，就向全社会公示，从而起到警示利益相关方的作用。对于违法行为，应当移交海事法院、法院等司法机构，且通过法律法规的修订提升惩罚力度。

目前，根据相关规定，水运企业的运价要提前 30 天公布。这与市场现实很难契合的。市场瞬息万变，各种各样的因素都会导致市场运价发生变化，30 天的提前量使得企业难以操作。更好的做法是，只要事先公布即可，保证做到不欺诈。政府应该审查的是班轮公司的运价体系是否做到他们所说。目前，《中华人民共和国国际海运条例》的修订已经纳入日程，相关的研究已经展开。希望在此领域的规定和监管方式有所改进，让市场发挥决定性作用，让航交所利用新型的互联网手段监测相关企业的运行状况，让研究机构能够根据相关数据的监测给出审查判据，进而通过与反垄断反不正当竞争部门的合作，实现水运市场多元化的监管新格局。

第三部分 制度供给篇

22 班轮业反垄断豁免的思考维度[32]

货主对班轮公司涉嫌垄断的控诉由来已久,废除班轮业反垄断豁免经常被提及。欧盟于2008年10月18日起撤销班轮公会反垄断豁免权,但这并未在世界范围内进一步扩展。自2008年国际金融危机以来,班轮公司最初以航运联盟共享舱位的形式对冲船舶大型化以及需求不振所导致的实载率不高问题,最近几年则采取并购的方式获得市场竞争力。Alphaliner公司调研的数据显示,截至2017年11月1日,全球前5家班轮公司的运力份额均达到7%以上,合计份额超过60%,前三位巨头的合计运力份额更是达到45.5%。市场集中度这几年明显提升,已经步入低寡占型市场结构[33]。这给货主带来了更大的担忧。这里不去深入到班轮运输的细节和各国反垄断法的条款中,而是回归到这个问题的本源:保护货主更重要还是保护班轮公司更重要?从国家利益来考量,政策导向应该倾向货主还是船东?

货主国家还是船东国家?

我国海运在散货运输领域规模居世界第一,但在集装箱运输领域的世界竞争力并不强。中远海运经过整合并收购东方海外的资产后,2018年控制的集装箱运力为276万标准箱,占世界总运力的12.4%,排名世界第三,仅为世界第一的马士基航运控制运力(401万标准箱)的69%。因此,我国还算不上完全意义上的船东国家。

与此相对应,马士基航运的总部所在地丹麦和地中海航运的总部所在地瑞士,本质上不是货主国家;达飞轮船所在的法国,其货源数量也很小,同样谈不上是货主国家。这样的国家对航运业进行相应的政策倾斜,不会对国内的货主产生太多影响,因而也就不会形成太多的货主反对声音。

作为"世界工厂",我国一直被认为是货主国家。不过,"世界工厂"很大程度上是跨国公司的生产车间,是"made in China"而非"China made"。大家看瑞士手表上的字，写的都是"Swiss made"。其含义是：机芯为瑞士产，组装在瑞士完成，生产者的最后检测在瑞士完成。"made in China"往往更多是指货物在中国制造，而且货物一般也不会交给中国班轮公司运输。

我国将成为世界枢纽

施展对当下及未来的我国角色进行了全新解读，提出了我国在世界的定位：世界双循环结构的枢纽[34]。世界双循环结构在20世纪末到21世纪初逐步形成。我国向西方国家出口制成品，从西方引进技术、资金以及各种高端服务业贸易。这个过程可以看作中国与西方国家之间的第一循环。中国向其他非西方国家进口原材料，出口制成品，形成了中国与非西方国家之间的第二循环。

我国制造业在世界上形成了绝无仅有的弹性与效率的统一。而这来源于我国庞大的供应链网络，把弹性与效率这两个要求放到了两个不同的层次上处理。产业集群和专业化分工保证了供应链的弹性，大规模性又保证了供应链的效率。这就是中国制造的奥秘。

在这两个循环中，我国具有枢纽的地位和作用。要强化这样的枢纽地位，目前需要着力构建与第二个循环之间的经贸关系，也就是与非西方国家建立完整的供应链，形成原材料与制成品之间的循环。这就是当前"一带一路"倡议所着力构建的供应链网络体系。这个体系中的关键节点是港口，航运业则将这些节点连接成网络，为"第二个循环"提供基础设施支撑。

水运业要发挥战略性和引领性作用

党的十九大报告中首次提出建设"交通强国"，而搭建"21世纪海上丝绸之路"则是水运业支撑"交通强国"的重点任务。"交通强国"的总体定位是"国民经济中战略性、引领性、基础性产业和服务性行业"。把"战略性""引领性"放在了"基础性""服务性"的前面，体现了"交通强国"要在战略性和引领性上有所作为。在"21世纪海上丝绸之路"的构建中，只有先实现了水运业的"战略性"和"引领性"角色，才有未来我国货主的利益。在此意义上，应该给水运业更大的政策倾斜，进而让我国的航运公司和码头公司有能力到"一带一路"沿线布局，从而搭建起属于我国的供应链"第二循环"。

200多年的统计表明，"好日子短，苦日子长"是国际海运市场长期波动特征，也使得国际海运成为高投入、低回报和高风险的行业，制定政策使国际海运能够获得平均回报成为必由之路[35]。从更为高远的视角来考虑，中远与中海合并，各地港口资源整合，恰恰是形成"一带一路"供应链网络的先决条件。中小企业也要积极响应"一带一路"倡议,但毕竟是"散兵游勇",成不了主导力量,无法在更高层面整合更多的资源,无法以"经济政治学"的视角去考量利益得失。这就是当下看待航运国企整合的恰当逻辑,也是新时期看待班轮公司反垄断豁免的新视角。搭建世界枢纽的"第二循环"中,我国的航运公司不能缺席。这些航运公司将通过不断的合并,提升能力和扩大规模。对班轮公司的反垄断豁免也应当秉持这样的政策基点,因为这一做法也将惠及我国班轮公司,继而对"一带一路"倡议产生巨大支撑作用。

23 新时代需要"中国航海日"

2018年7月11日是第十四个"中国航海日"。记得我刚入交通运输部水运科学研究院的时候,恰逢第一个"中国航海日",对航海完全没有认识,连朋友问有哪些海运企业都答不上来。十多年的职业生涯,我与"中国航海日"一起成长,见证了"中国航海日"由不为人知到渐入佳境的过程。2014年国务院《关于促进海运业健康发展的若干意见》(国发〔2014〕32号)发布,标志着海运业发展成为国家战略,海运业正在被国家所认可。

有没有想过,上海市不遗余力、各界相关人士鼎力支持办好这个年度盛会究竟是为了什么?这里提出几点看法。

中国航海日:凝聚共识的平台

新时期海运业承担着"一带一路"倡议连接重任以及承载"人类命运共同体"的先行者责任,需要通过"中国航海日"系列活动提高认识、凝聚共识,并推动海运的制度变革,进而推动海运业的可持续发展。海运业这些年经历了长足的进步,我国的港口规模和船队规模已经扩大了很多倍,但在全球货运需求不振的情形下该向何处去值得深思。在犹豫彷徨的时候,通过"中国航海日"的平台,传达新时期海运业在国家"一带一路"倡议中的定位和作用,表明海运业是现有发达国家崛起的原发力量,也是我国走向世界的必由之路。新时期不是要放弃海运业或者任由其在市场经济的大潮中沉浮,而是在国家力量的主导下,要让它承担起国家赋予的使命——通达全球。

2018年"中国航海日论坛"请到了国内国际的业内专业人士,就低硫油规则的实施、中美贸易战、排放控制区、"一带一路"倡议、市场供需关系、智能航运等发表见解和看法,有助于形成对行业未来的更深认识。国际海事组织的秘书长林基泽先生参会并致辞,传达了国际海事组织对海运可持续发展的认识和海运规则走向的判断。这有助于在全球范围内凝聚海运发展的共识。

中国航海日：弘扬航海文化的平台

我国本质上是大陆文明国家，航海文化在公众中的认知并不深，公众对蓝色的海洋所表达的情绪往往不是向往而是恐惧。我国家长并不会特别鼓励孩子从事海上的职业，甚至有时候受"泰坦尼克号"的影响，连海上旅游休闲活动也会犹豫担心。郭川在海上的坚持和努力为弘扬航海文化提供了十分好的案例，新时期人们会逐渐将旅游和轻度冒险拓展到海上。"中国航海日"则是向大众宣传推介航海文化最好的平台。在航海日活动中，我们在组委会分发的会议材料中看到了孩子们用稚嫩的笔墨描绘船舶和大海，在充分体现航海文化的"中国海事博物馆"中参观游览。笔者小时候出生在甘肃，往往想吃到鱼都是奢望，更别说看海以及从事与海运相关的职业了。现在的年轻人既能够乘坐邮轮体验海上生活，也能借助博物馆了解我国古代的航海文化和现代中国港航业的卓越成就，还有机会通过"中国航海日"的系列活动在心中播种下为海运业服务工作的种子。"中国航海日"还专设为期一天的"中国国际海员论坛"，表明了对海员的重视，以及推动海运人才队伍建设的决心。当下海员的职业获得感不充分，职业的荣誉感在陆海收入差异逐渐缩小的背景下也越来越淡薄，加上国家有关海员的个人所得税减免政策也迟迟无法落地，急需"中国航海日"这样的平台不遗余力地传播航海文化，呼吁大众关心海员。

我国海运业需要"中国航海日"，虽然发布的公告还远远不及美国和日本的层次高，但总算跨出了这一步，而且越走越稳健。愿这个平台越办越好！

24　对印度开放沿海运输权的思考

据外媒报道，当地时间 2018 年 5 月 24 日，印度交通运输部部长 Nitin Gadkari 宣布，为发展印度沿海贸易，促进企业家精神，政府决定取消有关仅印度公民或印度公司或在印度注册的合资公司所运营船只才能进行当地沿海进出口集装箱转运的特许规定。

印度开放沿海运输权

2015 年以前，经印度航运管理总局批准，印度沿海港口间的运输只能由印度籍船只或由印度公民和印度公司租用的船只承运，另有规定的除外。而在 2015 年，因印度国内船队无法满足日益增长的国内运输需求，印度政府决定允许部分特定外国籍商船经营其国内沿海航运，部分放开沿海运输权。具体来说，印度已经给予外国籍滚装船、混合动力滚装船、纯汽车运输船、LNG 船、重大件运输船和设备运输船 5 年沿海经营期限。这意味着，船东们可以使用非印度籍船舶在印度国内和沿海进行运输。

由于沿海运输权的限制，导致大约有 33% 的印度集装箱在运至目的地之前，被转运至印度海岸线附近的其他国家的转运中心。印度货物在其他国家的港口转运，使得其他国家的港口处理货量增加，也为其他国家增加了就业机会，印度进出口商的转运收入及费用被外国港口收取，导致印度方面来自印度船东的与港口和物流相关的营业收入减少，以及印度与国外港口之间的汇率损失。如果该部分货物能够在印度的港口处理，那么将会为印度增加就业机会，提高港口装卸收入，发展当地经济。

印度的经验是否可以借鉴？

与国际惯例相同，我国的沿海运输权并没有放开，必须中国籍船舶才能够运营。当然，这并不排除在国内沿海和内河运输的某些领域，确实没有国内船公司能完全满足运输要求，但市场又十分需要时，行业主管部门对外国船公司也可以放开。印度部分开放自身的沿海运输权，很大程度上还是基于本国沿海运输的相关公司并没有完全发育，市场的空缺需要弥补。

如果有人把印度的情况拿出来类比，认为我国也应该放开沿海运输权，那么这样的经验借鉴或者政策建议是值得商榷的。我国不能开放沿海运输权，源于从事国际海运和国内内河水运的相关公司之间有巨大的税赋差距和要素差异。从事国际海运的外国籍船公司能够通过国际通行的船舶开放登记制度，获得船舶登记和公司税收的大幅优惠，而我国国内船公司无法做到。同时，寄希望我国这些从事沿海运输的船公司获得更为优惠的财税政策也不现实。由此，只有把内河水运市场和国际海运市场通过制度隔离开来，才是相对公平的。我国沿海运输的船舶规模庞大，并不存在类似于印度的市场主体欠缺的问题。我国不必效法印度部分放开沿海运输权，而是继续坚定不移地将沿海运输权给国内企业即可。

国外经验借鉴的逻辑

借鉴国外的经验既可能成功，也可能失败。在进行国外案例分析和经验借鉴过程中，并不是因为对方成功了，我们就有推行的理由；也不是国外政策推行不成功，我们就不可以采纳。国外经验借鉴，只不过是打开了政策探索的一个维度，让政策分析师有条件了解更多的案例和更多的可能结果，在结合本国现实的条件下提出更为可行的政策建议。

作为智库专家或者政策分析师，进行国外经验借鉴的时候，只有在看过最好的标杆和最不堪的运行结果后，才可能找到一条更为可行的政策路径。政策分析师是要在不同的约束条件下，给出恰如其分的政策建议。开展国外经验借鉴的相关研究，就是提供一个个参照，而不是标尺。简单奉行"拿来主义"，一定是认知的缺陷或者思维的懒惰。从来没有放之四海而皆准的政策可以拿来就用，这是所有的政策分析师应该懂得的道理。

25 内河过闸收费的经济分析

对水运比较关注的朋友一定听说过升船机，尤其是三峡升船机。2016年是升船机领域的"中国年"。

升船机掠影

2016年9月三峡升船机试通航，大幅刷新世界升船最大提升高度和重量纪录。相比之下，之前世界最大升船机——卷扬机驱动型的比利时斯特勒比升船机，最大提升重量为8800吨，只相当于三峡升船机的一半；最大提升高度为73米，仅次于贵州省乌江上的思林、沙陀升船机。而与三峡升船机同为齿轮齿条型的德国尼德芬诺升船机，提升总重量为4300吨，提升高度仅为36米。三峡升船机全线总长约5000米，船厢室段塔柱建筑高度146米，最大提升高度为113米、最大提升重量超过1.55万吨，承船厢长132米、宽23.4米、高10米，可提升3000吨级的船舶过坝。三峡升船机承载船型的设计定位主要适应3000吨级大型客轮、旅游船，及部分运送鲜活快速物资货船。运营后，这类船舶过坝时间将由现在通过永久船闸的3.5小时缩短为约40分钟。投入运行后，三峡升船机将为客货轮和特种船舶提供快速过坝通道。

2016年12月18日，提升高度66.86米、过船吨位500吨的澜沧江景洪水电站水力式升船机顺利实现船只过坝。这是我国原创、拥有完全自主知识产权的世界首台水力式升船机，使全长350公里的澜沧江-湄公河航道在中断近12年后全线恢复通航。至此，我国在卷扬机驱动、水力驱动、齿轮齿条三大升船机领域都成为世界的领跑者。每一个作品都堪称"超级工程"。

2017年1月5日，思南县乌江峡谷里的思林水电站的500吨级升船机投入使用，乌江航道实现全线通航。乌江思林水电站500吨级通航工程总投资6.1亿元，位于思林水电站大坝左端，由上游引航道、过坝中间通航渠道、升船机塔楼段、下游引航道4个部分组成，全线总长951.8米。升船机采用钢绳卷扬机平衡重式垂直升船机方案设计，最大提升高度为76.7米，年通航能力达343万吨。

在贵州，还有一个升船机不得不提，那就是具有三级提升能力的构皮滩升船机。构皮滩通航建筑第一级至第三级最大提升高度分别为52米、127米、79米，线路总长 2306 米。构皮滩通航建筑是国内外首座采用三级升船机方案的通航建筑物，是目前国内规模最大的钢丝绳卷扬式升船机，是一项集成了土建、机械、液压、钢结构、电气拖动等多专业、非标准设备的复杂系统性工程。构皮滩通航建筑第一、第二、第三级升船机的减速器为超大低速重载减速器，属国内首次研发产品，制造规模和复杂程度为国内外罕见，单台设计重量 150 余吨，输入功率高达 315 千瓦[36]。

过船设施建设费探讨

三峡升船机建成后，针对是否收费有一些讨论。通常来讲，原本通航的河流因为水电设施拦阻了船舶通航，需要建设相应的通航设施予以弥补，相关建设费用由水电设施的业主支付理所当然，通航设施也应免费通行。

不过，如果换一个角度也许会得出另一个结论。船舶通过三峡船闸需要 3～4 个小时，遇到拥堵时需要候闸的时间更长。三峡升船机过闸只需要 40 分钟，节约了船东的时间。从节约时间的角度来看，升船机能够提供时效性更好的服务，适当的收费也是理所当然。没有经济的杠杆，升船机未来的拥堵也在所难免。

龙滩大坝过船设施的建设，当初并未按照国家批复的一期 250 吨级同步建设过船设施。2009 年龙滩电站建成发电，电站以上红水河航道被电站大坝阻断，导致红水河上游持续断航。过去龙滩枢纽通航设施标准是通航 500 吨级船舶，因工程延误多年，加上水运发展需求，目前只能一步到位建设 1000 吨级的过船设施才能最大化发挥通航作用。2015 年底，在各方未达成一致意见的情况下，项目业主按照通航 500 吨级单船的标准启动了龙滩枢纽通航设施工程建设[37]。

水电企业很难接受过船设施规模不断增大带来的建设成本提升，因而长期以来与地方政府的博弈一直没有结果。换一个角度也许会有一个解决的办法。水电设施的建成使得红水河上游的通航条件大大改善，能够通航千吨级船舶。水运因水电设施的建设获得更大的规模经济效应，应补偿给水电企业用作过船设施的建设和维护，进而产生双赢的局面，使长期以来相互之间的博弈就会变得容易解决。这种补偿可以通过对船舶收取一定的过闸费实现，也可以通过地方政府的补偿实现。在通航设施的建设过程中，正视各方的利益，找到一个能够被大家认可的中间道路，才是真正的解决之道。

有关船闸收费的问题，可以分解为该不该收费和该收多少费用两个问题。从不同的视角考量，会有不同的合理性，就看决策者的视野和格局。

船闸收费的三个逻辑

第一，谁受益谁付费。船闸是水上通航的基础设施。在船闸未建之前，自然河道或者水深不足的河道所能通航的船舶吨位有限。修建船闸使得水上通航能力大幅提高，船东成为最大的受益方，能够采用更大的船舶，水上运输的单位成本下降。本着谁受益谁付费的原则，按照每次过闸的船舶总吨计收过闸费最具合理性。船闸修建和维护需要大量的资金，构建合理的收费机制可让这些费用具有稳定的来源，相应能够激励船闸的建设方和维护方。在此意义上来说，船闸应该收费。

第二，解决船闸拥堵需收费。在一定的市场环境下，如果船闸拥堵已经成为常态而提升船闸能力的工程"远水不解近渴"，收费或者提高收费标准就成为解决船闸拥堵必要的市场化手段。船闸拥堵让水上航行时间延长，通过提高收费标准让部分时间价值较高的货物"弃水走陆"也是一项恰当的制度安排。收费标准的提高让水上通行效率提升，相当于支付一定费用购买船舶的时间价值，对于船东来讲也是合理的。不过，这样一件合理的事情如果没有一个合理的制度安排，就可能产生不合理的潜规则。广东北江清远船闸的买闸行为就是不合理规则引发的市场乱象。与其让市场自发解决船闸拥堵问题进而滋生腐败，不如让这部分收费合理化并在阳光下运行，增收的费用还可以用于改善水上通航的基础设施。

第三，统筹协调需收费。水运作为区域发展的基础性产业，对地方经济的拉动作用巨大。部分航道和船闸的建设和维护资金来源不畅，需要通过一些已经建好的船闸收费筹措相应的资金。况且水运投资见效慢，对地方经济的拉动更多体现在间接效应上，也造成了长期以来内河水运投资积极性不高的弊端。通过已建水运设施的收费筹措资金，不失为一条提升内河水运较为可行的路径。

船闸免费的两个逻辑

"以电养航"不收费。以"三峡"船闸为例，三峡大坝的修建妨碍了原来的水上通航，电力企业有义务修建船闸并承担船闸运行的费用。长江航行船舶因为三峡大坝的建成而增加了时间成本，可以通过船舶大型化的单位成本下降补偿。如果通航能力不够，那么电力企业还要承担通航能力提升的相关费用。例如，三峡升船机已于2018年9月试运行，并发挥重要作用。可以这样认为：在原本通航的河流上建坝，修建发电设施，应该同步建设通航设施并免费通行。这对于相关的各方都是公平的。

"财政养航"不收费。水运对地方经济有很好的拉动作用，在促进临港产业布局、吸引大型企业落户、减少陆上拥堵、促进环境友好型社会建设等方面都有巨大的正面效应。地方政府认识到了水运的战略基础性作用，用地方财政为船闸建设及运行的费用埋单，促进水运发展，带动更多的产业落户本地，让更多的货物"弃路走水"，产生隐形社会价值以及节约巨大的社会成本并以地方税收的形式返还给地方政府,是"花小钱得大利"的划算投资。目前,国内已经有多个案例。2016年12月12日,浙江省政府办公厅召开新闻发布会,发布了《关于进一步减轻企业负担降低企业成本的若干意见》,从2017年1月1日起对从事内河集装箱运输的船舶免征"四自"航道费,2016年底水利部门征收的船舶过闸费(限于政府投资的船闸)到期后不再征收。11月29日,江苏省政府发布《关于进一步降低实体经济企业成本的意见》,自2017年1月1日起,船舶过闸时所交的过闸费,在现有征收标准基础上,交通闸给予20%优惠,水利闸给予10%优惠,集装箱货运船舶过交通船闸、水利船闸均免收。2015年10月1日,荆州市境内的船闸根据湖北省财政厅、省物价局、省地方税务局联合下发的《关于取消和暂停征收部分涉企行政事业性收费和政府性基金项目的通知》,不再对过往船舶征收船舶过闸费。2016年7月1日,安徽省水利、交通运输部门所属的船闸已按省政府的规定,将船舶过闸费收费标准降低10%。原执行省管船闸收费政策的,收费标准降低为重载船舶每吨次0.72元,空载船舶每吨次0.54元;其他船闸过闸费收费标准为重载船舶每吨次0.45元,空载船舶每吨次0.18元。以上收费标准执行期限暂定3年。2016年8月1日,上海市水务局发布了关于取消船舶过闸费的通知,规定上海市管辖范围内的所有船舶都不再交过闸费用。可以看到,不同省份对船闸收费进行了不同程度的减免。虽然此次减免船闸费的力度并不是很大,但对于减轻船民负担、促进内河集装箱运输发展,进而促进多式联运体系的构建具有积极意义。还有一个类似的例子就是北京五环路。这原本是一条收费的高速公路,从2004年1月1日起取消收费,相应的费用由北京市财政负担。公共基础性设施具有很强的公共属性,当收费产生的社会成本过高时不如免费。

船闸收费"高"还是"低"?

按照船闸收费的第一个逻辑,谁受益谁付费,且船闸通行费率能够覆盖船闸建设成本与维护成本。收来的船闸费的用途需要严格审计,不应成为少数部门敛财的工具。问题在于,利益部门总有扩大规模、提高成本的内在动力。严格的审计是解决问题的一个方面,引入竞争者可能是更好的办法。公共基础设施的运营当然可以委托私人部门,只要有恰当的制度保障。北京地铁引入香港资本就是一例。2006年,北京市基础设施投资有限公司、北京首都创业集团有限公司和香港地铁有限公司出资组建的北京京港地铁有限公司(以下简称京港地铁)获得北京地铁四号线30年的特许经营权。为此,京港地铁投资约50亿元人民币,占项目总投资的三成。其中包括投资46亿元,建设四号线车辆、信号、通信等主要设备,并在30年的特许经营期内负责四号线运营和管理。在特许经营期结束后，京港地铁再将项目设施完好、无偿移交给北京市政府。

按照船闸收费的第二个逻辑，船闸收费的费率应当参照船舶待闸的时间成本进行综合考量，让船东在等待船闸产生的时间成本与优先通行产生的额外支出之间进行权衡，甚至与货物"弃水走陆"的综合成本进行比较权衡，从而引导货流向更有能力的运输方式转移。集装箱运输的时间成本相对较高，自然会选择公路运输；其他散货运输，相应的时间成本不高，待闸时间的长短并不敏感，则可选择水路运输，但需要让相关的运输企业感受到公平公正。对于没有额外付费的企业，严格按照"先到先通行"的原则实施通航，杜绝所有的"走后门"。上述措施是在船闸能力未能提升前所能采取的最佳路径。

按照船闸收费的第三个逻辑，某个特定船闸在实现了投资成本与运行成本回收之后，如果继续收费，需要进行充分论证，并得到利益相关方的认可。所产生的额外收益，按照原先约定的用途专款专用，并严格审计。新建水运基础设施对于水运业的长远发展是利好，构建这样的筹资渠道，用当下过闸费换取未来市场空间的扩大，理性的船东会支持的。相对高的过闸费率会因为市场供需条件的不同由船方和货主双方共同承担。在船舶供大于求的情况下，这部分成本更多地转嫁到了船方。在船舶供不应求的市场条件下，这部分成本更多会转嫁给货主。当前，水运运力严重过剩，增加的船闸费用基本上要船东承担。微利运行下的航运企业对于占其收入较大比重的船闸支出十分敏感，因此形成了降低船闸费率的政策诉求。

一项政策的出台牵涉很多利益主体，还牵涉近期与远期的权衡，以上的分析可能并不全面。船闸收费和不收费都有合理性，需要在具体的社会经济环境下，经过利益相关方的充分协商和博弈，找到社会成本最小、社会收益最大的制度安排。在此过程中，需要各级领导对水运业基础性有充分的认识，并在权衡社会各方利益的情况下找到恰当的解决方案。

广东清远的案例

据《中国航务周刊》报道，广东清远飞来峡船闸船舶通航涉嫌买闸行为，几年间的内幕交易额高达数千万元[38]。发生这样的事件，背后的原因是什么？从政府的视角来看，恰当的解决之道是什么？

船闸通航能力不足是根本原因

上述事件发生的根源是水利枢纽船闸通航能力不足及不断增长的需求之间的矛盾。目前清远水利枢纽一次过闸可以通过 4 艘船，每次开闸时间为 40 分钟，上行和下行一次就需要 80 分钟。船闸一天不间断工作也只能放行约 70 多艘船，而每天有几百艘船在候闸。飞来峡船闸同样如此，全天候 24 小时开放，一天也仅能通行 100 多条船，而最高峰时一天有 500 多条船等候过闸。造成如此拥堵的原因是设计通过能力已经滞后。飞来峡枢纽船闸设计为四级船闸，设计通航 500 吨级船舶，设计年通过能力为 467 万吨，但 2013 年通过货物量达 1156 万吨，远远超过原设计能力。清远枢纽船闸为三级船闸，设计通航 1000 吨级船舶，年单向过闸货运量为 1346 万吨，但 2013 年通过货运量达 1820 万吨。2014 年 1—10 月，清远辖区船舶进出港签证数为 44174 艘，较 2013 年同期增长了 73.7%；港口累计吞吐量为 2028.6 万吨，较 2013 年同期增长了 125.4%；集装箱吞吐量为 38172TEU，较 2013 年同期增长了 275%。预计到 2020 年，清远水泥、煤炭等货物的运输量就将达到 5500 万吨左右，上述两个船闸的年货运量将分别达到 3820 万吨、4400 万吨。在这样的背景下，北江航道扩能升级工程提上日程。

北江航道扩能升级工程

北江航道扩能升级工程（韶关至三水河口）于 2015 年 10 月全线开工。该项目总投资约 70 亿元，在北江干流的 5 座枢纽建设 7 个船闸，均为设计通航 1000 吨级船舶的船闸。建设完成后，飞来峡水利枢纽工程将在枢纽右岸新建二、三线船闸，设计远期单向年通过能力 4107 万吨，较原来一线船闸的 476 万吨单向通过能力提升近 10 倍[39]。届时，北江几百艘船舶待闸的局面将不复存在，因拥堵而衍生的一些事件也就不会再发生。听任船闸通过能力不足的局面发展而不做改变，市场就会自发形成"潜规则"，并对经济社会产生更加多的负面影响。而这样的局面并非没有解决之道，关键看行业管理部门是否有魄力、是否能够在短时间形成相应的解决办法。

船闸通过能力有限情形下的解决之道

由于船闸通过能力有限，市场自发提供了解决拥堵的办法，那就是用金钱买时间，也即买闸行为。买闸行为有其合理性，无非是在货物和船期的时间价值与买闸费用进行的权衡。相信参与买闸行为的船东都是认为买闸更为合算。目前，政府收费的逐步规范化使得以船闸收费来调整船闸供需关系的手段短期内很难实现，繁复的讨论和博弈也很难解决船闸拥堵的燃眉之急。这就让本该"阳光化"的收费不得不转为"灰色"收费。船闸通行的稀缺性短期内很难解决，只能从收费上想办法。需要拿出非常时期的快速决策办法，让船闸收费成为解决船闸拥堵的权宜之计。

到底该收多高的费率才能使得船闸的拥堵程度让社会大众可接受呢？如果船闸通行是纯市场行为，可以让市场自由博弈进而确定价格。可是对于船闸等公用基础设施，市场定价似乎与传统的做法不符，甚至会导致社会公共价值被忽视，在当前的环境下还是建议采用政府指导价。

问题是行业管理部门是否应该对不同船舶予以差别对待？行业管理部门是否应该给集装箱船舶以优先通行的绿色通道？笔者认为，长期以来地方政府本着发展地方经济的考虑对外贸集装箱船舶优先过闸的政策是需要改善的。政策应当是公平公正的，对市场中的不同主体应该一视同仁，而不应当对部分主体有所倾斜。政策倾斜就可能产生权力寻租，鼓励背后的权钱交易。为了给社会营造公平良好的市场预期，可让优先通行的船舶支付一定的费用，付费的额度应该略低于公路运输的综合费用。这样这部分原先"灰色"的费用就会变为"阳光"的收费。如果再明确这部分收费未来的使用渠道，那么这部分收入必然向着规范化的方向发展。需要让相关的运输企业感受到公平公正。对于没有付费的企业，严格按照"先到先通行"的原则实施通航，杜绝所有的"走后门"。上述措施是在船闸能力未能提升前所能采取的最佳政策。未来船闸能力提升后，也应保持"付费先通行，先到先通行"的准则，只不过付费的费率可以稍微降低。

交通运输部发布《关于推进珠江水运科学发展的若干意见》（交水发〔2016〕138号），提出打造干支衔接区域成网的高等级航道体系是珠江黄金水道建设"六大体系"的基础体系，并提出了"制定水系统一的通航建筑物运行规则和服务标准，强化服务质量监督考核"，通航建筑物运行的收费机制也被纳入探索之列。广东省人民政府印发了《关于促进海运业健康发展的实施意见》（粤府〔2016〕81号），指出海运业的健康发展依赖珠江水系集疏运体系的完善，恰当的船闸收费机制是保证北江水运通道高效运行的重要环节。未来，探讨一个更符合经济社会发展的船闸收费体系，是保证珠江黄金水道发挥更好作用的基础。公平和阳光是船闸收费体系的基本原则，多主体参与、充分博弈应是制度制定过程中秉持的原则。

26　运力过剩该不该干预和如何干预

《中国船检》2017年第6期发表了《对运力过剩现状进行干预既不可行也不需要》一文。著名经济学家、克拉克森研究公司总裁马丁·斯托福德在内的航运业专家认为，如果当前的下行周期一直延续到2021年，那将是该行业所见过的持续时间最长的一次衰退期。针对这样的状况，可以采取两种通用的方法快速减少现有的货运船队运力：一种方式是开放市场，即重新调整资产的账面价值以反映其真正的市场价值；另一种方式是市场干预。大部分人认为，要么采取干预手段，以激励措施加速报废，要么控制新造船数量。然而，也有几位业者对此提出了相反的看法。

豪罗宾逊公司干散货研究部主管雅尼娜拉姆认为，即使市场干预手段在新造船阶段是可行的，造船业也无法反映出商品价格以外的市场趋势。从船舶在2012年和2016年时的折扣价格来看，新造船价格比二手船市场更有吸引力。这就是问题所在：我们看到的是顺周期性行为。

在鼓励报废方面，全球最大船舶回收现金买家GMS公司的非执行董事评论道："市场会自行解决。我不认为政府有必要对拆船活动进行补贴。而且，我也看不出对拆船活动进行干预有何效果。"

没有纯粹的自由市场

看待一件事情，需要多个视角和多个维度。对于一个具有更高认知能力的人来说，在脑中能够同时容纳相反的观点并不会导致迷茫。

事实上，无论是欧美的市场，还是中国的市场，都不存在没有政府发挥作用的市场。其中，政府提供公共产品，其他的事情让市场来解决。问题在于公共产品的界限在哪里？会有人说，只要交给政府来做效率更高的事情就应该纳入公共产品的范畴。可是，随着时代的变迁，曾经的公共产品由市场来提供可能更有效，曾经的市场产品也会因为外部条件的变化而由政府提供更有效。在世界不断变化的过程中，没有一成不变的公共产品，也没有明确的市场边界，因而也就不存在纯粹的自由市场。

至于航运市场，政府不干预，让市场自己清理过剩的产能，与政府干预和补贴一样，同样是社会资源的损失。况且，航运业作为战略基础性产业，对国家发展具有举足轻重的作用，任由其自生自灭并不符合国家利益。韩进海运倒闭引发了一系列问题，是韩国政府的无力和无奈。让没有竞争力的航运企业随波逐流还是在恰当的时候施予援手，是政府必须考量的。我们看到，"一带一路"倡议需要通过交通基础设施的连接实现沿线国家的互联互通，航运业和关键节点的港口是"一带一路"倡议的基础性和先导性投资产业方向，即使其本身不具有营利性，也可能对国家产生更大的收益。金融危机以来，美国并非完全因为信奉自由市场经济而对产业绝不插手，页岩气革命、扶持特斯拉、援手花旗银行和通用汽车公司等都是美国政府的强力作为。以这样的眼光考量，问题的核心并不是"该不该干预"，而是"如何干预"。

如何干预市场？

笔者在《变革水运——水运业供给侧结构性改革初探》中提出了"有限有为"政府的基本框架。供给侧结构性改革重点在"结构性"三个字上，也就是在部分领域做好"有限政府",部分领域做好"有为政府"。

"有限政府"指的是:在政府与企业的关系上,摘下对不同所有制企业的"有色眼镜","不唯国企、不唯民企、不唯外企";从市场监管来看,优化监管模式与促进市场竞争并举;在减税、放松价格管制和形成新的价格体系上发挥作用;解除供给抑制,破除"三个门"(也即"玻璃门""旋转门"和"弹簧门")。

"有为政府"指的是:推动国家战略(如"海洋强国"战略乃至"海运强国"战略),在发挥市场作为配置资源决定作用的同时,必须辅以国家力量的推动;促进智慧交通的发展,着力推动"互联网+"水运企业的成长,进而推进行业监管变革;促进诚信体系建设,在"信用中国"的框架下推动"信用交通"的行业信用体系建设;通过建立制度、制定标准、严格审查、政策扶持等力量,促进节能减排和安全发展;培育第三方力量,包括协会、航交所和智库;购买公共服务。

2018年10月29日,交通运输部水运局发布《新增台湾海峡两岸间海上液体货物运输经营资质和运力综合评审办法(试行)(征求意见稿)》征求意见的函,明确了新增台湾海峡两岸间海上液体货物运输经营资质和运力综合评审办法,对开展台湾海峡两岸间海上液体货物(液体化工品、液化气、油品)运输经营资质和运力进行综合评审。交通运输部水运局负责综合评审的组织和监督管理,通过政府购买服务方式委托第三方机构(以下简称评审单位)开展台湾海峡两岸间海上液体货物运输市场需求分析论证、专家审查等综合评审技术咨询服务工作。此项工作的开展,彰显了"有为政府"在运输安全领域的主动作为。同样,长江三峡游轮"退三进一"、上海城市滨江游"退一进一"以及中韩客货班轮市场准入的协会共商,都是针对特定的航运市场(客运和危险品运输)所开展的准入规制。目前,游轮领域的市场准入尚没有提上日程,近几年市场运力过剩所造成的市场乱象已经彰显出设置恰当的准入评价机制的必要性。

市场与政府的关系已经争论了几个世纪,未来还将争论下去。不愿被卷入争论中,就需要明确事情背后的环境和条件,具体问题具体分析,不用惯常的思维和一成不变的理论生搬硬套。要避免为了支持自己的观点,寻找证据,得出看似合乎逻辑的认知(其实往往是偏见)的做法。多听听反对的意见,看看其他观点的人找到的证据,就不会使自己陷入"执念"的境地。

27 航运业寒冬:救还是不救[40]

航运市场极度低迷,韩进海运破产保护风波持续发酵,企业自救、政府救助以及债权人的逼迫等方面的消息甚嚣尘上。货主、港口、独立租船人及船东等利益相关方都采取正常或非正常手段尽量避免因韩进海运破产保护所引致的物流停滞和资产损失风险。部分船东可能还会因此获益。大型航运企业倒闭所引发的连锁反应持续发酵，政府"看得见的手"是否该出手相助？如果应该相助，那么"看得见的手"又该如何帮助濒临破产的企业？

韩国政府没有施救

在集装箱班轮运输领域，韩进海运所持有和控制的运力约61万标准箱，世界排名第7。对于这样一个在韩国举足轻重的航运企业，在向法院申请破产保护以后，2016年9月6日韩国政府决定向陷入困境的韩进海运提供约1000亿韩元的长期低息融资，用以保证港口货物正常装卸。韩国总统、总理也相继表态，处理好当下的物流混乱问题是重中之重。9月7日，韩国副总理召开了第一次部长级会议，提出了"根据韩进海运企业回生程序让海运物流回归正常化方案"。该会议的基调是：一切以债权人损失与失业人员数最小化为目标。与其说这是韩国政府对韩进海运施救，不如说是对韩进海运的破产所采取的善后措施。

长期以来，韩国并非一个遵从自由市场经济的国家，国家意志和产业政策在许多重要领域都发挥了重要的作用。韩国"大宇"品牌就是韩国政府强力支持产业发展的典型案例，同时也是典型的负面案例。大宇集团成立于1967年，是一个涉及汽车、重型机械、造船、建筑、电子、通信、化工等多种行业的大型企业集团。大宇汽车公司曾经是韩国第二大汽车公司，早在1984年就率先出口汽车到美国。大宇公司通过政府的政策支持、银行的信贷支持和海内外的大力并购，到1998年成为资产高达640亿美元的商业巨头，国内所属企业曾多达41家，海外公司数量创下过600家的记录。1997年底韩国发生金融危机之后，其他企业集团开始收缩业务，大宇公司仍然持续扩张，并在此过程中由集团排名的第4位上升到了第2位。持续的扩张导致债务负担越来越重，创下韩国历史上金额最大的商业破产案。经过重组，大宇公司的各个部分被拆分，有的破产，有的被收购，有的则继续经营。1999年2月，韩国政府拒绝了韩国通用大宇汽车公司的资金救援申请。其理由是："政府对一家企业或单个行业进行财政支持原则上违反了法律相关规定。"韩国的出口导向政策给予企业"做大"的强力支持，不过产业政策的初衷与现实的结局背道而驰，规模的提升并没有引来竞争力的提升，最终造就了"虚胖"的企业，在市场环境发生较大变化时难以为继。韩进海运高达870%的负债率，使得政府已很难出手施救，同时也难以向其他利益相关方交代。

在当下过度解读及惊弓之鸟般的市场环境下，"破产保护"给予市场非常负面的信息，引发市场的恐慌以及对破产企业品牌的不信任，因而使像韩进海运一样破产的企业要想重整旗鼓已经很难了，宣布"破产保护"近乎宣布破产，根本起不到保护的最初意图。当下的市场就是这样，市场信息似乎更充分了，然而并不一定真实客观，却将人们的恐慌心理不断放大，使尚处于破产边缘的企业因为外界的过度反应完全没有救援的可能。

政府该不该救的迷思

最近张维迎和林毅夫就产业政策的争论十分热烈。张维迎是市场派的旗手，坚信市场力量，否定政府的作用，核心论点是市场决定和企业家精神。林毅夫则一直倡导比较优势和政府有为论，核心观点是：以价格扭曲和市场垄断保护补贴的缺乏自生能力的国有企业，是维持经济社会稳定的必要力量，是两害相权取其轻政策的结果。经过40年的高速发展，我国已经是一个中等偏上收入的国家，资本已经不再极端短缺，许多原来不符合比较优势的产业已经符合比较优势，再给这些产业中的企业保护补贴，对稳定经济没有必要，只会加剧寻租、腐败和收入分配不均，需要与时俱进地改革。转型中国家最终所要达到的目标是消除存在于经济中的各种制度扭曲，建立完善的、有效的市场经济体系。杨小凯和张维迎的框架中认为这些扭曲是政府强加的、外生的，所以去之唯恐不及，越快越好。林毅夫同样认为这些扭曲是政府强加的，但却是保护违反比较优势、没有自生能力的企业所必需的，是在当时条件下所能做出的最优选择。

政府与市场的关系问题从来都是极具争议的问题。不同的历史发展阶段、不同的发展环境以及经济周期的不同阶段，对于政府与市场关系的认识都会有所不同。一般来讲，经济萧条期凯恩斯主义就会大行其道，而经济复苏期则是市场自由主义大行其道。而实际上，自从有了现代政府以来，市场和政府从来就是所有经济主体必须面对的，不存在一个纯粹的没有政府的市场，也不存在一个纯粹的没有市场的政府。两者彼此都离不开对方。西方的自由市场经济体系离不开政府。政府确定税率、利率、债务、福利及其他公共产品。政府"看得见的手"并没有消失，只不过相对于社会主义市场经济而言显得更加"恰如其分"而已。完全没有政府的市场，是对市场充满幻想的"乌托邦"，是对"看不见的手"作用的过于良好的盼望。当然，"看得见的手"如何作用是值得探讨的，如是用间接的宏观调控手段干预经济好还是直接的微观产业政策好？通常的认识是政府用好宏观调控工具，然后构建市场经济的基本制度，让市场发挥决定性作用。但是在部分极端的情况下，宏观调控手段已然失效，任由部分产业破产引发经济的连锁反应恐怕对经济社会的危害更大。部分对国家长远发展具有战略意义的产业是需要国家力量的培育和推动的。

关键不是该不该有产业政策，而是构建怎样的制度让产业政策能够真正发挥实效，又不会成为孕育产能过剩和官员腐败的温床。"产业政策在创新事项上如何兴利抑弊从而实现后发经济体的追赶和赶超值得深究，必须要考虑供给侧管理与改革，以及理性供给管理下如何优化产业政策。换句话说，不能因为政策设计可能失误，贯彻机制可能走偏，就完全对产业政策、供给管理弃而不用，那是一种无所作为的状态。应该力求理性，力争做好，积极谨慎，有所作为。"不能因噎废食，也不能"把孩子和洗澡水一起倒掉"。张维迎所说"产业政策就是变相的计划经济"有一定道理，根本的原因是我们的制度建设没有跟上，无法让产业政策在发挥积极作用的同时，规避可能产生的腐败、寻租及骗补等问题。相关的制度完善了，产业政策必将发挥积极作用。同时还要认识到，这样的制度并不是复制西方的制度，而是继承我们历史遗产的逐步改善。这样的制度只能是具有我国特色的，因为历史、利益格局、发展阶段、发展环境等问题都是个性化的，没有"放之四海而皆准"的永远正确的制度。和杨小凯共同撰写《经济改革和宪政转轨》一文的杰弗里·萨克斯的思路近些年已经有所改变，他对我国改革开放以来取得的巨大成绩的评价是："这在人类经济历史上都是很罕见的。"他还指出："国与国之间很难相互比较。每一代人都有自己的任务，都有自己的困难和挑战，都要学会解决自己的问题。"

美国施救的案例

贾康在其《供给侧改革：新供给简明读本》[41]中提供了一个很好的危机时"看得见的手"主动作为的案例。在这一案例中，美国人的调控实践显然跳出了主流经济学教科书讨论的范围。在全球金融危机发生之后，关键的节点上，美国人总结了不救雷曼兄弟公司而使金融海啸迅速席卷全球的教训之后，相对果断地先后动用公共资源注资花旗银行、两房（房利美、房地美），并以公共资源注资实体经济层面的通用汽车公司。这成为美国反危机过程的一个拐点，显著消解了市场上弥漫的恐慌情绪。美国在复苏过程中虽然也运用了几轮量化宽松的需求管理手段，但同时做得有声有色、可圈可点的是一系列产业政策、技术经济政策的供给管理措施。比如众所周知的油页岩革命，不仅在反危机的过程中提振信心和提升景气，而且还在实际上对全球的能源格局产生了巨大影响。美国政府还通过制定产业政策促进制造业重回美国。还有一个例子，就是特斯拉在面临瓶颈期的时候，迎来了美国能源部长对特斯拉生产线的视察，跟着很快就有一笔为数可观的美国能源部的优惠低息贷款支持它突破这个瓶颈期。上述例子表明，视"自由市场"为颠扑不破真理的美国仍然有"看得见之手"直接发挥作用的空间。这就是国家层面的供给管理。

林毅夫也举了发达国家用税收和政府采购等来支持新技术、新产品的创新，并用政府资金支持创新企业的例子。以大家津津乐道的乔布斯为例，1976年推出的苹果Ⅰ型计算机是建立在20世纪60年代和70年代以美国政府的公共资金支持的计算技术的研发成果之上，2001年推出的iPod和其后的iPhone也是建立在政府资金支持而研发出来的卫星定位、声控和大规模储存等新技术之上的。乔布斯的天才在于把这些新技术组合开发成消费者喜爱的新产品。值得一提的是苹果公司在未上市之前，除了得到风险投资的资金之外，也得到美国小企业局50万美元的风险股本投资。同样，Google核心的计算技术也是来自政府资助的研究项目。

对照我国，如果任由市场在任何时候都发挥决定性作用而忽略产业政策的作用，就不会有我国高铁的高速发展、核电第四代技术的攻克以及国产大飞机项目的突飞猛进，就永远在发达国家建立的市场规则下处于产业链的低端，无出头之日。国产大飞机C919已经进入取得适航证的阶段，不出意外几年之内会配到各个主要航线上，形成前所未有的国产供给能力（目前我国已经接到来自全球的几百架国产大飞机的订单，以后这个数目还会继续上升）。

航运业到底该不该救？

航运业作为战略基础性产业，对国民经济和国家安全具有举足轻重的作用，在一些特定的时候是国家战略的重要棋子。在加入世界贸易组织（WTO）时航运业是做过重大牺牲的，我国海运领域的对外开放走在了所有产业门类的最前面，面临的市场竞争环境前所未有。当前在进出我国港口的集装箱承运份额中，我国船公司仅约为18%。这样的市场份额来自市场竞争，也是市场开放度高的必然结果。中国加入WTO的这十多年，外贸持续快速发展，经济体量已经变为世界第二，航运业在支撑国家战略和换取国家更大的利益上发挥了重要作用作出了重大贡献。

冷战时期和冷战结束之初，全球安全被普遍认为是最重要的公共品，主要提供者是美国。进入21世纪，全球最为重要的公共品却是基础设施，我国是主要贡献者。以"一带一路"为主体的世界互联互通的供应链体系正在我国的倡议下逐步成形。国有企业将成为先锋力量，在国家倡导的"一带一路"的关键节点布局。航运业也应当在这样的宏大蓝图中有所作为。在向"一带一路"的关键节点进行布局时，会存在前所未有的困难，会有不经济的投资，会面临投资目的国的政治局势动荡以及民族主义的不确定性。比如，中远海运参与合作的希腊比雷埃夫斯港，是船舶通向西欧、东欧、非洲等地港口，贯通黑海、地中海等海洋良好的中转港。希腊债务危机以及产业工人罢工都对中远海运的投资产生影响。好在比雷埃夫斯港在中远海运运营下获得了较好的发展，未来将成为连接欧洲和非洲的新通道。对于这样的投资产生的风险和代价不应看作企业在市场中打拼的经营性亏损，而应视为政策性亏损，并努力寻找恰当的补偿办法。让这些企业无后顾之忧。同时，还需要构建恰当的制度来分辨经营性亏损和政策性亏损的界限，让相关的产业政策体现足够的公平公正，不损害我国在推进市场开放方面的形象，促使民企也能够参与到"一带一路"的建设当中。这就是当下供给侧结构性改革中"有限有为"政府的着力点。目前，政府在简政放权背景下，能够给予各类产业的政策空间已经十分有限，未来更多地需要通过亚洲基础设施投资银行的低息或无息贷款等间接的手段解决企业政策性亏损问题。

28　三峡水运新通道建设的思考

新时代水运发展的技术理性

贾大山早在 2007 年就在其《中国水运发展战略探索》[42]中提出了内河水运发展战略的内涵之一——至臻性，并在 2015 年与纪永波合著的《内河优势战略》中进一步完善了这一内涵。所谓至臻性，就是充分发挥运能大、占地省、能耗低、环境友好的比较优势，不断提升运输服务安全性、便捷性、经济性和可预期性，不断减少建设生产对环境的影响。水运业要通过航道高等级化、区域成网和船舶大型化、标准化及码头专业化，逐步向自身最具经济竞争力的状态发展[30]。笔者理解，水运的至臻性就是按照水运的技术经济特征，紧跟新时代的要求，客观理性地发展水运业，支撑交通强国建设。这里就至臻性的内涵引出水运技术理性的三个认识。

水运有相对于其他运输方式的相对劣势，比如速度慢、大多依赖天然形成的自然河道等。未来，随着经济社会对运输的时效性需求逐步增强，在新能源逐步替代化石能源的过程中水运能耗低和环境友好的相对优势弱化，未来水运业的比较优势有可能走弱。在这样的形势下，水运业需要探索最具经济竞争力的发展状态。如果仅仅按照以往的逻辑不断建设更大规模的码头、更大规模的船舶，那么水运业恐怕会在达到一定的临界点后破坏其至臻性。我们还不清楚船舶大型化会不会因为未来个性化需求的不断提升而被遏制？内河航道高等级化需要限定在怎样的范围内才能被经济社会所接受，并具有维持该航道运行的货物需求量？水运设施建设的度到底在哪里？国外已经出现很多码头停止使用（"晒太阳"）的案例。

成思危曾经说过：智库要开展 6 个方面的可行性研究。第一是技术可能；第二是经济合理；第三是法律允许；第四是操作可执行；第五是进度可实现；第六是政治上可为大多数人所接受。这意味着，一项工程要上马，不仅需要关注其技术是否可行，而且还要考察其经济上是否合理。技术具有鲜明的时代特征，无论超前还是落后都不具有经济性。落后的技术可能来源于要素组合没有与时俱进，可能来源于劳动生产率不符合时代要求，难以被市场所接受。超前的技术并未形成社会共识，相关的法律法规、标准规范也未能成形，所提供的产品还可能价格太高，都会阻碍其向经济社会的渗透。法国协和飞机、摩托罗拉的铱星计划等就是范例。

说到水运工程，其是否经济有很多参照系，不同约束条件下会引向不同的技术方向。环境压力和安全压力不强时，道路运输的经济性更容易体现。中国特色社会主义新时代，安全和绿色注定要受到更多关注。人们的需求正在发生变化，时效性和个性化需求不断提升。新能源逐步替代化石能源使道路运输和航空运输的环境成本降低，须进行细致的经济性测算。当下思考水运业发展，不能单单考虑水运的比较优势，否则会出现"顾此失彼"的窘迫状况。

以综合运输的视角审视水运发展

水运的技术理性，就是不能仅仅站在水运发展的立场上看问题，而是还要站在综合运输和交通强国的视角看问题。不能因为自己是水运人，就极力支持水运的发展。热爱自己的事业，是尽自己所能让该行业发展得更健康，而不是让本不该上马的项目投入建设，影响整个经济社会的发展。水运通道的建设，面临诸多的替代方案，选择最优方案需要精细的测算。比如建设海底隧道，牵涉客滚运输、散货运输、集装箱运输、空运等运输方式的价格、时效性，不同运输方式对规模经济的要求。在提出海底隧道的方案时，不仅要让铁路领域的专家来评价，而且还应吸纳各有关领域的专家团队，广泛形成共识，不能形成共识时就再论证。再如三峡航运新通道，在能力不足的状况下，形成了铁路替代水运的解决方案，在论证三峡通道的经济性时就应将这一方案作为一个参照系。

建设交通强国，一定要摒弃各种运输方式独立发展的思维。长期以来，各种运输方式独立发展有其必然性，因为"瓶颈约束"阶段每种运输方式都需要大力发展。新的时代，交通运输面临外部环境、需求特征的巨变，需要有综合运输体系的思维，从而发挥各种运输方式的比较优势和相互协同效应，实现"保障有力，人民满意，世界领先"。

三峡通道的瓶颈约束

三峡大坝的第二通道已经在论证中，三峡升船机也已经投入运行，但短期内三峡水运通道的能力不足问题尚没有可行的解决方案。尤其是三峡大坝进入检修期，使本来就已经十分紧张的水运通道雪上加霜。常常有货船候闸15天的报道，还看到海巡艇免费接送待闸船舶的船员上下岸的便民措施的报道。尤其是三峡南线船闸自 2018 年 2 月 19 日起实施为期 33 天的停航检修,仅剩北线船闸单向运行,过闸效率受到较大影响。近几个月以来,三峡船闸候船量大幅上升,船舶候闸时间常常超过 10 天。长江水运运行时间变长,相当于降低了市场的供给能力,进而导致市场运价上升。水运的时效性本来就较弱,还要承担更多的运价,必然给供应链体系带来新的变化。最近因为三峡船闸拥堵,运价在运输过程中发生波动,部分货代在货物到达目的港之后希望货主补交运费和船舶滞期费,结果与货主没有谈成,甚至引发货主方人员与船员的水上打架斗殴恶性事件。

解决三峡水运通道的拥堵问题的方案之一是船闸收费。它的思路是用收费调节市场需求,让那些时效性高的货物通过交费优先过闸,或者改行其他物流通道。这是三峡通道能力在短期内无法提升的不得已的举措,相当于"用钱来买时间",允许物流提供方可以在市场中向时效性更高的服务收更高的费用,用价格信号调节市场需求。这一问题的核心是收多高的费用和费用的使用。若能将收到的费用"取之于民,用之于民",用来提升三峡通道的能力,将不失为一个好的办法。

三峡船闸收费,一方面船东难以接受(主要是免费惯了,一旦收费肯定会有抵触情绪。殊不知,候闸 10 天,其实相当于交了一大笔候闸费),另一方面方案的制订也需要时间,最终导致了三峡船闸的拥堵问题长期得不到解决。当主管部门没有切实的措施时,市场自然会产生解决的办法。三峡船闸拥堵 10 天,增加船东的成本,再将成本传导到货主,使得长江黄金水道的水运成本整体抬升。当这样的成本达到了一定的临界点时,其他运输方式就有了替代优势。企业所提供的差异化服务已经能够把市场中对时效性要求不同的货物区分开来。

由泛亚航运、中国铁路武汉局集团有限公司(武汉铁路公司)合力打造的"川渝水铁大通道"于 2018 年初正式构建完成。此线路通过武汉的水铁联运中心,使部分曾经经由三峡大坝的水运货物运输转向铁路运输,进而为三峡大坝检修期的过闸货物滞留提供解决方案,也为未来解决三峡大坝的瓶颈约束问题提供了新思路。

2017 年,泛亚航运与武汉铁路公司成功运作了广受市场推崇的武汉至成都、西安、兰州等地水铁班列。2018 年,泛亚航运继续加大投入力度,升级推出武汉市至重庆市、四川省、陕西省、甘肃省、青海省、新疆维吾尔自治区等地多个主要铁路站点的水铁班列服务,站点布局逐步完善,呈现以武汉为原点,向中西部地区扩展的良好态势。

因此,解决三峡船闸的通过能力以及是否建设三峡第二通道,需要综合分析其他运输通道的替代效应。目前的水铁联运是一种替代解决方案,公路翻坝运输也是一种解决方案。这些解决方案相对于三峡第二通道可能更具有经济性。尤其是，未来经济社会对供应链的时效性有更高的要求，水铁联运替代水运通道更加符合未来的发展趋势。经过长时间的运营，水铁联运的效率还会提升。那时，三峡第二通道很可能就没有建设的必要了。毕竟，建设三峡第二通道将是一个巨大的工程，要消耗超高的费用，可能还涉及工程建设的巨大难题。未来，随着综合运输枢纽的建设、铁路的市场化改革逐步到位以及多式联运主体的不断成熟，多式联运将变得越来越普遍，三峡大坝的瓶颈约束也会随着多式联运体系的不断完善而得到解决。到那时，时效性要求不高的货物继续走三峡通道，对三峡船闸这个人类伟大工程具有向往的游客还可以通过三峡游轮亲身体验其雄壮，而其他货物则会转向铁路和公路，瓶颈问题也许就迎刃而解了。

29 多式联运的制度构建及企业践行[43]

2016年7月29日，国家发展改革委正式发布《"互联网+"高效物流实施意见》（发改经贸〔2016〕1647号），提出要制订出台多式联运发展推进办法，支持多式联运公共信息平台建设，加快不同业务系统之间的对接，推动多式联运信息交换共享，并明确了无车承运人试点的时间表。2016年9月1日，交通运输部办公厅印发《关于推进改革试点加快无车承运物流创新发展的意见》（交办运〔2016〕115号），提出10月份启动"无车承运人"试点。2016年9月9日，交通运输部审议并原则通过《关于促进多式联运发展的若干意见（送审稿）》，提出加大政策支持力度，完善法规标准，加强科技攻关，大力推进多式联运健康有序发展。2017年1月4日，交通运输部官网全文刊发了由交通运输部、外交部、国家发展改革委等18个部门联合发布的《关于进一步鼓励开展多式联运工作的通知》（交运发〔2016〕232号），提出"力争实现2020年多式联运货运量比2015年增长1.5倍"的发展目标。这一系列文件紧锣密鼓地出台，表明了多式联运的春天真的到了。

时代呼唤多式联运

五种运输方式各有基于自身技术经济条件下的比较优势，也有比较劣势。货物在空间的位移，往往是多种运输方式的协同配合。如果没有交通基础设施的无缝衔接，也就没有一体化的物流优化方案，物流的成本就会高企，物流效率就会很低。从历史上来看，公路、水路、铁路、民航和管道运输分别有各自独立的管理部门和系统。长期以来管理体制的条条分割使得各运输方式的基础设施衔接不畅，相应的规划、管理、运营等相互割裂，无法形成各种运输方式有效协同的局面。近些年大部制改革不断往前推进，各种运输方式相互协作配合的局面有所改观，我国的社会物流总成本也已经由曾经占 GDP 的 18% 下降到了 2015 年底的 16%，一体化的运输格局正在形成。

与此同时，互联网正在向经济社会的各领域深度渗透，引发生产和生活方式的巨大变革。"互联网+"物流的相关技术已经成熟，新兴业态层出不穷，新的商业模式已经在打通各种运输方式之间的衔接上进行了很多探索，并催生了物流领域的新兴业态——无运输工具承运人。无运输工具承运人指的是：没有运输工具，以承运人身份承揽货主（托运人）的货载，并将运输转包给实际承运人的第三方物流公司。虽然无船承运人在海运领域长期存在，无车承运人在国外也不是新鲜事物，但在我国碍于既有的法律制度和标准规范建立在"有运输工具承运"的基础上，造成无运输工具承运人难以获得合法身份，在运营中存在获取资质难、开票难、担保难等问题，无法有序发展。大部制的推行已经为多式联运创造了很好的大环境。前述一系列文件的出台，正是为了解除捆绑在无运输工具承运人身上的枷锁而采取的行动。

无运输工具承运人的判定维度

目前，各地都在推进无工具承运人的相关试点。该项试点的最终目的是要构筑多式联运的基本框架。我国社会物流总成本占 GDP 的比重虽然经过几年努力已经由 18% 降至 16%，但仍然有很大的效率提升空间。无工具承运人的相关试点可以为相关制度的构建提供经验和暴露问题，并找到切实可行的前进方向。在此过程中，政府不但要做到对好企业进行适当的扶持，更要具备判定"互联网+"水运企业优劣的能力。现在不少省份所出台的试点方案仍限于传统思维，很难真正甄选出有前途的企业。选择纳入试点的企业需要创新的思维，不能沿用以往判定企业的标准去判定互联网企业。尤其是营业额、利润、营业资质以及固定资产等考核指标对这些企业来讲可能已经失效。下面谈谈判定这类企业优劣的几个维度。

一是有基因。这个基因指的是互联网的基因。互联网的逻辑就是赢者通吃，市场中不需要那么多的平台企业。吴军在《浪潮之巅》中曾说："公司的基因决定作用如此强大，使得很多跨国公司都无法通过改变基因来逃脱其宿命。"微软曾在移动互联网领域买了很多技术和公司，但在此领域仍然毫无建树，正是过于强大的桌面软件的基因使其不可能站在互联网的浪潮之巅。互联网基因有三个特征：首先，要有入口。当下的人们被各种手机软件所吸引，有限的注意力被巨型的互联网公共平台所占据。不是做出一个手机软件就可以开始营业，需要有持续吸引用户眼球的能力，有足够的钱"烧"出关注度。要想办法用别具一格的方式获得用户的关注。用户的持续关注就是入口，没有恰当的入口，一切都免谈，再好的商业模式也会"深在闺中无人知"。我国目前已经有几百家"互联网+"水运企业，仅江苏省申请无运输工具承运人试点的企业就有几十家。此外，从其他行业跨界进入此领域的"互联网+"企业和外资企业也在拓展中国市场。目前我国纳入无车承运人试点的企业一共有123家，真的需要一个"金刚钻"才能揽到多式联运这个"瓷器活"。其次，要有成长。这种成长性来源于效率提升，要比传统模式效率提升很多。只有这样才能形成燎原之势，进而对原有模式产生快速的替代，即具有颠覆性。衡量成长性，要以营业额两年翻番（41%）的增长速度为准。最后，要有迭代。一项技术或者模式对现存的世界能产生巨大的影响，必须有快速迭代的能力，做到不易被模仿和被超越。互联网的基因里，有一个特别需要强调的特征，就是与用户互动，在互动过程中得到用户的反馈，进而优化原有的技术和模式。这被人们总结为"小步快走"，就是"迭代"。迭代的目的是要形成系统化的解决方案，让跟随者和抄袭者无所适从、赶不上。阅读吴军在《文明之光》中有关古藤堡对活字印刷技术的系统化改造，就知道"迭代"的重要性。

二是有生态。2016年海运年会提出了"重构海运新生态"的倡议，而这一责任重大的希望应落在"互联网+"水运平台。水运业的比较优势难以发挥，很大程度上是长期以来行业的积弊在原有的模式下难以撼动。新的商业模式替代旧的商业逻辑进而大幅提升效率，或许可以将行业积弊一扫而净，大幅减少行业的不诚信行为，提高从业者的违约成本，摈弃市场"劣币驱逐良币"的反常现象，并大幅降低政府监管市场的成本。

三是有格局。这种格局指的是对行业运行规律有总体把握，能够在企业盈利的同时对行业产生更大的价值。马云曾说："企业的社会责任必须内生于商业模式，并与企业发展战略融为一体。"对于水运平台，不要以为满足用户需求并具有充分的成长性就万事大吉，在成立之初就要建立企业内在的核心信念。这种核心信念要有被大众所认同的社会责任感，要通过新构建的商业模式传递行业正能量，要能够兼顾弱势群体的利益，能够获得行业大多数人的认可，为行业中的大多数人谋福利，为产业链的上下游带来新的价值。只有这样才不会形成剧烈的群体事件和社会维稳压力。

"试点试验"探路径

2016年9月1日，交通运输部办公厅发布《关于推进改革试点加快无车承运物流创新发展的意见》（交办运〔2016〕115号），无车承运人的试点工作正式展开。自11月24日至12月27日，湖北省率先公示无车承运试点企业，重庆市、浙江省、四川省、江西省、内蒙古自治区、海南省、上海市、福建省、河南省等14省（区、市）192家企业入选国家或省（区、市）级无车承运人试点名单。此次无车承运人试点工作按照"高标准、严要求、宁缺毋滥"的原则，择优选择规模较大、管理规范、物流信息平台应用较为充分、拥有稳定货源、社会信誉好的企业参加。无运输工具承运人制度将成为未来物流行业搭载互联网的基本制度之一。美国的无运输工具承运人是"由重到轻"演变发展起来的，而我国目前所处的发展阶段，完全有可能让纯粹的物流平台成为主流。

通过无运输工具承运人试点要解决三方面的问题：

第一，制度体系构建。制度体系构建的每一个细节都是社会实践的结果，因而需要通过试点暴露问题，并找到解决方案，找到制度演进的恰当界限，找到制度所规定的权利和义务的恰当平衡点。法律法规的制定、修订和完善是多式联运得以推进的基础性条件。这包含两方面的内容：其一是行政法规，包括综合交通运输促进法和多式联运法。更为重要的是，尽快启动相关立法进程，让试点试验与立法进程形成良性互动。其二是平等主体之间的法律责任也需要规范。这需要对《中华人民共和国海商法》的相关内容进行修订，补上陆上运输的相关规则，同时借鉴《国际货物多式联运公约》的相关内容。法治社会需要制度的与时俱进，让制度赶上现实的步伐。

第二，税收问题。交通运输行业有大量的个体工商户都将参与到多式联运体系中。目前所推行的"营改增"凸显出不少问题。多式联运企业的增值税抵扣链条不完整，需要尽快明确恰当的解决办法，既能够接纳现实的个体工商户，还能够让多式联运企业能够开展相应业务，并逐步让市场良性运转。

第三，行政事业费的抵扣。将铁路、公路、水路、航空、邮政快递等运输领域行政事业性收费、政府性基金和实行政府定价、政府指导价的经营服务性收费，全面纳入目录清单并严格执行。除此之外，还应将这些费用纳入增值税可抵扣的范围，切实降低企业税负。

公共属性看未来

无运输工具（多式联运）承运人所构建的平台除了需要满足商业逻辑以外，还应具有公共属性。其公共属性体现在如下几个方面：

第一，释放政府监管压力。水运物流平台利用证据链防伪技术，即数据（视频、图像、声音）和位置识别技术，解决证据的防伪、储存、实时性等瓶颈，保证物流的真实性。同时，物流实施流程中产生的电子合同、电子订单、电子保单、电子运单、支付流水等为物流的真实性提供了法律依据。由此，进入平台的企业不可能逃税漏税，有不法企图的企业也不可能进入到该平台。行业"小散乱"的市场格局将被水运物流平台的模式整合，市场的良性、高效运转会极大地释放政府的监管压力。

第二，解除行业积弊。中国物流市场呈现出市场结构碎片化的特征。这样的市场结构，一方面来源于政府监管"抓大放小"使得大企业承担的安全责任和社会责任较高，在市场中难以形成竞争力；另一方面来源于个体工商户弱化安全责任和偷税漏税等行为，使得其竞争力相对更高。这种违背企业发展的基本逻辑，助长了市场结构的碎片化，促进了政府"以罚代管"的畸形化监管。碎片化市场还给物流行业纷繁复杂的中介代理创造了空间，以应对市场信息不对称，进一步推升了交易成本。碎片化的市场也给行业从业者提供了不诚信获利的可能，使货主拖欠运费、船东私自卸货和压货讹钱、红顶中介坐地收钱、获取回扣好处和吃拿卡要等有违基本商业原则的行为滋生漫延，甚至扭曲了正常的商业逻辑，异化为行业的潜规则。

第三，兼容弱势群体。水运物流平台能够将诚实守信的广大货车驾驶员和船民纳入进来，为他们提供资金融通、货物保险、五险一金等方面的服务，为其代缴增值税，并能够通过平台集聚的大数据了解他们的总体运作情况，作为未来政府出台扶持政策和建立新的制度的依据。船民和货车驾驶员以往的"非法挂靠"模式完全可以被水运物流平台所提供的新模式所替代。这是解决当前内河水运和公路运输"挂靠"问题的最佳路径。接纳这些弱势群体，给以新的通道，才能化解社会矛盾，进而支撑平台企业发展壮大。

推进多式联运快速和良性发展是降低社会物流成本的需要，也是物流行业转型升级的需要，更是社会和谐的需要。随着未来多式联运的制度逐步完善，有实力的水运物流平台企业将在此领域闯出一片蓝海。

补齐关键环节：为无车承运人开发票

2018年5月5日，"掌链传媒"微信公众号发布周艳青的文章《重磅通知：无车承运人发票问题有解，这3%可以抵扣!》，表明长期以来阻碍多式联运进一步发展的个体工商户发票问题，正在技术上得到解决，为无车承运人平台乃至多式联运平台的做大做强提供了基础的保障。江苏省国税局所开展的此领域的试点具有开创意义。

江苏省国税局的具体做法

江苏省国税局已经将平台纳入无车（船）承运企业代开增值税专用发票的试点范围，可以在税务局代个体运输户（车主或船东）开具增值税专用发票。这在无车承运人税务合法合规方面迈出了关键的一步。没有开具增值税专用发票资质的个体运输户也能通过无车承运人平台代开3%的增值税专用发票了。

无车承运人是以承运人的身份接受货主的货载，又以托运人身份委托给实际承运人进行实际运输，从中赚取运费差价。对货主方来说，无车承运人平台是承运方；对个体驾驶员或者车队、物流公司来说，无车承运人平台又是货主。

无车承运人需要承担给货主方开票的责任，理论上实际承运的个体运输户需要给平台提供增值税发票。在"营改增"之后，个体运输户属于纳税人分类中的"其他个人"，没有开具增值税专用发票的资质，使进项税额抵扣成了无车承运人的巨大难点。江苏省国税局实施的无车（船）承运企业代开增值税专用发票的试点，正是致力于解决这个矛盾。

已经取得试点的无车承运人平台，在验证个体运输户的身份信息、运输资质、运力信息、交易信息的真实性后，由平台代个体运输户到平台所在地税务局缴纳税款，并开具3%的增值税专用发票，使个体运输户获得进项税抵扣。江苏省已有5个无车承运平台成为试点企业。

智慧物流平台的作为

在解决了税务这一"老大难"问题后，企业运营不再背负"原罪"，有助于解决长期以来内河和道路运输的"小散乱"问题。长江高质量发展需要水运物流平台发挥作用，用平台匹配车船货，减少货物与运输之间的信息不对称；用平台的路径优化，提升运输工具的运输效率；用平台的整体系统优化，让运输"该快的快，该慢的慢"；用平台的大数据实现信用体系建设，进而提供费率更低的保险和金融；用平台积累的大数据辅助政府决策；用平台的实时数据辅助政府的市场监管。水运物流平台的应用场景还有很多，需要企业不断挖掘，也需要广大个体户积极加入。无车承运人目前已经被纳入国家层面的信息系统监管名单，违规运营的将被叫停，规范化经营的将在市场中越做越大。个体从业者不要有侥幸心理，虽然以前不用借助水运物流平台也赚到了钱，但是承担的风险很大，必须明白运力过剩的市场很难改变，向水运物流平台所支付的劳务费（差价）是必要和值得的。瓶颈约束阶段的快速增长已经不会再现，国家和地方层面有关运输的安全环保举措会不断出台，需要通过加入水运物流平台来规避市场风险和监管风险。同时，还要看到水运物流平台在承担企业社会责任方面的努力，已经使得有些企业在为个体船东代缴"五险一金"，让在江上或者道路上漂泊的个体户将来有可能拿到退休金，实现"老有所依"。

水运物流平台，将与国有大型物流企业共同构筑多式联运的主体架构，为实现长江经济带的高质量发展提供解决途径。监管手段的信息化以及政府执行力的提升，让新时代多式联运的高质量发展成为可能。

30　市场规制的浦江游船样板

中国沿江沿海的不少城市都有滨江游的旅游项目，其中上海、武汉、重庆、广州等地的滨江游已经存在了很长的时间。在发展过程中，全国旅游市场的诸多乱象也曾漫延到这个细分市场。黄浦江游是上海市的传统旅游项目，是上海市的一张靓丽名片，也曾因为市场乱象备遭游客诟病和投诉。如今，黄浦江游重新焕发生机，无论是船舶的档次还是服务的多元化都上了一个很大台阶，并折射出客船市场监管的一些新气象。

各城市滨江游的市场监管，有的归港航管理部门，有的归旅游管理部门。在简政放权的大背景下，放开滨江游市场的论调甚嚣尘上。西方自由市场经济的逻辑是开放市场，通过市场的良性竞争自然筛选出有价值的企业。而在实践中，仅仅有开放的思维，恐怕会将市场引向低水平恶性竞争的泥潭，进而影响到行业的健康发展，还有可能给广大游客的人身安全带来隐患。交通运输的市场规制是在涉及安全、绿色和客运等外部性比较大并对社会产生巨大影响的领域强化政府监管，同时更新和创新监管手段。上海市相关部门在浦江游领域的做法值得借鉴和推广。

上海对滨江游市场监管的做法

第一，建立部门协同。2016 年 6 月以来，上海市交通委、市旅游局、市国资委、市规土局、市发改委、市住建委、上海海事局等部门集体参与，经反复研究，制订《"浦江游览"改革发展总体方案》，经 2016 年 9 月 19 日市政府会议通过后正式启动。经过一年多的时间，各部门紧密配合，初步完成了上海地方国有企业整合、岸线综合利用规划制订、两岸景观照明总体方案修订、浦江游览运营设施与服务质量地方标准出台等工作。此外，水陆联动基础设施建设、通航环境优化等工作也在持续推进中。

第二，管住市场准入。在召开的有关洋浦中良停止运营的座谈会上，企业代表呼吁行业主管部门要管住相应市场的准入，避免恶性竞争。对于一般的运输市场，政府在市场准入领域的监管将会越来越弱，企业满足运营条件和船舶条件就应该允许其运营。在运营过程中，强化企业的安全和环保责任是事中事后监管的重要内容。对于与旅游相关的滨江游市场，则必须把好准入关。目前的普遍做法是"退一进一"，保持市场中的船舶总艘数不发生改变，但运力往往会提升。长江三峡的游轮市场监管，则采用"退三进一"的政策，力图保持市场总运力的稳定。上海浦江游的市场供应过剩，控制运力过度投放成了行业监管的重要内容。上海浦江游共有 34 艘船,有 1.2 万客位,最小的船有 112 客位,最大的船有 1000 客位,淡季和工作日的日均客流为 2000 人次左右,旺季和节假日的日均客流为 2 万人次左右。1.2 万客位的运力已经能够满足旺季和节假日的需求,此外,把控好准入关十分必要。

第三,开展游船星级评定。传统的水上客运,实现旅客的水上位移是第一目的,人们选择水上客运更大程度上是为了省钱而不是舒适。在新时期,与人们消费升级相伴而生的是消费多元化,水上休闲旅游更应顺应这样的变化。在过去一些年,游船的差异化定位并不鲜明,中介参与的市场也很难让有特色的船舶获得更好的收益,使得企业并非以差异化开拓市场,而是通过低价竞争的方式开拓市场,进而导致市场的恶性循环。现在,上海市交通和港口管理部门牵头旅游、国资、海事等相关部门参与制订行业相关标准,开展上海滨江游的游船星级评定。这一次的星级评定并非我们常常看到的"你好我好大家好",都给一个"五星"。34 条船中,只有少数几艘船评定为四星级,五星级尚处于空缺中。管理部门意图通过星级评定,让浦江游的船舶再上一个台阶,使游客的识别成本大幅下降,有利于激励企业打造更豪华的游船。

第四,建立游船信息平台。以前的游船市场,船公司没有销售渠道,舱位都包给旅行社。旅行社良莠不齐,通过信息不对称的方式赚船公司的钱和游客的钱,甚至还与船公司的员工串通一气,将一部分船票"偷偷放入了个人的口袋",扰乱了市场。消费者等待时间长,购物环节费用不菲,导致浦江游船游变成渡船游,花费不少,体验很差。与此同时,中间环节赚取了不少利润,船公司并没有多少收益,持续运营和更新船舶的能力丧失,船况下降,几乎到了影响旅客的人身安全的程度。

市场监管的成效

在上海市相关部门的合力监管下,上海滨江游市场进入良性运转的轨道。2017 年滨江游游客量为 340 万人次,预计 2020 年有望达到 600 万人次,2022 年达到 1000 万人次,成为外国和外地游客了解体验海派文化,本地游客怀旧、休闲、亲情之旅,政府贵宾接待、中外企业商务活动和市民重大喜庆活动的首选。未来,浦江游将成为与巴黎塞纳河游览相媲美的国际品牌。

游船信息平台上线后,船公司船票的直销比重达到了 50%,与散客购票平分天下。票价由企业按市场需求自主定价,曾经出现的旅行社降价恶性竞争的局面一去不复返。中国沿海邮轮市场也同样因为旅行社的介入而呈现出诸多乱象,统一的票务平台可能也是解决其问题的一剂"药方"。

对于游船公司来讲,良性竞争的市场给企业带来发展机遇。举例来讲,"船长8"号是黄浦江上非常有特点的船舶,为游客呈现出海盗船的风格。该船总长66米,宽12.8米,在船上可以举行大型的宴会、媒体发布会和婚礼。其载客量为300人,船体可容纳18桌,在网上公布的包船价为3.5万元/小时,10人VIP包房的餐饮价格从3180元到7880元不等,适合高端餐饮的需求。从网上所公布的菜单可以看到,菜品中不乏金银蒜蒸八头鲜鲍、葡式咖喱肉蟹、古法蒸东星斑、冰糖芙蓉竹燕窝等高档菜品。一般来说,每晚两个航次,且往往是一票难求。企业有收益,就会去造更好的船。过去黄浦江上的游船每条造价也就700万元左右,而现在的造价已经达到了5000万元。这虽然有物价上涨的因素,同时也反映出黄浦江市场的良性回归。

  市场无定势,市场监管也没有定势。国内外的经验可以借鉴,但更需要因地制宜,因时而变,才可以真正找到市场良性运转的方法。未来,浦江游和长三角的游轮将融合发展,50分钟的观光游、90分钟的餐饮体验游和一夜的观光休闲游将结合在一起,还可能与城市之间的繁密穿梭的长航线客运结合在一起,形成长三角水上休闲旅游的新格局。新格局下市场结构的变化,必然带来与之相应的市场监管逻辑的改变。相信只要将核心价值放在满足人们"美好生活需要"的基点上,游船公司及相应的监管机构都会找到自身工作改进的方向。

第四部分　企业创新篇

31　企业创新行走在制度的边缘

行业的转型升级，需要面对的不仅仅是技术创新和管理升级的突破，还需要突破制度的约束。当下技术创新和模式创新日新月异，而相关制度的构建却需要长期的利益博弈，两者在时间尺度上不匹配。这就引发了几个问题：新时期怎样的技术创新和模式创新不至于走得太快而被扼杀？新时期需要怎样的制度演进才能尽可能不遏制技术创新和模式创新的步伐？创新与制度之间是怎样协同演进的？

企业创新"探节奏"

如果企业创新比现行的技术领先很多，那么首先会面临人们对新生事物的认可，更需要面对极大的市场考验。历史上的协和飞机就是"步子太快"的案例。协和原型机于1965年开始制造。法国组装的第一架协和001飞机于1967年12月11日出厂，1969年3月试飞，同年10月1日进行的第45次试飞时突破了音障。1976年1月21日协和飞机投入商业飞行，1979年停产时总共生产了20架。协和飞机核心卖点是"快"，最大巡航速度2.04马赫（1马赫＝1225公里/小时）。但是，协和飞机也有耗油量大、噪声大和票价贵的明显缺点，以致诞生没几年就被市场淘汰了。创新领先一个半行业周期是恰当的，有历史的参照，具有前瞻性而又不至于太过冒进。

企业创新必然会面对制度的约束。这种创新如果并没有对经济社会产生太大的影响，那么将会暂时以地下经济的方式存在。如果对经济社会产生了较大影响，讨好一群人的同时端掉了另一群人的饭碗，那就要看这两群人之间的力量博弈了。博弈中到底谁能够胜出，不在于哪个群体人更多，而在于这样的群体能否积聚力量来影响决策者。这就是对大众好的技术创新和模式创新往往并不一定能够突破制度桎梏的原因。在这样的认识下，企业创新需要迅速形成"燎原之势"，让利益集团的反作用力来不及组织起来应对突如其来的变革。在与制度拉锯的过程中，结果不可预测，"天上地下"的境遇只在一瞬间，也在一念间。企业行走在制度的边缘才能有超额的收益，就像"走钢丝"，成功就有巨大红利，失败则可能倾家荡产。企业要能够准确把握天下大势和时代趋势，踏准创新的节奏，才有可能"刀头舐血""火中取栗"获得成功机会。好消息是，"互联网+"将为创新的企业插上腾飞的翅膀，让所有阻碍社会发展的利益集团终将"看不见，看不懂，看不清，来不及"。

制度创新"慢节奏"

制度是运行于经济社会的规则，本质上是由所有利益相关方共同决定的。以往"由上至下"的制度建立逻辑让人们以为制度是"顶层设计"出来的，但到底适合不适合也还是要听取底层的意见，要"从实践中来，到实践中去"。违背经济社会发展的制度必将引发社会民众的反作用力，不可避免地产生社会问题。新时期，经济社会发展突飞猛进，相应的制度也应与时俱进，跟上时代的步伐。我国要在"制度自信"的基础上，让制度变革的步伐能够紧跟时代的脉搏，紧跟技术进步和模式创新的需求，让中国制造焕发更为耀眼的光芒。

新时期的制度变革将呈现慢节奏的特征。这是因为利益格局变得更为多元，不同利益的纠葛让利益博弈变得异常复杂。利益的均衡点只有通过充分的讨价还价才能够最终被各方所认可。利益博弈有一个看不见的市场，规则改变过程中的利益受损方会主张相应的补偿，创新的获利方也会评估新技术、新模式能够承担的补偿额度，社会也会考察创新产生的总体社会价值是否优于原有的格局，政府会看财政是否有意愿、有能力为创新兜底。而且，讨价还价也不是一蹴而就的过程，很可能需要多重博弈。政府需要做的是要构建充分竞争的利益博弈市场，让所有的利益相关方都获得相应的机会；还要改进制度确立的程序，提高制度确立的效率，不至因为办事效率低下而拖制度创新的后腿；必须要通过把"权力关进笼子"，让其本身不能成为利益相关方，才有可能在博弈中形成一个公平公正的制度。

社会组织大作用

制度博弈的慢节奏，需要企业对制度变革的方向有把握，坚定制度变革的信心，持续地发声，锲而不舍地努力。也许一个意外的契机就能使企业的制度变革的诉求获得极大的突破。平台型企业通过集聚行业大数据，为制度变革提供基础的数据支持。行业智库具有分辨各利益相关方真实利益的能力，要站在经济、社会、法律、时效、技术和政治等参数的基础上综合分析判断，提供满足各方利益诉求的解决方案，进而为政府找到制度演进的恰当路线。这样的路线必定是恰如其分的、能迎合各方利益的中间路线。

32 拥抱港航业的数字化浪潮

水运大数据的蓝图正在展开

什么是大数据？这里不去讨论大数据的概念和定义，只给出吴军对大数据的认识："机械思维曾经是改变了人类工作方式的革命性的方法论，并且在工业革命和后来全球工业化的过程中起到了决定性的作用，今天它在很多地方依然能指导我们的行动。如果我们能够找到确定性（或者可预测性）和因果关系，这依然是最好的结果。但是，今天我们面临的复杂情况，已经不是机械时代用几个定律就能讲清楚的了，不确定性，或者说难以找到确定性，是今天社会的常态。在无法确定因果关系时，数据为我们提供了解决问题的新方法，数据中所包含的信息可以帮助我们消除不确定性，而数据之间的相关性在某种程度上可以取代原来的因果关系帮助我们得到我们想知道的答案，这便是大数据思维的核心。大数据思维和原有机械思维并非完全对立，它更多的是对后者的补充。在新的时代，一定需要新的方法论，也一定会产生新的方法论[44]。"

如何获得大数据？大数据指的并不是规模大的数据，IBM公司提出了大数据"4V"特征：第一，数量（Volume），即数据巨大，从"TB级别"跃升到"PB级别"；第二，多样性（Variety），即数据类型繁多，不仅包括传统的格式化数据，而且还包括来自互联网的网络日志、视频、图片、地理位置信息等；第三，速度（Velocity），即处理速度快；第四，真实性（Veracity），即追求高质量。

基于这样的认识，传统上利用国家统计体系所搜集的统计数据并不是大数据。从水运行业来讲，运量、周转量、港口吞吐量等统计数据是通过由下至上的方式搜集的，在数据获得过程中会出现很多偏差，数据的维度、真实性、覆盖面都远远不够。经济社会对数据的需求在不断增强，企业和政府都需要利用数据了解经济状况、预测未来。很显然水运大数据的获得，需要通过水运物流平台实现。

水运物流平台在其自身所构建的商业模式下，为用户提供船货匹配、船舶位置、资金来往、运费结算、保险代理、融资贷款、诚信信息等方面的服务，在服务的过程中就会积累各方面的数据。这些数据由于不是统计上来的，排除了人为因素对数据真实性的干扰，而且数据的维度比起传统的统计数据大很多。通过对这些数据进行分析挖掘，就可以建立不同数据集之间的关联关系，进而为水运物流平台有针对性、个性化的服务带来价值，也可以对政府的诚信体系建设提供支撑，为政府从宏观层面掌控行业发展态势提供基础的数据支撑。当然，不是每个水运物流平台都具备这样的能力。它们是在无数水运物流平台相互竞争以及为用户提供服务的过程中诞生出来的几家有实力、有规模的水运物流平台。这些平台所积累的水运大数据才具有足够的涵盖面，才有进一步挖掘的价值。

水运大数据的蓝图正在展开

2017年3月1日，国家发展改革委办公厅发布《关于组织实施促进大数据发展重大工程的通知》（发改办高技〔2016〕42号），38个重大工程拟支持项目名单中与交通运输相关的有7个（表4）。其中，江苏物润船联网络股份有限公司（以下简称物润船联）所推出的"基于船舶AIS和视频大数据应用的内河航运智慧物流项目"与水运业直接相关。物润船联同时也是国家推进的无运输工具承运人试点的试点企业，将在内河运输和多式联运的领域中运用其别具一格的内河航运智慧技术以及贴合用户需求的商业模式，快速迭代、迅速成长，进而为构建内河水运新生态而贡献力量。其所积累的大数据将在构建行业新生态、减弱政府监管压力、构建行业诚信体系、提升服务效率等方面发挥积极作用。

与交通运输相关的大数据项目一览表　　　　表4

主管部门	项目单位	项目名称
北京市发展改革委	北京千方科技股份有限公司	综合交通大数据应用示范
上海市发展改革委	上海新虹伟信息科技股份有限公司	全国交通协同治理与高效出行大数据公共服务平台
江苏省发展改革委	江苏物润船联网络股份有限公司	基于船舶AIS和视频大数据应用的内河航运智慧物流项目
山东省发展改革委	泰华智慧产业集团股份有限公司	城域智慧交通一体化大数据平台应用示范及推广
河南省发展改革委	河南省视博电子股份有限公司	基于全国ETC联网运营数据的机动车出行服务平台建设
深圳市发展改革委	深圳市永兴元科技有限公司	汽车后市场大数据协同管理及汽车出行综合服务平台
交通运输部	中路高科交通科技集团有限公司	综合交通出行及旅游服务应用示范工程

市场碎片化需要水运物流平台发挥作用,移动互联网和其他方面的技术进步给水运物流平台的发展提供了技术的可能,大众对物流成本进一步下降的诉求强烈,各部委及地方政府正在用行动对大数据和智能物流给予支持,水运物流平台迎来了快速发展的春天。以物润船联为代表的水运物流平台将逐渐描绘出水运大数据的美好蓝图。

创新是行业发展的不竭动力,港航业的发展也依赖创新。一百多年以来,港航业的创新持续不断,铁壳船替代木质船、螺旋桨替代风帆、集装箱替代散货运输、船舶大型化等都是港航业紧跟时代步伐、坚持创新发展的明证。当前,经济社会面临新的技术变革浪潮,港航业已经历差不多10年的低潮期,亟待通过技术创新和模式创新,找到适应新时代的变革办法。港航业的数字化浪潮已经到来。这里通过一些港航业数字化浪潮成功的做法和案例,谈谈对港航业的数字化浪潮的看法,探讨一下其切入点。

水运业:拥抱数字化

2017年6月27日,一个名为Petya的新的勒索病毒突然爆发,席卷欧洲多个国家(包括英国、乌克兰和俄罗斯等)的政府机构、航空公司、石油公司等。全球最大的航运公司丹麦马士基集团也未能幸免,并因此损失约3亿美元。这在业内引起了巨大反响,并引出了如何看待港航业数字化革命的讨论。作为行业领头羊的马士基尚且不能避免数字化转型带来的巨大风险和损失,一般的港航企业对网络攻击更是难以防范。但是,这并不能成为水运人对数字化望而却步的理由。低迷的市场就在眼前,陷入同质化竞争一定没有出路,原地踏步等待市场的回暖甚至再次攀上高点也是不切实际。不能因为出现了一些数字化所带来的风险,就因噎废食。港航业在没有数字化的革新时,也会面对方方面面的风险。没有毫无风险的行业,也不存在一劳永逸的解决办法。企业要前行,就是去直面风险并找到切实可行的办法防范风险。在日益万物互联的世界中,必须更加不遗余力地防范信息共享和以电子方式连接系统、流程所带来的风险。

拥抱数字化:两条路径

第一,企业内部的数字化。企业内部管理的数字化再造,可以提升企业内部的运营效率,发现并纠正企业内部的运营问题。企业运营各流程因为数字化改造,能够形成运营过程中的大数据。对这些数据的进一步加工和挖掘,能够给出企业运营健康的分析,指导企业向更为良性的方向发展。企业在请外部咨询机构作战略咨询的时候,过去往往看到的是企业运营的结果和成效数据,对这些结果产生的中间变量则难以监测。数字化改造的目的,就像安装了实时的检测仪,随时将所有异常和过程状况都记录在案，方便企业管理者和战略咨询者做出判断并提出解决方案。

第二，企业业务链条的数字化。企业内部运营的数字化相对比较容易，很多信息化企业已经提出了解决方案，并且诞生了提供专业化的港航数字化解决方案的企业。然而更为重要的是，港航业数字化的金矿应该是港航全流程的数字化，即对港航业的整个链条进行数字化再造，从而产生巨大的商业价值。尤其海运业是跨国运输，货物从货主到客户手中需要经历众多的环节，经过很多次的数据交换。在此过程中，会消耗巨大的人力和物力，有时还不能保证数据交互的准确性和时效性，大大提高了整个跨国贸易的交易成本。据世界银行估计，世界贸易的管理成本与实际货物运输的成本一样多，其中有巨大的改善机会。世界经济论坛的一项研究估计，数字化和自动化推动的简单改进可能促使世界贸易增加15%左右。尽管世界贸易规模很大，但许多低效率的操作和流程仍然延续至今，信用证、提单等世界贸易运作的基本方式仍然没有多大改变，还在依赖200多年前已有的纸张流程。国际贸易要遵循一套复杂、烦琐、低效的手动和不连贯的流程，导致大量成本和时间的浪费。目前港航业在无纸化方面所做的努力，就是要改造传统的运作模式。《经济学人》发表的文章指出，对美国货运行业进行分析发现，低效率的手动流程意味着管理成本可能高达短途卡车运输成本的45%。此领域的数字化可以促使货运所需的卡车和卡车驾驶员建立更好的关联，并将大大减少运输系统中的无效损耗，每年压缩7000亿美元的成本。马士基提供的案例显示，其从肯尼亚到荷兰的一批牛油果运输需要涉及30多个不同的组织或机构，以及200多次信息交换，其中运用数字化手段提升效率的环节和机会很多。简而言之，港航业的数字化革命将改善全球货物运输所需纸质文件处理流程，提高实际操作的效率，提高供应链的效率和可靠性，减少货主库存。这就是数字化带来的价值。

数字化之路：道阻且长

数字化将给港航业和全球供应链所有者带来机遇，但并非一片坦途。未来可能的困难在于：

第一，制度变革必须与时俱进。港航业的数字化革命将对供应链流程产生难以估量的影响，使建立在第二次工业革命基础上的海运规则体系面临新技术冲击下的变革。传统的保守势力必将对新技术的挑战予以反击，导致新技术的扩展和流行往往不如其刚开始出现时所表现的势头那么强劲。港航业制度变革的困境在于，港航业涉及跨国运输，有时要面对不同国家的监管，不可避免地面对不同的国家发展阶段和制度架构，包括各种地缘政治和贸易保护等因素的影响。区块链技术即便能够解决信息交互传递的问题，但是当遇到政治和政策问题时，往往也是束手无策。不过，可以预见的是港航业的数字化革命一定会以较快的速度到来。技术变革的加速度越来越快，必将倒逼制度变革快速应对，并会对各利益集团缓慢博弈的制度变革路径产生强烈的冲击。

第二，谨防蛋糕做小的困境。如果数字化的不断应用和深化仅仅是在原有发展路径上修修补补，那么就会产生港航业的蛋糕越做越小的结果。唯有竭尽全力对整个港航物流体系进行改造，使其变得更有效率，才有可能为客户提供更加质优价廉的服务。这样的路径对于行业的龙头企业具有十分重要的借鉴价值，而对很多不愿意创新或者没有创新意识的企业则意味着不再有生存的机会。不能很好地运用数字化革命成果的可能结果就是蛋糕越做越小，在港航业就是市场容量越来越小。就当下产能过剩的状况下，已经有不少企业举步维艰。可以想象，未来一定会有不少企业因为没有拥抱数字化，不可避免被边缘化，甚至遭到淘汰。当然，还会有新模式的诞生，重构港航业的服务模式，创造新的发展机会和空间，把蛋糕做大。只不过，目前还没有看到这样的新模式诞生。让马士基这样的大型企业去做数字化的创新，一般来讲都会是在原有模式下的改进，而不是重构。也许，从其他行业进入此领域的新手，比如亚马孙和阿里巴巴等公司，更有可能玩出不一样的花样。

另一个视角看待"大数据杀熟"

在网约车领域，运行的过程中暴露出来了一些问题，其中一个问题是：对于具有一定黏性的熟客，网约车公司往往采取"歧视性定价"而获得更高的收益。这时候，不少专家站出来，认为这是一种不恰当的行为而予以批评。传统的认识方式是，企业要给予老客户一定的优惠，才显得做事公道。很多企业也是这样做生意的。这里提供与上述不同的另外一个视角。

李笑来在其《把时间当作朋友》[45]一书中说过，注意力是人最宝贵的资源。因为每个人的时间都是有限的，而且需要关注的事情太多，所以我们的日常思考是有"带宽"的。这就使得大家的日常思考需要建立一定的机制：对于已经认知清晰的事情，减少思考的时间，尽量采取默认的操作。剩下有限的注意力，应当放在未知领域和重要领域。这才是一个进化了的现代人的最佳认知方式。在熟知领域浪费太多的思考，会让人不堪重负，也会让人无暇顾及未来和更重要的事情。罗辑思维2017年跨年演讲中提到了一个概念——GDT（国民总时间）。这是互联网大佬和新兴业务需要争夺的市场空间，背后隐含着人的注意力。

回到网约车这件事上，如果以往的服务对部分客户形成了稳定性，那么这部分客户就默认网约车的相关服务水准和稳定性，价格也会同样被默认。这样，网约车实际上与服务对象之间就建立了一种具有稳定性的服务关系。客户会认为为这样的稳定性服务而支付一定的溢价是值得的，起码减少了客户的搜寻成本。稳定的服务，就像是客户的专属管家，让客户更少操心，更安心地享受服务，支付更高的价格就是理所当然的。

网约车背后的商家，可利用大数据找到稳定的客户，并针对这样一群价格不敏感的客户定一个高价，再通过更好的服务让这样的客户留下来。这其实间接形成了价格与服务质量的匹配。

做大事者不纠结，把更多的时间用在思考更重要的事情上，才是一个高级的网约车用户应该专注的事情。而对于那些认为网约车用"大数据杀熟"的人来讲，思维有缺陷，流失也不足为惜。

33　对水运物流平台的认识

水运物流平台：谁主沉浮

基因决定论。吴军在其《浪潮之巅》[46]中提到了一个观点——基因决定论。他认为，每个企业都有其固化的内在基因，所谓"江山易改，本性难移"。一家在某一领域特别成功的大公司已经被优化，企业文化、商业模式、市场定位等已经非常乃至过分适应传统市场，使得其获得成功的内在因素会渐渐地深深植入该公司，成了这家公司的基因。这样一家公司一旦要转型，则会十分困难。成熟的公司总有传统的业务可以依赖，一旦遇到问题就可能退缩，难以跳出其固有的舒适区。比如，IBM公司的基因决定了它在个人电脑领域难以成功，而微软过强的桌面软件基因也让其无法站到移动互联网时代的浪潮之巅。一家企业在某个领域过强，占据市场较大份额，相应地就会因而失去灵活性，对环境变化失去随机应变的可能性。这是万物的规律，企业也无法逃脱。

水运物流平台面面观。水运物流平台多如牛毛，具有不同的切入点、不同的商业模式和不同的市场背景。

在市场中慢慢长大的水运物流平台，见惯了市场中的风风雨雨，抵御风险的能力比较强。如果平台的基因比较好，具备快速成长和迭代的能力，则有可能脱颖而出，进而在更高的层面获得发展。它刚开始不名一文，在自己的领域默默耕耘，有远大的理想和抱负。经过一番竞争，该平台最终成为市场认可的企业。这种企业是无数没有回头路的创业者探索的结晶，是无数天使投资人共同选择的结果，是无数智慧的眼光和金钱堆出来的。

还有一类平台是在政府建造的温室里孵化出来的。这类平台被和煦的阳光照耀着，水和肥料暂时还充足，也生长出了一些枝丫，看上去长势良好，就是不敢移出温室。由于它们适应能力不强，一旦进入市场，有一点风吹草动就可能死亡。

另有一类平台是"联姻嫁接"的水运物流平台。这类平台的痛点也明摆着，嫁接无疑是一个快速占领市场的办法，不过面临着能否存活的问题。不同基因的企业嫁接在一起，长出新的枝丫并不容易。按"基因决定论"的观点，企业的发展逻辑就是在新的环境下产生新的企业，旧的企业随之死亡，并释放其营养给这些新兴的企业，社会因此而不断进步。"百年企业"的愿望是美好的，但往往都是奢望或者妄求。

市场低迷期，无论主动还是被动，转型升级在行业中都是必然的追求。过去辉煌的企业还想延续，初创企业看到了行业痛点也想分一杯羹。"互联网+"和"+互联网"已经遍及行业的各个角落，欣欣向荣，但焦虑也同时潜藏在每个行业大佬和创业者的心中。

既然是平台，就应该符合70：20：10规律，也即行业领头羊占据市场份额的70%，第二名占据市场份额的20%，剩余10%的市场份额被其他企业瓜分。

互联网+航运物流：谁将是最后的胜者？

互联网巨鳄与行业巨头联姻。2016年12月22日，阿里巴巴牵手马士基航运，突破传统订舱规则，针对中小企业在年底旺季中最迫切的需求，推出物流订单直达船公司的订单交易平台产品——舱位宝。2017年1月10日，招商局集团与腾讯公司正式签订"互联网+"战略合作协议，双方将在"互联网+基础设施""互联网+社区/园区""互联网+交通""互联网+物流""互联网+金融"五大领域展开全面合作。

互联网迅猛发展的这些年，有若干家公司已经成为巨头，也就是被李笑来称为GAFATA（Google，Amazon，Facebook，Apple，Tencent和Alibaba）的公司，将提供一切互联网上商业运转的基础设施和服务，包括数据、计算、支付、交易、社交等。其中的每一个都已经彻底占据了"垄断性优势"，且凭借自身的财大气粗不断并购优质资产和技术。上述基础设施和服务将像人们所惯常使用的燃气、燃油、电力、自来水一样是人们的工作生活中不可或缺的。新财富对腾讯历年财报数据进行的汇总统计显示，自其上市以来，对外并购投资支出呈逐年增长之势，至2015年累计已达537.07亿元（人民币）。2016年6月，腾讯收购芬兰的世界顶尖手机游戏公司Supercell 84.3%的股权，交易金额为86亿美元。根据Dealogic和Internet Retailer的数据，自2010年以来，阿里巴巴在100项投资和收购上的支出达到300亿至400亿美元，想要建立一个线上社会，与消费者的任何线下消费建立联系。我们必须正视这些巨头所构建的越来越强大的商业帝国。它们的野心巨大,不断环视四周,意欲将所有有价值的技术和资产都纳入麾下。

互联网+航运物流的三种可能性

互联网+航运物流的未来有三种可能:

(1)被互联网巨鳄所定义。在这种可能性中,上述几家互联网巨鳄不断延伸其版图,意欲将航运物流领域有价值的创新和资产都纳入其中,成为其商业帝国的一部分。行业新生态也将在互联网巨鳄的逻辑下被重新定义。

(2)互联网巨鳄与行业巨头联姻并主导未来。在这种可能性中,航运物流业领域具有特殊性和难以标准化的本质属性,使得互联网巨鳄难以吞下这样一个异质化的东西,所以只能是互联网巨鳄与行业巨头联姻,最后用新技术和新模式解决行业痛点,形成行业新生态。

(3)新生的行业巨头主导。在这种可能性中,在航运物流领域,据说目前有超过300家互联网平台正在努力拼争未来的出路,或通过在细分领域的深入耕耘抓住某些差异化的细分市场,或通过一种特定的技术和模式获得市场认同,进而在短时期内成长为行业巨头,打垮行业内的其他竞争对手,并蚕食和吞并行业中有价值的资产。

谁是最后的胜者?

对行业产生颠覆性的力量往往不是现有的行业巨头。行业巨头有思维定式,有巨大的机会成本,缺乏饥渴感和狼性,求稳的心态远远大于拓展新空间的努力。吴军在《浪潮之巅》中所说的"基因决定论",概括起来就是:一家公司的基因并不像人类的基因在显微镜下看得见、摸得着,而是在市场竞争中进化出来并且适应该市场的企业文化、做事方式、管理方法、产品市场定位、商业模式和营销方式等。一家公司进入成熟期以后,便很难在新的领域获得成功。一家在某一领域特别成功的大公司一定已经被优化得非常适应特定的市场。获得成功的内在因素会渐渐地深深植入该公司,成了这家公司的基因。正是因为它太适应旧的环境,所以在新的环境中就难以应对,很难取得成功。这时更有可能的成功者是新生力量。这些新的生力军在自然选择(市场筛选)过程中留下来的基因能够应对新的环境并保持生命力。航运物流业中所有难以标准化的元素,以及未来人们物流需求多元化更倾向于培育这些新生力量。

吴军引用德国一位诗人讲过的一句话:亘古而常青的昨天永远是过去,也永远会再来![46]这是多么能激发人奋进的话语。到底会是怎样的企业最终胜出,很难有确切的预言,但相信"新生力量"是对行业发展趋势的积极预言。

水运物流平台的待解难题

好的商业模式要回答 5 类问题。虎嗅网 2017 年 2 月 13 日的一篇文章提到，一个好的商业模式应当搞清楚如下 5 类问题：

第一类问题：提供的产品（或者服务）解决什么需求？目标用户群体是谁？刚需还是改善性需求？高频需求还是低频需求？

第二类问题：需求的市场是否足够大？

第三类问题：模式会动谁的奶酪？（这决定了阻力的大小）

第四类问题：模式是否难以被复制？也就是说，模式是否有进入壁垒，是否有难以逾越的"护城河"？

第五类问题：盈利模式是什么？也就是谁会心甘情愿地持续付费？

只有很好地回答了上述问题，一个商业模式才是一个好的模式，并能够立得住。

水运物流平台也要面临上述难题。

水运物流平台能否解决第二类问题？

水运物流平台对第一类问题的回答比较容易。而就第二类问题来说，理论上的市场空间确实很大，但市场又是分隔的，区域之间是有壁垒的。我国经济增长是区域竞争的产物，一个地方成功的商业模式未必能复制到其他地方。看看我国目前有多少家航交所，就知道商业模式的复制在我国有多难。跨区域的扩张会遇到层层阻力，其中各地方政府对本地企业的补贴和扶持更是加剧了市场的分割。

水运物流平台能否回答好第三类问题？

水运物流平台往往忽略第三类问题。也就是说，平台往往在讨好一部分人、给社会带来价值的同时，得罪了另外一些人。在自己还没有壮大的时候，与行业巨鳄直面冲突，不过是螳臂当车。于是，你的模式要么回避行业巨鳄，要么团结一部分行业巨鳄，去打击另一部分行业巨鳄。很难想象一个平台通过团结弱小的大多数去打击强大的垄断力量。如此看来，水运物流平台一旦跟大型航运公司、港口、货主乃至政府为敌，那就要小心其模式能不能成立。这样的内在逻辑也决定了水运市场中不是任意一个企业都可以用"互联网＋"来提升效率的。

互联网大企业阿里巴巴有没有可能动水运业大企业的奶酪呢？目前，阿里巴巴已经不可能放下身段，与水运行业领域的初创公司或小企业建立紧密的联系。阿里巴巴与水运业大公司合作，欲以共建的模式提升效率，满足客户的要求，却无法革除大公司本身的积弊，而往往行业内的问题就是出在大公司身上。如此看来，阿里巴巴与行业大公司的合作，面临着大公司必须转型，但是自身的垄断利益又难以割舍的局面。这就是宿命，也是很难做到的。

水运物流平台能否回答好第四类问题？

水运物流平台的商业模式要具有跟随者难以复制的核心能力，或来源于技术，或来源于政策壁垒（比如某个领域的稀缺牌照）。新技术层出不穷，能够将其引入到行业中并发挥巨大作用，需要掌握其前沿动向，具有让其落地的方案。政策壁垒时常有效，却也不是万能的。政府很难保证让某个企业保持独占性优势。政府的利益点决定了政府并非总是支持创新，有时还要维护保守势力的利益。只有这个问题解决了，才会有独占性收益，才会有可持续发展。中国人是最善于模仿的，门槛不高的商业模式创新在中国不会有很高的价值。

对于第五类问题，一般的平台通常都希望通过主营业务的免费或者优惠吸引流量，然后通过保险和金融领域的增值服务实现收益。大家的盈利指向都在这里，会不会是一个误区？这里不去具体评价水运物流平台。想想烧钱后留下来的是灰烬还是金子，就已经有了答案。

在良莠不齐、泥沙俱下的时代，笔者并未对水运物流平台失去信心。经过10多年的发展和探索，我国水运物流平台已经具备了爆发式增长的条件。大浪淘沙，几百家水运物流平台中已经有些具备了脱颖而出的苗头，请让时间给出答案，让时间去证明吧！

水运物流平台的入口

何谓入口？入口就是让人能够介入的机会。"酒香不怕巷子深"的商业逻辑已经失效，"酒香"还要能够让人知道才行。罗振宇在其2016年跨年演讲中提到了一个概念GDT，也就是国民总时间。他说，一年全国市场拥有的国民总时间只有18250亿小时，时间会变成终极战场。现在所有的新兴产业，本质上就是既要你的钱，还要你的时间。一个咖啡馆和一个出版社、一个度假酒店和一个游戏，本质上都是竞争对手。大家争夺大众眼球的过程，就是争夺"入口"的过程。

传统商业逻辑的入口是什么？就是把店开在人流必经的地方，开在商业闹市区，就有机会让更多的人进到店中，进而购买和消费。要获得传统的"入口"其实很简单很粗暴，主要是舍得用高租金获得商业利益，用高价钱的广告转变大众的认知。

互联网的时代怎么办？人们不去逛街了，都变成了"低头族"，产品怎么卖出去？那就需要在移动互联网中找到"闹市区"，找到大众眼球的聚焦点，做好新媒体营销。例如，大家每天在微信上所花的时间超过1小时，就想办法让人们上微信的时候关注到某家公司的公众服务号。

对于一个初创公司,不是做好了新媒体营销就万事大吉,让人阅读你的新媒体信息才是关键。先不要向别人夸耀你的模式有多好,解决了行业痛点,请关注:入口在哪里?如何获得入口?风险资本的引入并大肆"烧钱"吗?"烧钱"获得的流量(入口)具有黏性吗?没有好好思考"入口"的企业家是不称职的。一个好的新媒体账号,既要有颜值,还要有内涵。颜值用来吸引眼球,内涵用来建立深度的互动和迭代。

水运物流平台的入口在哪里?水运物流平台众多,"互联网+"的模式层出不穷,都要针对水运物流的不同细分领域、不同区域和不同环节,解决行业积弊,提升运行效率,给行业创造价值。不过,大家在寻找入口的过程中还停留在传统思维上,很少有互联网思维。有些企业完全没有"入口"的概念,一味推销其模式,却从来不肯在"入口"上投入资源,固守"是金子总会发光"的传统思维,最后不可避免地陷入"身在闺中无人知"的窘境。有些企业也知道营销和宣传,只不过手法太传统,比如发传单广告、开论坛、建立微信群并口口相传,虽然取得一些成效,但很不显著。

互联网平台遵循的是"爆款",崇尚的是快速成长,而传统的"入口"无法在短期内形成爆发式的影响力。抢夺人们的注意力,很大程度上要深入到人性中,找到人性的弱点,进而让人们上瘾。比如朋友圈的点赞,发一篇文章要时不时打开微信看看有多少人点赞和回复,就是要抓住你的自以为是和自恋,让你欲罢不能。因此,寻找水运物流平台的"入口",功夫可能并不在水运物流本身,而是要超脱其外找"引爆点"。

物润船联的案例

2017年初物润船联推出了"船来了"微信公众号,能够提供基于船舶名称、海上移动业务识别码(MMSI)、国际海事组织(IMO)的搜索定位功能,以及最长45天的船舶行驶轨迹查询;提供船舶基本资料及实时信息查询,随时监控船舶状态;提交船舶资料,进行船舶认证,让业务主动找上门;提供"我的船队""我的收藏"列表,快捷追踪船舶动态;提供设置通知功能,可设置船舶关键动态提醒(关键节点、到港、自定义区域、过闸计划、恶劣天气),支持微信、邮箱、手机免费接收提醒消息;提供基于船舶吨位、长宽吃水的搜索筛选功能;提供基于船舶类型的过滤显示功能。该小程序支持切换地图类型;支持全屏浏览地图;支持查询地图上某个点位的经纬度;支持天气预报功能,包含一般预报和台风预报;支持地图上点与点之间的测距功能,测量两点间的实际地理距离;支持划定自定义区域,方便快捷追踪某一地区的船舶动态。

"船来了"在2017年1月19日上线，短短4天时间使用人次已经达到了89万，真可谓"爆款"。为什么会有这么大的反响？首先，该微信公众号所提供的状态信息、定位信息、船舶动态、搜索功能等信息服务很接地气，非常方便实用，能够解决船舶运行中诸多重要的信息链接和服务链接。此外，更为重要的是"船来了"抓住了人性中最柔软的一面，就是广大船民需要被关怀、被关注的诉求。有了这个微信公众号，广大船民就不再是在水上漂泊的孤独人群。其家人能够看到船舶的状态和信息，感到安心。船民自身也因为受到关怀而对这个职业产生了新的认知，在相对隔离中找到了一个与外界互动的通道，进而有利于行业新生态的构建。有关怀，有情怀，船民愿意使用，新媒体背后的商业模式创新就自然能够实现自身的价值。

可见，一个好的新媒体账号不仅要满足行业的基本诉求，解决行业的长久积弊，而且还要有情怀，能够抓住用户心灵中潜藏的弱点、偏见、自恋和虚荣。这些才是水运物流平台的"入口"。谈"入口"，不是就行业谈"入口"，而是要置身事外谈"入口"。这才是杀手级应用的秘籍。

水运物流平台的 B2B 逻辑

卫哲对 B2B 五大本质问题提出了一些观点，这些观点对于水运物流平台实践颇有指导意义。

从表面上看，B2B 构建的是企业对企业的连接，但一定要知道企业是由人组成的，因此 B2B 的核心其实是商人与商人的连接。"在互联网时代，一个组织或一个机构是黏不住人的，黏住人的一定是人黏人、人拉人。""我们在设计 B2B 产品的时候一定要清楚，绝对不要以为你的产品是给企业用的。你要问的问题应该是，这个产品是给企业中的谁用的，哪一个岗位用的。"也就是说，要透过模式看到具象的人，摸透模式所对应的人的需求和行为特征。

水运物流平台要做的事，也是要其模式能够被船民接纳，能够被货主公司的物流专员所认可。站在这样的视角看问题，单单为货主节约了成本可能还不够，还要给货主公司的物流专员带来无可替代的价值。对于水运物流平台连接的另一端——船方，平台能够为其找到回程货很重要，能为船民解决过去难以实现的诉求就更重要。

B2B 一定比 B2C 更低频，黏性靠社区、信息和工具

不论是交易型还是服务型的 B2B，都是一个比 B2C、比消费端频率要低的东西，这是 B2B 的第二个本质。很多人认为交易是 B2B 最好的模式，此类交易是公司行为，公司行为是低频的，低频的交易是很难黏住客户的。而交易以外的三样东西——社区、信息和工具，都是商人的行为，是高频的，才能够黏住用户。社区、信息和工具常常直接赚不了钱，但还真不能当成鸡肋，因为是与商人建立高频连接的工具，是命根子。

B2B 本质是低频，要在低频的交易以外创造高频的服务。这是水运物流平台做微信小程序、微信公众号的原因。"传达通"借助"众盟航运智库"的微信平台为用户提供全球邮轮的位置信息。神海航运 2017 年 1 月 8 日成立的 SSEC 港航精英俱乐部其实就是在做微信社区营销。还有其他航运电商针对航运领域的现实需求开发了相应的新媒体小工具。打造的社区、信息和工具本质上就是获取流量的方式。流量需要用钱买，更可能用行业内的专业信息、工具和社区来获得。

B2B 交易自带中远期属性

消费者的行为具有偶发性，做消费者的业务不需要考虑计划，所以 B2C 基本上是没有计划性的。比如上街发现有摩拜单车就扫码骑走了。但是 B2B 就不同，都是有计划的，企业越小计划越差、越短，企业越大计划越完善、越长。

最开始时，水运物流平台的相关服务要嵌入到 B 端企业的中远期计划中，很可能需要打破 B 端企业的原有计划，用优化了的计划替代，且一定要比原有计划更稳定、更优质。

B2B 交易自带金融属性

只要不是当场一手交钱一手交货，只要有账期，就是金融。B2C 很简单，如淘宝、京东等，基本上是现款现货，最多打个白条，搞一点消费金融。B2B 交易，只要不是现款现货，就都有账期，具有类金融的属性。所以，一个平台没有考虑到 B2B 交易的账期和金融属性，就很难把交易做起来。

水运物流平台往往也涉及搭载金融工具的问题。有一种观点认为，先就某一细分领域的事情做好基础的服务，未来有需求、有规模再搭载金融工具。实际上，金融工具是不可或缺的要素，是平台成功的必要条件。没有金融服务，所有针对水运领域的创新就无法形成与客户交易和服务的闭环，相应的商业模式也就不成立。

B2B 一定让一部分小企业先富起来

B2C 可能会导致产生新的需求，比如说对于骑车的人，免费便宜的共享单车可能让不骑车的人变成骑车的。B2B 不一样，它不会把一个行业的蛋糕做大。B2B 的核心不是做蛋糕，而是分蛋糕。平台的蛋糕可能会变大，但是整个行业并不因为有平台的存在而变大。B2B 是让行业效率变高，并让一部分企业先富起来。

水运物流平台要做的事情并不是让水运业的蛋糕增大，而是将其中有价值的企业纳入平台中，为其提供更好的服务，让这部分企业在"互联网+"的过程中运行得更好。对于产能过剩的水运企业来讲，水运物流平台其实就是实施供给侧结构性改革的最佳手段，让传统方式难以调整的结构在新的模式下调整起来变得更容易。水运企业并不是每一家都会因水运物流平台而受益。那些费用高昂的水运中间环节会随着水运物流平台的崛起而被替代，进而提升物流效率，降低全社会的物流成本。在降低的物流成本中，可能有一部分效率不高的企业倒闭，一部分冗余的环节被去除。

碎片化的市场才是 B2B 的战场

做 B2B 不能两头都是大企业，最理想的 B2B 是上下游的产品或者服务提供方都是中小企业，这样才有发展空间，当然也是最难的。如果这种 B2B 做不了，那就退而求其次，至少上游或者下游有一头是中小企业。

马云提出"让天下没有难做的生意"，其实就是给出了 B2B 企业的使命：一定要想办法服务中小企业。平台的目标就是能够让中小企业的待遇无限接近大企业，甚至可以超过大企业所享受的服务、产品的价格和标准。互联网时代是草根逆袭的时代，因为有平台关注草根的成长。这些平台也凭借为草根服务而具备成长的可能。搞水运物流平台一定不能好高骛远，要从小众做起，从细分领域做起，首先服务中小企业才是唯一可行的路径。

水运物流平台：轻重之辩

作为水运物流平台，轻资产是其特色。因为资产轻，才具有充分的灵活性，才具备快速迭代的基因。与此同时，"轻"意味着资本门槛低，需要其他门槛形成"护城河"。如果模式能够成立，却很容易被抄袭，那么还是不容易做成事情。

罗宾逊的"护城河"

作为美国最大的第三方物流公司，罗宾逊全球物流有限公司（以下简称罗宾逊）拥有美国最大的卡车运输网络，2013 年营收达 128 亿美元，位居世界 500 强企业的第 237 位。自 1997 年开始，罗宾逊借鉴"无船承运人"思想，向"无车承运人"转型。罗宾逊没有大量的自有运输车辆和物流地产，也就不需要在车辆、物流地产的日常维护、管理、执行等方面投入大量人力。然而，罗宾逊的轻物流，并非没有重心，而是通过以下三个方面的"重"来弥补资产上的"轻"。

重互联。罗宾逊在物流信息平台上有两条互联互通的信息高速路，能给承运商和货主带来最大化的商业价值。第一条高速路是 TMS 信息平台，用以联通运输企业；第二条高速路是 Navisphere 信息平台，用以联通货主企业。只要货主企业在 Navisphere 信息平台的导航球上注册账号，填写货运信息及目的地等，导航球就能把信息传递给 TMS 信息平台。该平台根据客户对服务价格、时间等需要，提出各种可供选择的优化物流解决方案。公路运输市场常见的"货找车，车找货"等信息不对称问题由此被一键解决。罗宾逊控制了这两条高速路，就能把物流供应和需求双方过去无序冗繁的环节规范、压缩，使暗箱的环节变得透明。货主企业能在罗宾逊的信息平台上清晰地了解自己的货物正在哪个地方，处于运输的哪个时间段。

重资本。美国企业的发展有一个充满融资活水的资本市场，产业杠杆化程度高。罗宾逊的轻物流模式是用重技术和重资本替换劳动密集和资源密集。当传统物流企业把大量资金投入仓储、车辆等领域，罗宾逊则把大量资金投入到信息技术等领域。企业竞争的是科技和人才等软实力，而软实力需要资本撬动。信息平台是罗宾逊建设的重心，为保障先进性，每年需投入 7000 多万美元进行维护，其中 TMS 信息平台维护费每年就达 5000 万美元。这就需要资本杠杆。罗宾逊在轻资产模式下的现金流，相对传统公路企业更充裕。而且，2013 年罗宾逊的前十大股东均是基金等大型投资机构，最大股东是世界上最大的不收费基金家族、曾位居全球第二大基金管理公司的先锋公司。

重人才。罗宾逊不是劳动密集型的公路物流企业，而是人才密集型的公路物流巨头。拥有近 600 个 IT 工程师的罗宾逊，看起来更像一家科技企业。罗宾逊靠科技型人才整合服务资源，靠科技创新引领企业发展。它希望集聚全球物流最高端的人，而非货车驾驶员，帮助客户解决问题。公司在全美跟很多高校合作，寻找最优秀的人才放到物流行业。为抢占人才战略制高点，罗宾逊每年都广招精英人才，新人加入后要进行系统的课堂培训。罗宾逊还有在线教育等形式，通过多种正式和非正式渠道学习，强化科技主导服务型的团队建设。罗宾逊会帮助每个人完善职业发展规划和目标等，建立"人人皆精英"的团队。

水运物流平台的护城河在哪里？

现在的水运物流平台，信息化已经不是障碍和门槛，而是必备的一项技能。更为核心的是，平台所构建的信息化网络能否吸引足够多的用户。这包含两个方面的内容：第一，聚焦的业务有价值；第二，有较好的用户体验。需要注意的是，业务往往看起来有价值，但也可能是伪价值，或者价值的实现方式行不通。用户体验需要千百次的互动和打磨，所以有沉下心来打磨好的用户体验是极为重要的能力。腾讯的成功来源于其自身的进化，即内部形成了"10/100/1000 法则"：产品经理每个月必须做 10 个用户调查，关注 100 个用户博客，收集反馈 1000 个用户体验。

水运物流平台引入资本时，首先是获得了风险投资界的认可，具备了互联网企业成长的基因和模式，形成投资方认可的管理团队。引入投资的过程也是投资方为平台模式把脉、优化内部运营的过程。平台没有基础设施等有形资产，拓展相关服务具有天然的障碍，需要耗费大量资金找入口、买流量。用户在平台给予大量补贴的时候热情参与，参与的过程中必须植下深入内心的种子，否则在平台停止对用户补贴后就会一哄而散。所以，对于水运物流平台来说，提供有价值的产品是核心。

水运物流平台肯定缺乏人才，必须竭尽全力吸引好的人才，给有价值的人以好的愿景。比如，向人们展示未来几年平台上市的愿景，通过管理团队所展现出来的信息和凝聚力把成功上市的概率在人才的脑中形成一个很高的水准，让其为这个远期愿景甘愿付出。这不是忽悠人，而是找志同道合的人，补足平台的短板，培养向高远目标冲击的能力。

水运物流平台的"轻"指的是"轻资产"，而水运物流平台的"重"则是指"重互联""重资本"和"重人才"。在现今产能过剩、不缺钱的时代，这三"重"才是水运物流平台需要精心打磨的。轻重之间彰显智慧，把核心的"重"做好才有生机。

水运物流平台是重构水运业诚信的良药

笔者曾经探讨过内河水运积弊，并撰写了《智慧水运重构行业诚信体系》一文，表示："碎片化市场给水运行业纷繁复杂的中介代理创造了空间，这是市场为应对信息不对称而采取的必要手段，其结果就是进一步抬升了交易成本。碎片化的市场也给行业从业者提供了不诚信也能获利的可能，货主拖欠运费、船东私自卸货、船东压货讹钱、'红顶中介'坐地收钱、回扣好处和吃拿卡要等有违基本商业原则的行为经常发生，有时候这些行为甚至替代了正常的商业逻辑，异化为行业的潜规则。所有这些因市场碎片化而生的不诚信行为都抬升了水运业的综合成本，使得水运的比较优势难以发挥。再加之公路运输长期以来超载和疲劳驾驶所引致的公路运输成本较低，使得我国的内河水运业远没有欧美发达国家的内河水运业有竞争力。"发生在长江上的一个案子恰好再现了笔者所述的水运积弊。

2017 年 12 月 6 日，"江海洋 988"船东与重庆某货代公司签订运输合同，约定将 3500 吨散装水泥从丰都希望水泥厂码头运往安庆或马鞍山。2017 年 12 月

27日，船舶抵达安庆。29日至2018年1月2日上档卸货2700吨左右。剩余的800吨水泥，重庆货代公司临时通知船东开往江苏某码头卸货。临时改变卸货码头是因为重庆货代公司与水泥货主在运费款上产生分歧，要求货物提存，借此向货主讨要额外的运费款及延期费15万元。货代指挥船舶在未经货主同意的情况下，于1月2日下午向下游开去，将货主价值40余万元的货物强行带走，完全不理会货主要求其回港的请求。2018年1月20日凌晨，货主公司工作人员发现"江海洋988"船行经安庆长江大桥，遂登上该船，向船方询问货物去向。双方发生了肢体冲突，并都有人员受伤。长江航运公安局安庆分局接警后驾驶快艇向上游追寻，两个多小时后终于赶上了"江海洋988"船，并将发生冲突的人员带到岸上讯问事件的情况。

内河水运运输周期长，签订运输合同时的货值和运价与货物到达目的地时的货值和运价可能会发生巨大的变化。此次事件其实就是20多天水泥价格发生巨大变化和三峡大坝检修造成的运输时间的不确定性使得船方有了一定涨价的愿望。按理说，合同中对于运输过程中的不确定性应该都有相应的安排，不会因为这样的市场变动产生纠纷。然而，长期以来内河水运的运作方式十分落后，按照合同履约的理念并没有建立起来，按照法律解决纠纷的渠道往往并不通畅，常常发生上面所提到的恶性事件。"长江航运现代化"已经提出了很多年，但实际的业态还极为传统和落后。

物润船联的解决方案

目前，已经有运作良好的水运物流平台为内河水运的诚信问题提出了解决方案。其中物润船联所提出的解决方案是：

第一，以信息流、物流和资金流的一体化弥合市场结构碎片化。物润船联旗下的水陆联运网利用互联网的感知功能，获取运输、装卸、港口、仓储等各个环节的大量信息，收集实时数据，使各环节准确掌握货物、车辆、船舶等信息，从而建立物流大数据，实现物流智能化。网络内的人员可以对物流过程实施即时管理和控制，并按更加精细和动态的方式管理物流活动，从而提高资源利用率和生产水平。资金流的主体包括物流结算业务、物流融资业务、物流金融技术支持业务、物流支付通道业务。水陆联运网通过金融服务的创新，提高物流的运行效率，加强物流保险，化解资金风险，并实施有效的动态管理，监控物流运行的全过程，同时着手建立行业信用体系，减少交易难度。信息流、物流与资金流的结合，使得物流变为供应链，实现了货物运输门到门的服务，减少了中间环节，降低了行业撮合交易的难度，减少了运输工具的空载率，大幅减低了行业的运行成本。据测算，物润船联的智慧物流平台可使水陆联运成本下降15%，水水中转成本下降10%。物润船联所构建的平台不但为船舶服务，还可以联通公路运输和铁路运输，形成智慧的多式联运，彻底打通了水运业与其他运输方式的分隔。

第二，以"五流"一体化构建行业诚信的新逻辑。在物润船联构建的行业新生态中，货、船双方经过平台严格的身份审核认证，确保货源和船源的真实性。平台建立起的诚信机制包括诚信押金托管、违约处罚、信用体制等，使船货双方在真实诚信的环境中完成整个物流行为。资金通过第三方账户托管，确保安全；通过平台走资金流，为货运免费购买保险，降低货主的风险。所有的招标过程，都在封闭的环境下进行，信息半公开化，避免出现恶意竞争和通过关系等获取中标的不正当行为。通过平台运作，整个招投标及承运过程，包括投标的节点、货款的流向、货运的动态及监控完全透明化，真正实现水上物流的全过程化监控。通过互联网实现信息的对称及传输，大大降低线下的传统操作成本，迅速精准，每完成一步还有智能化指引下一步的操作。这样的平台让诚信的企业有运不完的货，而让诚信缺失的企业没有货可运，真正起到净化水运市场的作用。平台沉淀的水运大数据，为行业的市场预警和监管提供了基础的信息。以往小散弱的内河水运市场被智慧水运平台所集聚，政府对行业的宏观调控、市场监管等都找到了抓手，内河水运的集约化发展也将以智慧水运的平台为突破口。

广大货主和船东应真正认识到新技术、新模式对行业带来的正能量，并且去拥抱这样的新生事物。促进水运物流平台的发展壮大，可以尽量避免上述恶性事件的发生。行业规则在水运物流平台的诚信体系下成为显性规则，会使行业长期的潜规则没有生存的土壤，继而促使行业的良性发展，让更多的货物回归到水运上来。

水运物流平台可能对接的场景

易观联合场景实验室公司列出日常、职业和闲暇三大分类下的24个场景。其中，日常分类下面包括共享单车、分时租赁、无人驾驶等场景，职业分类下面包括协同工作、在线学习、信息获取、知识分享等场景，闲暇分类下面包括专业"网红"、复合空间、沉浸体验等场景。其中，可能与水运物流平台相关的场景有：

在线学习场景。这是对知识二次加工、轻量化的提炼和共享，也包含课程教育的线上化，以提高个体对知识的获取与理解能力。此领域的手机软件如"得到"。专业细分的领域，市场规模不大，决定了水运领域有在线学习的需求。有关水运物流类的教育培训信息发布和视频分享的手机软件已经存在。这是一个流量入口，后续可以构成专家与企业咨询业务的对接。"物留客"在这方面正在探索中。

信息获取场景。面面俱到、千篇一律的爆炸式信息推送方式，目前正在被基于数据和算法的个性化定制所替代。新的信息场景在浏览习惯、兴趣分布等各种维度不断被瓦解并重新构建。水运领域这方面的平台或者媒体已经有一些，比较知名的是航运界和信德海事。通常的水运物流平台都有微信公众号，其中一般都有信息获取的功能。这是吸引水运领域从业者眼球的工具。当然，信息可以自己采集和原创，也可以翻译国外文章，还可以借用其他微信公众号的文章。有的信息仅仅定位为信息发布，还有些信息定位为信息加工和深度解读。不同背景的平台有不同的定位，只为吸引行业关注，继而搭载其他的服务。

知识分享场景。知识分享型手机软件的聚合价值可充分满足用户碎片化时间内对信息的获取。追求效率的碎片化时代，注意力向不可替代的优质稀缺内容倾斜。水运领域这方面的平台也在探索过程当中，还很难形成爆发式增长的态势。虽然市场低迷，对前路的探索需要知识的介入，但行业内基本上还停留在免费获取信息的阶段，为知识付费还没有成为普遍的意识。

二次元场景。这个场景对 70 后来说还比较陌生，据说是新一代年轻人生活态度和价值观的亚文化场景。"初音未来""洛天依"等二次元虚拟 IP，代表新的审美态度，是亚文化创新品类。上海男篮新赛季的新冠名赞助商就是哔哩哔哩科技有限公司，发展势头不可小觑。这个场景与水运对接还没有思路，但是，抓住年轻人，说不定就抓住了未来的成长性。水运领域也可以借鉴其做法吸引新生代。

实时社交场景。这一场景主要指直播，是新传播渠道，起到辅助交互的作用。水运领域的平台借鉴这样的模式还需要探索。船民应该有这样的需求，只是需要解决网络流量的费用问题。

增强现实场景。增强现实市场潜力无限，预计到 2020 年全球市场规模将达到 2000 亿美元。水运领域的技术不断进步，无人船的相关报道不绝于耳，增强现实场景可以将船舶操控与 VR（虚拟现实）技术相结合，从而实现船员培训的新体验。试想一下，物润船联的现场视频技术搭载 VR 技术会是怎样的场景？会产生怎样的体验？

当然，水运物流平台可以借鉴或者引入的场景不只限于上述可能性，具体的场景需要契合水运从业者个体特征有针对性地打造或者对接。2016 年底笔者在分析"长江汇"的未来发展时，给出的药方是：构建与船民对接的新场景，解决船民的船上孤独、孩子教育等诸多痛点，并做到有趣、有料、有情怀，未来前景可期。

场景其实就是新的连接方式，新的占据用户时间乃至心智的方式。水运物流平台要充分利用新技术，搭载新模式，创造出让水运物流领域充分认可的场景。尽管做的是 B2B，但一定要创造新的场景来对接用户端。

水运物流平台的入口

水运物流平台虽然是 B2B 平台，但其模式中包含了 B2C 的属性。它要做的事，就是要连接船民和货主，一群活生生、有个性的企业主们。平台如果直接介入到与水运物流直接相关的业务环节，很可能难以抓住相关人员的心，还需要寻找其他恰当的切入点。这种切入点不一定在物流的业务之中，很可能在水运物流之外。以上的思维综合在一起，给水运物流平台把客户引向水运物流核心业务提供了一些思路。总之，做水运物流平台就需要具有更高的视野，"剑走偏锋"，解决用户非水运物流领域的痛点，并提供解决方案，抓住用户的心。

水运物流平台的非传统功能

水运物流平台，不仅要为船东和货主提供物流服务，而且还要具有为政府排忧解难的公共服务功能，甚至需要搭载救助救灾和社会保障的服务功能。做到了这些非水运物流功能，才能获得用户的认可以及政府的支持。

物润船联所发起的捐款赠行船记录仪活动，是在此领域的有益尝试。传统的捐款救助功能通常由政府和社会组织，企业内部也可以做。不过，对于内河航运的船民来讲，传统的救助体系难以惠及他们，相应的社会保障体系也很难覆盖到他们。这些船民常常被置于各种各样的风险之中，发生点天灾人祸，往往就是灭顶之灾。水运物流平台依靠所积聚的用户，能够短期内发起"爱心捐助"，为船民提供一定的保障。除此之外，物润船联与相应的保险机构对接，可以为船民提供费率相对低廉的商业保险及社会保障服务，从而使航行在内河上的船舶不再是漂泊在水上的孤舟。水上的风险不可预测，庆幸的是水运物流平台可以为广大船民织起一张保障的网络。

都在说平台很难做，但只要有更为宽广的胸怀以及为船民提供实实在在服务的情怀，为用户工作和生活排忧解难，就能够获得用户的认可。水运物流平台从哪里介入都没有错，关键是要获得用户发自内心的拥护和支持。

水运物流平台的价值

水运物流平台的价值有两个视角：第一个视角是行业视角；第二个视角是服务对象的视角，也即货主的视角。从水运行业供给侧结构性改革的视角看，水运物流平台的价值在于市场一体化、税收合规化、平安价值及绿色价值。市场一体化的价值，一方面通过船货匹配、实时监控和诚信体系建设解决信息不对称，另一方面则通过技术手段消除行业长期形成的拖欠运费、压货讹钱以及中介黄牛等行业积弊。税收合规化，也即通过经过认证的大数据体系形成完整的证据链，配合为个体工商户代开发票的具体制度安排，实现物流增值税的抵扣完整，给个体工商户经营为主要特征的物流行业"营改增"的不断推行提供解决方案。平安价值既包含通过大数据为保险产品提供解决方案，也包含通过实时监控的技术手段强化安全运营。绿色价值则包括通过提供多种运输方式的比对和优化，实现节能减排效应。另外，通过信息化提升返程货的实载率，还能产生间接的绿色价值。

上述水运物流平台的价值，在很大程度上是从水运行业的视角总结提炼的。换一个视角，看看平台给客户带来的价值，大概更有意义。

净化器

水运物流平台的诚信机制能够起到市场净化的作用。资质审核和客户评价机制就像一个筛子，能够把诚信经营的客户留在市场中。净化后的市场减少了货代企业的搜寻成本和风险防范的成本，从而给货主带来价值。压货讹钱的事因为有了水运物流平台而不再可能发生。

连通器

连通器指的是水运物流平台跨运输方式（也即多式联运）的连接。在各种运输方式的基础设施连接成网的条件下，多式联运并非就能正常运行，还必须有水运物流平台类的虚拟网络，才能保证真正顺畅运行，给货主带来价值。依照传统方式，货主很难找到"门到门"的一站式服务。即便能够找到服务提供商，也很难在众多的服务商中进行选择。水运物流平台具有庞大的车队、船队等服务提供商，可以为货主提供多样化选择方案，并会给出不同时效性和不同价格的服务产品。货主可以根据自身的偏好选择适合自己要求的"门到门"运输，大大降低了综合集成成本。水运物流平台凭借大数据在传统物流服务的基础上还能搭载金融服务和保险服务，从而具备跨界连通的功能。这样的连通功能能够使相关的功能费率下降，相互之间的关联建立证据链，减少交易的不确定性，从而为服务提供方和被服务者都带来价值。

润滑油

"黄牛"是货主与船东因为信息不对称而产生的中间服务提供商，是旧的市场结构所衍生出来的业态。水运物流平台所构建的新技术和新模式使中间环节大幅减少，船方和货方之间的信息不对称大幅降低，"黄牛"没有了生存空间，提升了经济社会运行的效率，减少了经济社会的无效磨损。由此可见，水运物流平台具有润滑油的作用。中间环节的减少所产生的价值，可成为水运物流平台的收益，更大部分则会惠及货主。水运物流平台完全替代了传统"黄牛"。更重要的是，由于水运物流平台始终面临着市场竞争压力，因此向货主让利的动机也就一直存在。

滤波器

2017年4月份上海港出现严重拥堵，原因之一是船公司舱位的超配。货主为了提升自己货物被运输的可能性，会向多家船公司预定舱位。船公司为了使自己的舱位不被浪费，通常会超配。大家为了降低自身的不确定性，使得集运市场衍生了这样的市场潜规则。水运物流平台集聚了大量的货主和大量的服务提供商，使市场的供需关系能够通过平台显现。对于船公司来讲，因为有了这个平台使回程货实载率得到提高，获得了更大的利益。对于货主来讲，因为有了这个平台使其货物运输可靠性提升，有助于优化自身的生产体系，以最低库存的状态进行生产，产生了更大的价值。总之，水运物流平台的这种滤波器作用使得船方和货方都获得了因为稳定而带来的收益。

千里眼

水运物流平台能够实时监测货物的运输状态，使货损货差因而大大减少。货主可以通过手机软件实时查看其货物运输的情况。这就是平台为货主带去的确定性价值，并为货主及时安排生产提供了更好的时效性。

适配器

通常来讲，水运适宜运输大宗商品，公路运输适宜"门到门"运输，航空运输适宜运输高价值货物。整齐划一的运输服务很难与个性化服务对接，不同地点、不同时段所对应的运输方式也难以有效对接，因而经济社会中有不少货物并没有在恰当的地方以恰当的时间进行运输，以至产生了很大的经济损耗，增加了相关企业的物流成本。水运物流平台的兴起，将能够解决上述问题，让该慢的货物慢，该快的货物快，让船舶乃至车辆成为货主的仓储设施，为客户带来适合其要求、无缝对接的物流服务。

拥抱水运物流平台

各种运输方式自诞生以来，就通过各自技术进步和新模式的使用，不断降低物流成本，给经济社会带来价值。水运行业由风力推动的帆船变为机械推动的轮船、由木质船变为铁壳船、由散货运输变为集装箱运输等，都在不断提高运输效率和降低运输成本，给船方和货方带来价值。水运物流平台的崛起，在促进各种运输方式之间的融合和为船货双方带来更好服务的同时，继续为船方和货方带来新的价值。总体来看，大宗货物的运输将因为水运物流平台所提供的服务而不断提高效率并降低费用。个性化运输服务也会因为水运物流平台的连接而产生的长尾效应得以实现。有了水运物流平台，交通运输之间的相互衔接变得更加顺畅，交通运输与经济社会的融合得以更好地实现。当所有的货主企业感受不到运输的存在时，说明交通运输真正发挥了其基础性、现代性和战略性作用。而水运物流平台在这中间所起的作用功不可没。货主企业放弃自己的一部分安全感,把货物交给水运物流平台,在接纳的过程中感受其服务的价值,通过互动优化水运物流平台的产品和服务,进而在国家供给侧结构性改革的大背景下能够以更为高效的供应链管理获取竞争力。

浅议政府对水运物流平台的规制[47]

水运物流平台在未来的发展过程中集聚了足够多的用户时,公共属性将逐步显现。在这种情况下,企业如何在商业利益和公共属性中找到恰当的平衡点,政府如何使具有社会担当的企业脱颖等问题就值得探究。

水运物流平台为什么会有公共属性?

水运物流平台大多数由民营资本发起,风险资金参与,服务于水运业某一领域或某一地域的用户。当前,水运物流平台还处于"战国时代",无数的航运电商从不同的途径杀入,短兵相接和抢夺客户是难以避免的。经过一番惨烈的拼杀,一定会有少数几家水运物流平台(甚至不是水运物流平台,而是物流平台或者供应链管理平台)脱颖而出。当其商业模式具备成长性和可复制的特征后,必然会面临公共性的问题。得益于各种"创新的商业模式",用户和这些平台企业之间的契约关系十分复杂,传统交易银货两讫的简单契约关系已经越来越少,取而代之的是各种多边交易、免费模式和众包模式。由此衍生的权利和义务关系将发生重大变化。行业的规则将被平台的规则所替代。政府以往在面对行业"小散乱"的时候无计可施。未来当平台企业一统江湖的时候,虽然解决了以往的市场积弊,但也可能产生新的问题。政府面对这样的恐龙型企业仍然可能会无所适从。

政府该如何对水运物流平台进行规制?

当前,在国家的倡导下,各地政府对"互联网+"的扶持十分积极,出台了很多鼓励其发展的政策,并把某些明显具有公共属性的业务交给这样的企业来试点试验。各地航交所成为公共平台构建中的主导力量。不过,政府要对这些居间的机构有清醒的认识,须知其本质上是具有营利性的企业而不是非营利性机构,更不是政府机构。其商业模式可以顺便为政府的市场监管出力,但不可能专门为政府的市场监管服务。让企业价值与社会责任相容的"互联网+企业"能够脱颖而出,是行业主管部门的责任。

建立相关制度。互联网平台企业提供的平台、管理和服务具有基础性、社会性和公众性等属性,属于准公共产品的范畴。因而水运物流平台不能等同于一般法人企业，应该满足相应的资质要求，具备能够为其他合法主体提供聚集，进行公平、自由交易或服务的能力。没有一个顶层设计者能够设计出恰当的利益平衡点，没有一个智者能给出构建这样的制度的正确答案，只有在市场的博弈中去探索。博弈之后才知道各个利益主体的利益诉求和要价，给出新的权利和义务界限。政府的作用就是构建制度博弈的机制，让各方都能够参与到博弈中，找到各自的利益均衡点。

智库参与。水运物流平台所构建的航运新生态，必将打破航运业长期以来的运行规则。新规则建构必然面临多方利益的博弈和平衡。智库参与到制度构建的全过程中，就是要形成一个能够平稳演进的变革路径。作为行业智库，不是政府政策的"扩音器"和"复读机"，而是政府政策出台的"工厂"，是为政府找到恰当的中间道路的关键机构。新型智库要为政府决策当参谋，在协商、博弈和妥协中形成制度演进的路径。

航运电商是换了"马甲"的经纪人

航运电商就是经纪人

经纪人是降低信息不对称而产生的职业。在一定的经济社会的背景下，为了实现交易，就必须有经纪人参与交易。不过，由于经济社会的不断发展使交易的信息不对称发生变化，技术的手段和新的模式简化交易程序，或者更为便宜的机器的替代，经纪人在交易中所发挥的作用也会发生变化。互联网本就是去中心化、去中介化的技术，使经纪人的市场逐渐萎缩。

互联网会使一部分经纪人被淘汰，并迫使留下来的人搭载新的工具，成为该领域传统意义上的"超人"。航运电商背后也是人，且本质上都是经纪人，不过是换了一个"马甲"（一个面目）。航运电商不过是一个整合了各方中介的"经纪人集合体"，是用互联网思维和手段武装起来的经纪人。假设原先市场需要100个经纪人，现在由10个经纪人成立了一个航运电商平台，就可以为客户服务得更好，效率更好，还降低了总体的社会物流成本。这就是航运电商平台的价值所在。市场中的诚信机制可以通过恰当的制度设计和技术手段来实现，市场中的价值发现也可以在线上通过合适的规则来实现。

目前还没有看到具有颠覆能力的航运电商平台。这源于两个因素：第一，原有模式的反作用力很大，包括利益惯性和制度瓶颈；第二，新模式的认可和推广需要过程。航运电商甚至超过200个，有的已经搞了十多年仍然举步维艰，脱颖而出者似乎还没有出现，但谁知道明天会不会出现。互联网的逻辑在变化，互动和社群正在成为移动互联网的主导，电商的模式也将随之而发生变化。航运电商的生命力关键在于找到合适的入口，建立长期的信任，但非常难，因为人们的注意力和信任已经被大的电商平台瓜分了。这就要求现在的航运电商不但要能够解决航运业中的"痛点",还需要解决"痒点"。归结到一点,要把关注的重点从具体的航运业务转移到关注人性。人性和人的非理性的长期存在,使得人工智能面对真正的人的时候并非所向披靡。这为经纪人的长远存在提供了可能。

对于国际航运而言,航运电商更难运作,因为需要面临国家之间的制度障碍和技术接口不统一的壁垒。这就是长期以来海运领域船代、货代和经纪人的生存空间。未来,国家之间的贸易壁垒总体趋势是下降的,虽然有时会看到全球化似乎在走倒退路,但大趋势不可阻挡。其中,我国的"一带一路"倡议将对降低国家间的贸易壁垒起到积极的作用。

区块链可能对经纪人不利

经纪人的一大功能就是解决交易双方的相互信任,区块链技术解决了交易的信任机制,将大大降低交易成本,是一个减中介化的过程。同时,区块链还让机器和设备具备了价值交易的能力,更是一个减中介化的过程。试想,船舶上各种设备变为可以互联的智能资产时,就不需要那么多的验船师了。目前的航运衍生品基于2008年金融危机之后为了降低交易风险而新形成的中央对手清算,以及为此构建的清算机构和经纪机构。区块链是一种解决交易双方信息不对称的良药,而且是更加低成本的方案(目前航运衍生品背后的中央对手清算可能是一种过渡的模式)。或者说,中央对手清算因为区块链的存在而使清算机构的效率大幅提升,进而降低交易费用。

从以上分析来看,采用区块链技术是减中介化的过程,可能会对经纪人行业发展不利。

以开放心态面对所有未知

上述的认知很可能有偏差。心理学有一个理论,叫"自证预言",即:心里没有某个概念和逻辑,就以曾经的惯常逻辑解释,也能够解释得通,进而进入自我设定的陷阱。就比如在没有认识到地球绕着太阳转的规律时,"地心说"是人类对宇宙运行最好的解释,并且大家都深信不疑。如果你根本没有关注新技术和新模式,那么用以往的经验和周期理论似乎也能够解释当下的市场低迷,却可能错过最重要的影响因素。我们的思考能力就只在于我们所能观察到的和我们所愿意接收的信息,其他的信息往往被我们不知不觉地屏蔽,可能还以为不存在。

所以,保持开放的心态和全局的视野很重要。任何一个关于市场的信息都是有价值的,市场中的所有泡沫也有能够透过泡沫看人性的价值。对于新技术和新模式,宁可信其有,而不要因为不相信而错过或者被颠覆。信与不信有很大的差异。不信的"自证预言"让你远离进步和改变。"信"让你主动求变,主动应变,积极改变,使生命有了新的可能,转型升级也就更可能成功。

34 游轮与邮轮产业发展前瞻

水运供给侧结构性改革的着力点:满足人的需求[48]

自新中国成立以来,我国水运客运量有两个明显波峰,第一次是1962年的1.6亿人次,第二次是1987年的3.9亿人次。自1987年后,水运客运量不断下降,2003年达到了阶段性的最低点,仅为约1.7亿人次,是1987年最高点的44%(图2)。其后,水运客运量基本上呈现不断增长的态势。不过,从水运客运量占全社会客运量的比重来看,总体处于不断下降的过程,从1955年最高15.4%降低到2012年的0.7%,下降幅度不可谓不大。这表明了水上客运在经济社会中的作用确实在不断下降。与此相对应的是,水运旅客周转量自2003年以来基本上维持在一个平稳的水平(图15),并没有随水运客运量的增加而增加。这表明水上客运的运距在不断缩短。不过有一个逆向的趋势值得关注。自2012年以来,水上客运量占全社会客运量的比重正在缓慢回升,已经由2012年的0.7%上升到了2015年的1.4%。这是一个短暂的回暖期还是一个新的上升趋势?可以判断的是,这应该是水上休闲旅游逐步兴起的结果。

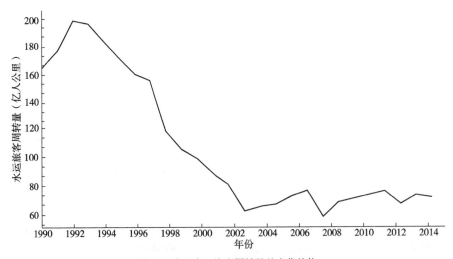

图15 我国水运旅客周转量的变化趋势

从大环境来看,改革开放以后,尤其是进入2000年以来,伴随着经济社会的快速发展,以及水运比较优势在土地价值和节能环保价值不断提升的背景下逐步凸显,水运货运量呈现快速增长的态势。为了满足不断飙升的水上货运需求,水运行业建设了更多的货运船舶和货运码头。水运客运则受到时效性缺陷的限制,并没有像水运货运那样进入快速发展的时期,很多地方的水运客运甚至因为铁路、民航及私家车的兴起呈现不断萎缩状态。比如重庆,水运客运量从1996年接近4000万人次已经下降到2015年的不到800万人次(图16)。从长江经济带11省(区、市)水上客运量的数据来看,2005年到2015年的十年间,水上客运量从1.2亿人增加到了1.6亿人,增长率并不高(图17)。

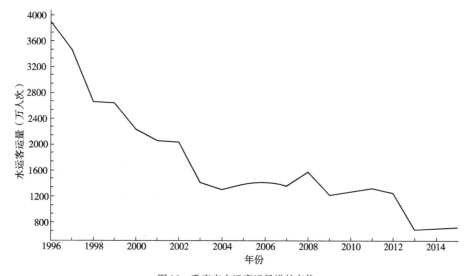

图16 重庆市水运客运量增长态势

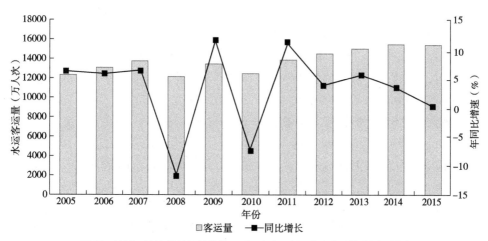

图17 2005—2015年长江经济带11省(区、市)水运客运量及同比增速

近些年的水运市场持续低迷,2016年是最低点,BDI指数甚至低于300点。

水运业继续在市场的严冬中找寻新的突破点。国家供给侧结构性改革对水运业的需求产生了意想不到的作用，进而推动水运市场从2016年的第三季度呈现向好的迹象。从长远的发展来看，水运业货运需求的增长空间十分有限，新能源、3D打印、共享经济和智能制造等都会对水运需求产生负面影响，人们对运输时效性和个性化的需求在不断提升。这都将给水运业的长远发展蒙上阴影。当前，水运业也在按照国家供给侧结构性改革的思路，在去产能、降成本、补短板、强服务、调结构等五方面发力推进结构性改革。在调结构方面，提出了游轮游艇、现代服务业、"互联网+"等三方面的内容。这里需要强调的是，水上旅游休闲业正在快速增长，也是未来中国居民消费升级的着力点，必须重点关注。总括成一句话就是，水运供给侧结构性改革的调结构就是要将水运人从过去重点关注运输货物转向未来逐步关注并服务游客。水上普通客运的需求不会有较大的起色，在部分边远地区、农村渡口满足人们基本出行需求和实现公共服务均等化才是政府应当做的事情。水上客运的新动向一定在于满足人们休闲旅游的诉求。

水上休闲旅游的市场需求

据国家统计局发布的消息，2016年全国居民人均可支配收入为23821元，比2012年增长44.3%，扣除价格因素，实际增长33.3%，年均实际增长7.4%，快于同期GDP年均增速0.2个百分点，更快于同期人均GDP年均增速0.8个百分点。2020年，我国将全面建成小康社会，进而推动人们休闲旅游消费的进一步提升。经济学人智库的报告《中国消费者2030年面貌前瞻》对未来中国消费潜力的发展趋势进行了预测，预计到2030年我国低收入人群的占比将从2015年的36.9%下降至11%，而中等收入群体扩大，其中中高收入人群的比例会上升得更快。届时我国居民年均可支配收入超过20万元的高收入人群比例将从2015年的2.6%增长至14.5%。据此可以推测，2030年我国游轮市场将达到1530万人次消费者的规模。这些消费者不但会选择沿海邮轮港出发的邮轮，还可能参与游轮乃至其他水上休闲旅游活动。

根据携程旅游和中国旅游研究院联合发布的《2016年中国出境旅游者大数据》显示，2016年我国出境旅游人数达到了1.22亿人次，成为世界上出境旅游人数最多的国家。在如此惊人的出境旅游数据的带动下，中国旅游者们的旅游花费超过6500亿元。这样看来，我国旅游消费的市场已经打开。要想把这些人的消费需求留在国内，相应的水上休闲旅游服务应该迎头赶上。

从长江水上客运的数据来看，2016年长江旅游客船的客运量为44.1万人次，同比下降4.7%。2015年普通客船的客位大于旅游客船，2016年旅游客船的数量和客位已经大大超过普通客船（表5）。从2017年上半年开始，邮轮受"萨德"

事件持续发酵的影响而增长乏力，进而使一部分游客转往长江三峡的内河市场，呈现出一个较好的增长态势。未来随着游轮产品的进一步升级和优化，一定会将客人引向这一新的消费领域。

长江干线省际水运客运企业运力情况　　　　表5

保持运营资质的市场运力	2015年		2016年	
	艘数	客位	艘数	客位
普通客船	40	19960	20	9137
旅游客船	40	12315	45	13588
合计	80	32275	65	22725

欧洲内河水上旅游休闲业的经验借鉴

2016年欧洲内河上有340艘运营中的游轮，比2015年多20艘；床位数由46661个增加到了49812个，增长了7%。欧洲游轮客运量在2015年得到快速增长，从113万人次增长到了133万人次，增长率为17%，这主要是因为北美的游客不可思议的高速增长。2015年，北美游客第一次超过德国游客，北美游客的份额从2014年的32%增加到了2015年38%，而德国游客的份额从36%下降到29%。莱茵河游轮的份额从2014年的30%增加到了2015年的38%。多瑙河的份额从2014年的41%下降到了38%。欧洲游轮的客源主要来自美国、加拿大、德国、英国和澳大利亚。

莱茵河两岸分布着无数的游轮码头（图18）。这些码头建设都很简易，一个岸桥连接一个趸船，投资不多。京杭大运河完全可以参照这一做法来建设。对于长江三峡库区来说，由于不同季节的水位差异很大，建设相应码头的成本就会高很多，也无法像莱茵河建那么多的码头。长江下游具有建设简易游轮码头的条件，后方并不需要像货运码头的堆场空间，只要有一个方便的通道和大型客车停车场即可。

莱茵河两岸还有无数游轮、游艇及房车露营地共存的空间（图19），其实也是我国未来水上休闲旅游的参考场景。水运人要未雨绸缪，为这些未来的发展方向预留空间。这个时代的到来并不需要多长的时间。

莱茵河畔的城市巴塞尔，一年一度的巴塞尔博览会已经有500年的历史，是瑞士每年举办的最大的商品博览会。与博览会同时举行的还有"欧洲钟表和首饰展览"，人们能看到各种奇特的新理念手表。此外，巴塞尔每年还会举办二三十个中小型展览会。如此多的人蜂拥而至，对于一个人口仅20万上下的小城来说压力不小。巴塞尔大约有400家酒店和旅馆，只有1万左右的床位，在博览会期间不足以应对，于是莱茵河上的游轮发挥了作用。往返于巴塞尔和莱茵河其他城市的游轮在博览会期间停靠巴塞尔，会将船上客房租给游客。这不但解决了旅店不足的问题，而且发展出"莱茵河上的水上旅馆"这一特色旅游项目❶。这样的经验也可以为我国游轮所连接的特色小镇借鉴。

图18　莱茵河河岸上的游轮码头

图19　莱茵河河岸上的游艇俱乐部以及房车露营地

水运人该做怎样的准备？

首先，建设和升级相应的码头设施。我国沿海的邮轮码头近些年已经被快速

---

❶　汪越琪，慕玮，丁晓，等. 莱茵河流域可持续发展案例研究［M］成都：西南财经大学出版社，2016，65-66.

增长的需求所推动而进入快速建设的时代,设施条件和能力已经达到了较高的水平,很多地方已经呈现一定程度上的过剩态势。相对而言,我国内河相关码头设施建设相对滞后。三峡库区经常出现很多条船并排停靠的景象,最外面停靠的船上的游客要下船需要经过很多条其他船的通道,高高低低,给游客带来了不便。三峡库区巨大的水位落差也为建设相应的游轮码头造成了很大的困扰,需要通过技术创新提供新的建设解决方案。长江下游地区,随着需求的提升和相应的布局,游轮码头的规划和建设提上日程,并可借鉴用简单的趸船和一个通道的游轮码头为游客提供相应服务的莱茵河经验。游轮并不提倡、也不支撑豪华的游轮码头。随着货运需求增长的趋缓,部分地区的货运码头有条件改造成游轮码头,或者可以通过一定的设施配备和安全流程使货运码头也能为旅客上下船提供服务。

其次,促进本土公司的发展。自2006年歌诗达邮轮公司首次进入我国邮轮市场以来,我国邮轮市场以超乎寻常的速度发展起来。但是,仔细研判相关的数据,可以发现,除了十分靓丽的规模数据以外,邮轮产业对中国的经济社会贡献却少得可怜。这源自三方面的原因,即本土邮轮公司占比太少、邮轮本地供应太少以及我国邮轮建造尚未实现零的突破。促进本土邮轮公司发展需要一定的时日,这既包括国有大型公司的发力,也包括民营公司的探索。2017年9月22日,在2017邮轮游艇旅游节开幕式上,世纪游轮与携程旅行网共同宣布成立合资公司——冠程(上海)游轮船务有限公司,进军长江中下游豪华游轮旅游市场。世纪游轮作为我国内河高端豪华游轮的领导者,携手全国最大的在线旅行社,将整合长江游轮旅游与周边配套措施等资源,致力于推进长江游轮旅游业的产品多样化。该公司将聚焦长江中下游游轮新航线,实现三峡旅游向长江全域旅游拓展,推动长江游轮旅游产业全面升级。这是一个具有开拓性的新动向。

最后,探索建立与时俱进的管理制度。长期以来,我国致力于发展水上货运,相关的制度建设也是以货运为主。比如《国际海运条例》在2001年颁布的时候,我国水运客运市场正在萎缩,相关的规则并没有涉及客运乃至游轮。现在,水上客运市场蓬勃发展,对相应的制度建设提出了需求,亟待水运人根据市场需求以及各利益相关方的利益诉求,建立与现阶段邮轮发展相适应的制度,并且要具有前瞻性。这些制度的内容,包括市场准入、事中事后监管、统计、诚信体系、应急救助、标准规范等。比如,以往长江游轮发展并没有出现像沿海邮轮的快速增长,相应的市场准入规则还是沿用严格控制的"退三进一"的准入办法,明显不适应社会发展的需要。应该探索出台符合当下及未来趋势的市场准入制度,在保证安全的基础上,为市场的理性供给提供方便。

我国的内河水上运输一直以来以货运为主，曾经繁盛的水运客运因为其他运输方式的不断发展而逐步萎缩。新的时期，随着水上休闲旅游的兴旺，沿海邮轮出现爆发式增长，需要大家以前所未有的热情去拥抱这样一个蓝海。水运供给侧结构性改革，一个重要的任务就是"调结构"，其中的内涵之一就是减少货运的比重，增加水上旅游休闲的比重。2020年我国将全面建成小康社会，逐步富裕起来的中国人需要水上休闲空间来释放他们平日的压力。未来，长江沿线相关码头建设、水上服务区的打造、相关游轮的建造都需要不断推进，同时还需要随时调整相关的制度，推进相关创新，满足人们日益增长的水上旅游休闲需求。

2030年中国邮轮市场前瞻[49]

经济学人智库的报告《中国消费者2030年面貌前瞻》对未来我国消费潜力的发展趋势进行了预测，其中的不少数据可以用来预测2030年我国邮轮旅游人数和未来我国邮轮港口格局。

2030年中国邮轮市场规模

上述报告把我国消费者分为四类：低收入消费者，年个人可支配收入不足13000元（按2015年价格相当于2100美元）；中低收入消费者，可支配收入为13000至67000元（合2100至10800美元）；中高收入消费者，可支配收入为67000至200000元（合10800至32100美元）；高收入消费者，可支配收入超过200000元（合32100美元）。以上数据都采用2015年不变价格计算，以保证不同年份数据的可比性。

到2030年，中国低收入人群的占比将从2015年的36.9%下降至11%，而中等收入群体扩大，其中中高收入人群的比例会上升得更快。年均可支配收入超过200000元（32100美元）的高收入人群比例将从2015年的3%增长至2030年的15%（图20）。

国际上，通常把人均收入超过8000美元作为邮轮产业快速发展的起点。按照这样的标准，大致可以把上述中高收入消费者和高收入消费者都纳入有能力消费邮轮产品的人群。届时，这部分人将占我国总人口的35%。由中国社会科学院城市发展与环境研究所和社会科学文献出版社共同推出的《城市蓝皮书：中国城市发展报告No.8：创新驱动中国城市全面转型》提出，我国正加速进入老龄化社会，预计2030年左右我国人口将出现负增长。届时，我国总人口将达到14.5亿人，具备消费邮轮产品能力的人口基数则为5.1亿人。2030年我国人均可支配收入大约相当于1989年美国的人均可支配收入。1989年美国的真实邮轮渗透率（实际乘坐邮轮人数除以具备消费邮轮产品的人口基数）具有参考价值，可以作为中国 2030 年邮轮真实渗透率的低限,由此可以计算出届时我国邮轮市场规模约为 1020 万人次。以近期美国的真实邮轮渗透率作为我国 2030 年邮轮渗透率的高限,可以计算出届时我国邮轮市场规模为 2040 万人次。取二者的平均值,得出 2030 年我国邮轮市场将达到 1530 万人次的规模。

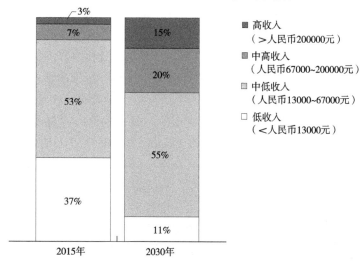

图 20　我国人均年可支配收入结构(按 2015 年不变价格计算)

我国高收入消费者集聚的城市如图 21 所示。

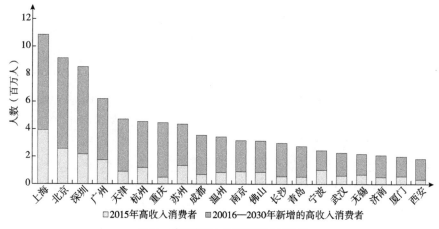

图 21　我国高收入消费者集聚的城市

根据图 21 所显示的结果,现阶段我国邮轮市场的格局可以管中窥豹。环渤海区域,北京和天津 2015 年分别为我国第二和第八高收入消费者人群的城市,具备快速发展的条件;长三角区域有上海、苏州、杭州、宁波、无锡和南京等众多高收入消费者人群排名我国前 20 位的城市,也是上海成为我国第一邮轮母港的基础;珠三角区域有深圳、广州、佛山等三个高收入消费者人群排名我国前

20位的城市，是这几年珠三角区域邮轮母港后来居上的基础条件。青岛、温州和厦门由于本地客源市场的基础以及与周边地区的连接不断完善，也吸引了一些邮轮游客。

未来，长三角区域的客源市场中将有排名我国第一、第六、第八、第十、第十五和第十七位的高收入消费者人群的城市，新增邮轮消费群体（高收入和中高收入消费者）约4140万人，会新增124万人次的邮轮游客，长三角区域仍然是未来中国邮轮市场的龙头。内陆地区的重庆、成都和武汉拥有巨大的客源市场潜力，将来也有可能纳入上海母港的辐射范围内。这部分新增消费群体1950万人，将新增59万次邮轮游客。环渤海区域的客源市场中，天津和北京将新增2460万人的潜在消费群体，将新增约74万人次的游客量，也具有很好的发展潜力。珠三角区域的客源市场中，深圳、广州和佛山将新增3010万人的潜在消费群体，将新增约90万人次的游客量，只不过会被三个邮轮母港分流。青岛和济南新增邮轮消费人群780万人，将为青岛贡献23万人次的新增游客量。温州新增消费人群600万人，也能够形成18万人次的新增游客量。上述新增游客量只是排名前20位城市所产生的游客量，是未来游客客源市场的主流。不过也不应忽略其他区域的游客产生实际的邮轮消费。这些游客更可能向排名前三的邮轮母港集聚。

2030年我国邮轮港口接待游客量预测

结合上述我国邮轮客源市场的分析，考虑到不同城市因为交通的通达度以及可供选择的邮轮产品丰富度，可以预测各邮轮母港的规模。下面给出我国邮轮前四大港口未来的需求规模。

上海邮轮港包括吴淞口港和国际客运中心，2030年的市场需求规模将达到598万人次，其中，包含约45万人次的游轮和约24万人次从长江下游经国际客运中心前往日韩的邮轮规模。

天津邮轮港的市场需求规模将达到220万人次，全国排名第二。

广州邮轮港的市场需求将达到167万人次，排名全国第三，其中包含20万人次的游轮规模以及从广州出发的15万人次的沿海邮轮规模。

深圳邮轮港的市场需求将达到124万人次，排名全国第四，其中包含从深圳出发的15万人次的沿海游轮规模。

排名前四位的港口的游客数量占全国邮轮市场规模由2016年的87%下降到2030年的71.4%，呈现出分散化的趋势。但也应当看到，我国沿海岸线十分丰富，沿海邮轮港星罗棋布，而邮轮市场的需求仍然呈现出相对集中的态势。这与客源市场的空间布局具有很强的关联性，同时也表明发展较好的邮轮港具有一定的"马太效应",能够因为航线的密集以及产品多元化而吸引到更多的游客。

从现有码头的能力以及未来几年即将形成的能力来看,排名前四位的邮轮港口到2030年都面临能力短缺的问题。尤其是天津邮轮港邮轮码头能力的适应度仅为0.328,还需要花大力气建设更多的码头(表6)。当然,现有码头的设计能力和实际能力并不一致,具有一定的挖潜空间。但是,邮轮码头为人服务,不可能像货运码头采取三班倒以及增加装卸机械等手段来大幅提升能力。邮轮码头的能力提升有限,尤其是海关边检体系的快速服务以及后方集疏运体系的高效运转更为重要,可能正是制约码头能力进一步提升的瓶颈约束。不能在这方面有所改进,未来即便是有了更大的市场规模,也会因为相应码头服务能力难以匹配,使得游客用脚投票,转向其他稍微宽松的码头去乘船,导致市场规模无法真正实现。

2030年我国四大邮轮港的市场需求量及码头适应度 表6

邮轮母港	游客量(万人次)	近期码头能力(万人次)	适应度(码头能力/游客量)
上海	598	420	0.702
天津	220	80	0.328
广州	167	79	0.414
深圳	124	80	0.541

注:表中游客量即为市场需求量。

除了上述4个邮轮港口以外,我国沿海尚有7个稍具规模的邮轮港口,其2030年的市场规模都不会超过100万人次。与上述4个邮轮港口不同的是,这7个邮轮港口的码头能力已经能够满足2030年的市场需求,未来的增长空间乏力,需要谨慎投资,并应千方百计寻找到盈利点。

对我国邮轮母港建设的思考

按照上述的预测结果,未来我国邮轮市场还将在现有基础上增加5.8倍,将会有年均14.6%的增长率,并会是一个前高后低的发展态势。世界上没有哪个市场有如此振奋人心的发展态势。当前各大邮轮公司在我国布局的邮轮的总客舱数约为2万间,未来将可能超过12万间。这需要较多船舶来填补这样的市场空间,也给我国本土邮轮的发展提供了很好的契机。

但是也要有清醒的认识,2030年具备消费邮轮能力的人群中,高收入人群占比43%,年可支配收入超过3万美元,完全有能力出境消费,或者会到地中海或者加勒比海去购买邮轮产品,对我国母港的相关从业者可能并没有价值。

让更多的高消费能力人群留下来体验与我国相关的邮轮服务项目是这些从业者未来思考的重心。而且，由于邮轮旅游的需求弹性很大，只有良好的体验和口碑才能吸引游客。一旦我国邮轮市场的良性发展机制缺失，就很可能会被打上低端和廉价的标签。形成这样的市场，上述潜在消费人群并不会转变为现实的消费人群，即便有机会实现上文所预测的邮轮市场规模，但从业者也很难赚到钱。

长远眼光看待邮轮母港的能力适应性

大概在10年前，对于沿海港口邮轮码头建设大致有两派观点：第一派观点认为，邮轮应该跟城市空间密切配合，10万吨级以下的邮轮能够深入到城市核心区域，更有利于游客的观光游览，旅客的集疏运可以结合城市公共交通系统来解决。这样的认识使得上海港国际客运中心和青岛奥帆邮轮码头得以建设。另一派观点认为，应该适应未来船舶大型化趋势，建造前沿水深更深的专业化邮轮码头，以满足我国不断增长的客源市场需求。就现实的运行来看，第二派观点得到了支撑，而依第一派观点所建的码头基本上都在"晒太阳"。如果按照第一派观点安排更多的码头，很难想象能够支撑我国邮轮母港每年超过45%的增长。回过头来看沿海的邮轮母港，目前只有上海吴淞口港的能力处于瓶颈约束状态，其他邮轮母港的能力都处于富余状态。交通运输的基础设施作为先导性资源，理应适度超前，尤其对于前景比较明朗的邮轮市场更应该提前布局。当然，提前布局需要"适度"，不应超前太多，否则码头的经济性很难实现。下面来看看我国邮轮母港适应性的未来走向。

根据2020年我国邮轮市场规模将达到450万人次来计算，未来4年我国邮轮市场规模将比2016年翻一番。4年的时间市场规模翻一番，相应码头能力要具有充分的适应性。

考虑到未来货运需求会逐步缩小，以长远的眼光来看，对货运码头的改造势在必行。现在货运码头改造还存在一定困难，因为这些码头还能挣钱。等到货运需求不足和邮轮需求同时强劲发生的时候，就是货运码头改造的契机。相应的企业和行业主管部门应该有这样的长远视野。

广州南沙邮轮码头建设项目，两个泊位岸线总长770米。有一个22.5万吨级邮轮泊位，码头岸线长445米；另一个10万吨级邮轮泊位，码头岸线长325米。陆域范围为码头前方50米的码头平台和配套的建筑面积3.5万平方米。其中，10万吨级邮轮泊位属于近期工程，22.5万吨级邮轮泊位属于远期工程。目前南沙港区以临时的货运码头支撑起了我国第三大的邮轮母港规模。市场发展已经就广州建设邮轮母港和快速提升母港通过能力提出了要求。广州及珠三角巨大的客源市场体量，现代大众型邮轮的未来主流发展方向，决定了建设大型码头应该更适应市场的需求。

从长远和总体来看，由于未来差不多6倍的增长空间需要更多的邮轮码头来匹配，我国邮轮码头空间分布格局发展趋势以分散化为主。而且，码头功能的多元化也会出现，进而形成分层的客源市场。稍小一点的码头接待高端奢华型邮轮，并与国内游艇、游船及房车等活动对接和互动，形成一个高端的消费层次。大型码头继续针对中端消费人群，为其提供亲子、家庭、敬老等方面的消费服务。未来沿海游、内河游、海岛游也将与邮轮串联在一起，进而形成多元化的中国邮轮市场，与之匹配的将是各类功能不同、规模不同的码头齐头并进向前发展。

全局眼光看邮轮码头的经济性

从全国范围来看，目前邮轮母港能够盈利的仅有上海吴淞口邮轮母港，而且源于快速的游客增长和码头建设成本的相对低廉。上海吴淞口邮轮母港一期工程10亿元的投入差不多是沿海同等规模码头最低的。唯一能够与之相媲美的是广州港南沙港区，由于并非是专业化的邮轮码头，盈利是可以预期的。只是这样的模式不可复制，需要地方政府拿出巨大的勇气排除万难以实现客货混用的模式。

这给我们提出了下列问题：排名第一的吴淞口码头所实现盈利都不容易，其他那些建设豪华、客源不足的邮轮码头又该如何收回投资？有无数的报道表明，国外的简易码头和光板码头承载了巨大的客流量并实现了低成本运营，我国的邮轮母港为什么不能效仿？

考虑到未来市场空间将在2030年达到1530万人次，也许我们曾经的经济性思考路径就有问题。要知道，未来我国的邮轮产业是一个巨大的富矿，对产业带动能力有巨大的想象空间。参与其中的人不应该将眼光仅仅局限在满足游客上船、游玩及下船的邮轮产业链里，而应该将视角放在大健康、大旅游中，用邮轮将健康、养老、商务、旅游等活动串联起来。邮轮旅游是先行官，是搭载和介入其他服务的平台。其所构建的邮轮母港就不仅是邮轮旅游上下船的通道，而且还是地方标志性建筑和企业介入高端消费领域的通行证。如果以这样的眼光看待中国邮轮母港建设，就能够找到其中的恰当逻辑。邮轮母港建设并不一定要挣钱，而是要借助这样的标志性建筑吸引逐渐富裕的中国人来消费、养老，进而从产业链乃至生态圈的其他环节获得收益。这正是招商局集团所构建的"前港中区后城"模式所希望实现的目标。

依据招商局集团的"蛇口经验"和在"一带一路"各节点布局的经验，"前港中区后城"的基本模式是以邮轮为先导要素、诱发要素或者串联要素，把邮轮作为"大旅游"的一个环节来经营。深圳太子湾邮轮母港由港城互动的"2.0版本"起步，充分发挥招商局集团金融、地产、物流、海工、贸易等内部板块的综合优势，利用前海蛇口自贸区和邮轮旅游发展实验区先行先试的政策特殊性，打造邮轮产品销售、邮轮物供、邮轮修造、临港免税等业务，通过邮轮母港功能业态的不断完善、商业模式的逐步升级，实现"船、港、城、游、购、娱"一体化运作，全方位、全产业链建设集航运、口岸、商业地产、周边配套、旅游、国际物流中转、海工修造配套、旅游配套、特色免税消费、金融服务等于一体的4.0版本邮轮母港样板，打造邮轮生态圈，推动区域与城市的升级。

这样看来，邮轮母港建设的经济性问题就不是单个邮轮母港建设项目的经济性问题，而是从"大旅游"的生态圈视角来计算经济性。母港建设要具有前瞻性，能够在未来几十年不落伍，让更多的人群因为豪华母港的吸引而进入城市，给城市带来活力。这对当地产生的价值是隐性的，最终会通过地方税收体现出来。

为达到以上目标，邮轮母港的整体开发变得极为重要。让有实力的企业介入邮轮生态圈的打造，并给予其邮轮母港前沿码头、后方园区和相关城市配套设施的全面开发权限，有利于其形成一体化的服务模式，在更高层面实现邮轮经营、码头经营与城市发展的和谐共生。各个城市都在寻找新的增长点，而如果抓住了邮轮这个"牛鼻子"，未来新兴的消费需求都可以在"邮轮"这一主题上搭建起来、串联起来，形成新的优势。目前，招商局蛇口在蛇口打造的邮轮城已经开始启动，上海宝山邮轮城也引入招商局集团作为开发主体。未来，结合招商局集团在邮轮建造、邮轮船队运营等领域的拓展，以大型国有企业为核心的邮轮生态圈呼之欲出，并且与城市发展形成良性互动。当然，巨大的市场空间还能够容纳具有开拓精神的民营企业以企业联盟的方式构筑我国邮轮产业新模式。

我国邮轮建造的思考维度

有关我国本土邮轮建造，国际船舶海工网主编李保坤提出过"集团式冲锋"的概念。这是对在我国豪华邮轮建造领域10多家船厂同时发力的情形所做出的判断。李保坤对这种模式予以肯定，总结起来就是：第一，外国造船厂的能力难以应对我国快速增长的市场，需要我国船厂迎头赶上；第二，多样化的需求需要多个船厂从不同细分领域耕耘；第三，我国邮轮产业的集团式冲锋是全产业链的，不仅仅是造船环节的，还有港口、金融、研发、服务和配套等产业环节，是许多国家缺少和不具备的；第四，家电、汽车和手机产业的成就是"集团式冲锋"的典型例子，我国造船工业今天在世界的地位和成绩也是靠产业集团式冲锋取得的。笔者对李保坤的观点比较认同。我国造邮轮有三大优势：第一，绝无仅有的市场空间；第二，绝无仅有的产业配套能力；第三，奢侈态度逐步植入中国船厂。

市场空间

一直以来，对于我国邮轮的市场空间，有极度乐观者，也有谨慎乐观者。极度乐观者，用我国现有邮轮游客数除以我国14亿人的基数，得出我国邮轮市场的渗透率不足0.05%，相比起美国3.6%的市场渗透率简直不值一提，故而判断未来我国邮轮市场空间很大。但从现实的市场供需来看，部分航线的邮轮船票并不好卖，好像并不支持这样的论断。实际上，邮轮渗透率的计算方法，拿现有邮轮游客人数除以总人数会产生误导。

几年前，笔者计算了我国能够消费得起邮轮产品的人数，以此作为基础得出我国邮轮市场的渗透率约为1.3%，仍然比美国低不少。随着2020年我国全面建成小康社会，相应的能够消费得起邮轮的人口基数还会增加，届时我国邮轮市场的渗透率会超过2%。可见，中国邮轮市场还有很大的发展空间，但也并非如极度乐观者想象的那样大。笔者是谨慎乐观者。

还有一点，我国水域空间从南到北、从内河到沿海，差异巨大，形成了我国邮轮更大的"腾挪空间"。中国建造邮轮可以"高举高打"，也可以循序渐进，从内河和沿海小区域的邮轮开始搞起。国内市场还是一块待开发的处女地，长江游轮、南海邮轮乃至海岛邮轮旅游都需要拓展提升。这些空间给我国企业提供了练手的机会。

产业配套能力

最近几年，大家都在谈制造业向美国回归或者向东南亚地区转移，似乎中国制造将在短时期内变得没有竞争力了。尤其是2015年波士顿咨询公司所发布的"波士顿咨询公司全球制造业成本竞争力指数"中，我国制造业成本为96点，而美国为100点，看似我国在与美国竞争中马上就要败退。但是仔细分析该数值的计算方式，就会发现波士顿咨询公司是在误导人。在计算中，制造业成本＝人工成本＋电力成本＋天然气成本，却不算土地成本、煤炭成本、水的成本等，或不明所以，或刻意为之。单从成本来看，我国制造业的全球竞争力还不至于像该指数体现得那样不堪。更为重要的是，我国的制造业体系十分健全，有设计和方案，在中国就能找到各种配件的生产商，聚在一起形成产业集群，生产出成本较低的产品，并促发一轮又一轮的创新。日本三菱重工当初没有在邮轮建造领域取得突破，一方面在于日元贬值，另一方面在于日本的相关产业配套能力欠缺，不得不向欧洲的配件供货商求救，使得邮轮建造成本居高不下。总之，日本邮轮建造未成功的原因，其实是输在了"安倍经济学"。

2016年，为进一步推进船舶工业结构调整、转型升级，加快提升我国船用设备配套能力和水平，支撑造船强国建设，工业和信息化部制订并印发《船舶配套产业能力提升行动计划（2016—2020年）》。行动计划的主要目标是到2020年基本建成较为完善的船用设备研发、设计制造和服务体系，关键船用设备设计制造能力达到世界先进水平，全面掌握船舶动力、甲板机械（产品库 求购 供应）、舱室设备、通导与智能系统及设备的核心技术，主要产品型谱完善，拥有具有较强国际竞争力的品牌产品。行动计划将加强关键核心技术研发，开展质量品牌建设，大力推动示范应用，强化关键零部件基础能力，培育具有国际竞争力的优强企业等列为重要任务。相关领域的举措和过去一些年在邮轮建造领域的储备使得我国逐步具备建造豪华邮轮的能力。

奢侈态度逐步植入

《奢侈态度》一书讲述了国际各种奢侈品牌构建其品牌价值并服务客户的经历，给我们的启示是：做产品要有奢侈态度，要有精益求精的精神。这样做才能做成百年企业。改革开放以来，我国经济狂飙猛进，却并没有培育出多少具有奢侈态度的企业。原因在于温饱型社会还不支持我国企业去做"锦上添花"的事情，消费者很难识别产品在质量上的微弱差异，也不愿意为好的产品质量付费。现在，我国市场在各个细分领域几乎都处于产能过剩状况，对于企业来讲用曾经短缺经济下的策略去服务消费者，早晚要倒闭。奢侈态度要在这样的市场环境下逐步植入中国企业，使企业明确面临生死存亡，只有做到极致才有生路。这也就是我国建造豪华游轮的契机。众所周知，我国船厂在货船的建造水平上与日韩仍然有不小差距，船东对此事心知肚明。但不能因此就判断我国船厂就不能造出豪华邮轮。这几年造船业持续低迷，相信一定能够催生出有担当、有奢侈态度的企业。所谓"置之死地而后生"，这是我国船厂凤凰涅槃的开始。

游轮的供给老化及解决之道[50]

《变革水运——水运供给侧结构性改革初探》中对水运供给侧结构性改革提出了基本的框架，其中提出了水运业供给老化的五大特征。简而言之，供给老化即传统的供给无法适应新的市场环境，从而显现出供给过剩的状态。如同厨师做了一桌菜，自我感觉尽心尽力，客人却并不叫好，都不爱吃，结果都剩下了，客人没有吃饱吃好。这其实是供给结构出了问题，没有根据客人的口味做菜。水运业的供给老化体现在供给的时效性、灵活性、价格、整体性及制度供给等方面老化。

游船跟上了时代的步伐

"东方之星"事件的突然发生,对于三峡游轮的更新换代具有很大的促进作用。之前在长江上运行的一般客船几乎完全被淘汰,市场中剩下来的游船的总体水平大幅提升,尤以"世纪神话"号为代表。该游轮从内部装修来看,已经达到了五星级酒店的水准,且在防火、防潮、防锈、防噪声及轻量化等方面都做得挺好。每间客舱面积达到22平方米,比一般的游轮空间大,有独立阳台,阳台开关与空调直接关联,有饮用水直供,卫生间内有浴缸,空间也比一般的游轮大。总体来看,从船上的个人空间来看,"世纪神话"号并不输于沿海运行的邮轮,甚至在部分领域有过之无不及。"世纪神话"号首创的电力推进系统,大大降低了船舶运行过程中的噪声。以客户为本的服务理念促使世纪游轮公司不断创新,尽管从成本上可能并不很经济,却是做游轮必须树立的理念。船上的洗浴用品、卫生用品和洗涤用品都是国际品牌,保障品质,有利于设施的保养。当然,该船属世界游轮的顶级船型,也许并不具备普遍意义,但在游轮的船舶品质方面树立起高水平的标杆,值得学习借鉴。"世纪神话"号是由挪威设计团队精心设计,船东在方向和品质上精心把控,重要核心部件从欧洲采购,重庆造船厂承接建造,为长江内河打造的专属游轮。这样的造船模式充分体现了建造游轮的核心理念:船东有"主心骨",了解未来的消费趋势,并引导造船厂按照要求造船,是游轮建造的发起者和主导者。海上邮轮建造也是如此。本土邮轮的建造并不难,难的是把握我国邮轮客户的消费趋势,进而整合各方资源,打造能够很好适应未来我国市场的专属邮轮。

沿线景点未能与时俱进

随着我国人均收入的不断提高,三峡游并未随旅客的多元化需求开发出满足不同消费群体的产品。三峡游轮由于空间的限制(受航道、桥梁和三峡船闸的制约,目前游轮的长度要求不超过150米,宽度则限于三峡船闸34米之内,高度则要满足沿途各桥梁净空的限制),很难有很大的公共空间,也就很难承载如邮轮那样多的活动。因此,船上活动与岸上活动相得益彰是必须做的功课。这就是沿岸景点一直以来没能与时俱进。例如,游轮经过宜昌的"三峡人家",可以看到很精致、很有特色的建筑群依山傍水而建。这个景点包含在从宜昌到重庆的上行航次中,却不在从重庆到宜昌的下行航次中,颇为遗憾。"三峡人家"风景区是国家AAAAA级旅游景区,位于湖北省宜昌市夷陵区西陵峡内,三峡大坝和葛洲坝之间,跨越秀丽的灯影峡两岸,面积14平方公里。"三峡人家"美在"湾急、石奇、谷幽、洞绝、泉甘",景区包括灯影石、明月湾、灯影洞、石牌抗战纪念馆、石令牌、杨家溪和蛤蟆泉等景点。2015年12月，"三峡人家"入选长江三峡30个最佳旅游新景观之一，可以算作沿岸景点的一些新气象吧，但距离多元化的消费市场尚有不小的距离。

码头设施陈旧老化

长江三峡段的客运码头通常都很简陋，诸如在重庆登船时泥泞坑洼的道路让人印象深刻。按说游轮码头每年几十万人上下，吞吐量也不小，码头公司应该把码头搞得好一点。可是国有企业改进设施的动力不强。四船并排停靠也能够完成游客的上下，似乎并没有产生不良影响。何况景点的吸引力没有发生显著变化，再好的码头似乎并没有多大的意义。而与此同时，沿海游轮母港纷纷建设豪华的码头，成为所在地城市的名片，也是诸多资源能够整合并发生集合效应的先导性资源，即便暂时不盈利，仍然得到各地方政府的大力支持。长江沿岸的城市其实也有这样的诉求。

破除供给老化方法

长江游轮要想发展，必须从多元化上下功夫，满足休闲旅游时代对游轮的新需求。船公司这些年试图推动这样的改变，但收效甚微。看来还需要有一种倒逼机制，给这些景点的业主树立起一些危机意识。三峡游急切需要推陈出新，而旧的思维定式影响着相关参与者，使他们有限的眼光很难具有前瞻性。这就需要游轮公司采用"围魏救赵"的策略，利用长江中下游所具有的良好旅游资源和庞大消费群体，把这块市场开发出来，降低对三峡的依赖度，让不思进取的三峡景点所在地地方政府和相关企业认识到不改进就有可能失去这些游轮公司的挂靠。这样的倒逼机制可能更有效。此外，开拓中下游市场也并非易事，需要充足的市场营销和地方政府的支持，在某些领域还需要政策的突破。笔者认为我国未来邮轮市场会形成较为庞大的市场规模，也是游轮潜在消费市场。如江苏省多个地方都有积极性提升与游轮相配合的基础设施和产品。一个呼之欲出的新兴市场即将展现在我们面前，值得有闯劲、有担当且具有"奢侈态度"的游轮公司去耕耘。

国家正在打造特色小镇。2016年，住房城乡建设部发布了《关于推进政策性金融支持小城镇建设的通知》（建村〔2016〕220号），以推进政策性金融支持小城镇建设；还发布了《关于公布第一批中国特色小镇名单的通知》（建村〔2016〕221号），认定127个镇为第一批中国特色小镇，并公布特色小镇名单。特色小镇需要找发展亮点，而用游轮串联各种旅游休闲产品是一个很好的思路。这方面可供想象的空间巨大，也是一个多产业协同配合的过程。游轮经济与经济社会深度融合，必将释放巨大的红利，形成新的动能，进而为参与各方带来价值。

码头公司很难通过码头旅客上下而盈利，需要码头和后方土地资源的综合经营。长江三峡的沿岸城市可以通过引入游轮商业、游轮地产概念，重构城市的商业空间，打造新时代的旅游休闲综合体。这就要在服务好乘船的游客，建设好当地居民休闲体验去处，甚至搭载养生、健康、学习、会展等元素的基础上，再造一个新兴的消费城市。由此，游轮码头的建设和提升就不是问题，游轮成为城市提升改造的先导，码头建设投资可以通过企业在其他环节的运营收回，码头更新改造的资金还可以通过政府补贴的方式解决。

游轮产品应该是一个细分的市场，并非只有五星级的豪华游轮一个档次。对游轮的评价需要第三方机构的参与，把相关的评价做得更公正、更客观。让更好的船舶和更好的服务获得溢价，是对行业的良性激励，有利于游轮市场的健康发展。

游轮的发展已经不仅仅是游轮本身，而是一个大产业或者生态圈，同时还可能是一个城市升级改造的契机。这需要顶层设计和精心规划，更需要有闯劲的企业砥砺前行。沿海邮轮过去10年的爆发式增长预示着游轮的春天已经不遥远，需要相关参与者重建游轮在消费者心里的认知。坚持高端体验和高端服务，才是游轮的经营之道。走低端的路线会影响游客的体验，很难盈利，甚至可能形成市场的非良性循环，影响市场的长远发展。

我国的内河运输一直以来不断提升为货运提供服务的能力，曾经繁盛的水上客运也因为其他运输方式的不断出现而逐步萎缩。但是，新时期沿海邮轮的爆发式增长已经表明水上休闲旅游的时代即将来临，需要相关人士以前所未有的热情去拥抱这样一个蓝海。水运供给侧结构性改革的一个重要任务就是调结构。在水运方面，调结构的内涵就是减少货运的比重，增加水上旅游休闲的比重。新时代水运业做好为人服务的准备，就是要在人口密集区发力，使胡焕庸线的东南半壁成为内河水上旅游休闲的核心地区。搭载水上旅游休闲的内河水运网将承载不同于以往的功能，重新诠释"两横一纵两网"的总体格局，并可能有新的拓展。

发展游轮产业，首先要投资建设基础设施。我国沿海的邮轮码头近些年被快速增长的游客需求所推动已经进入快速建设的时代，设施条件和能力达到了较高的水平，不少地方的邮轮码头呈现一定程度上的过剩态势。但我国内河的相关码头设施建设还相对滞后。比如长江下游地区，随着需求的提升以及相应公司的布局，游轮码头不能满足发展的需要，规划和建设必须提上日程。我们可以借鉴莱茵河的经验，用简单的趸船和一个通道就可以建成一个下游的游轮码头，为游客提供相应的服务。游轮并不提倡、也不支撑豪华的游轮码头。随着货运需求增长的趋缓，部分地区的货运码头有条件的也可以改造成游轮码头，或者通过一定的设施配备和安全流程使货运码头为客人上下船提供服务。同时，发展游轮不仅需要基础设施的跟进，而且更需要培育本土游轮公司，既包括国有大型公司的发力，也包括民营公司的探索。新时期邮轮市场蓬勃发展，对相应的制度建设也提出了需求，亟待水运人根据市场需求以及各利益相关方的利益诉求建立与现阶段发展相适应、具有前瞻性的制度。这些制度的内容包括市场准入、事中事后监管、统计、诚信体系、应急救助、标准规范等。

我国本土邮轮发展的路径[51]

本土邮轮公司有三个含义：第一个含义是我国资本投资或控股的公司拥有的邮轮，可能注册在国外，在法律意义上是外国公司；第二个含义是我国资本投资或控股的公司拥有的挂五星红旗的邮轮，经营国内航线，是真正意义上的本土邮轮公司；第三个含义是我国资本投资或控股的公司，获得交通运输部颁发的经营许可证，船队中必须有一条船挂五星红旗，并经营国际航线的公司。目前前两种本土邮轮公司的游轮实际上运行的航线并不相同。从经济性的视角来看，挂方便旗的中资邮轮经营国际航线，而挂五星红旗的中资邮轮应该经营国内航线。按哪种方式运营需要根据各种因素综合权衡，需要获得国家更多的支持，要承担更多的税负。规避相关的税负会增加不少限制，也难以获得国家的支持。

目前，我国沿海母港出发的邮轮航线被嘉年华集团、皇家加勒比邮轮有限公司和云顶香港有限公司等邮轮巨头所掌控，所占有的市场份额超过95%。其他如钻石邮轮国际公司和渤海轮渡股份有限公司等本土邮轮公司则在夹缝中生存。从造船领域来看，邮轮的设计和建造难度非常大，被誉为造船皇冠上的明珠，长期以来为欧洲船厂所垄断。日本三菱重工曾做过尝试，但没有成功。我国的制造业体系日渐完备，实现"邮轮建造"之梦变得越来越迫切和现实。

为什么要发展本土邮轮？

我国的产业体系具备条件。从邮轮的产业链来看，上游的邮轮设计建造、中游的邮轮经营和下游的港口运营及相关服务中，较高环节是上游的邮轮设计制造和中游的邮轮经营。我国市场是未来世界邮轮发展潜力最大的区域，巨大的市场空间能够支撑本土邮轮的快速发展。现在，我国已经是世界上产业配套能力最强的国家，完整的产业体系能够支撑中国公司在邮轮建造和邮轮经营方面逐步积累能力。中国人的学习能力"独步天下"，同时已经有邮轮发展的国际标杆企业，相关的标准和规范已经成熟，规避日本三菱重工所走过的弯路，迎头赶上完全具备条件，并且有可能让邮轮建造和邮轮经营变得不再那么高不可攀。从过去世界产业发展的经验来看，我国进入了一个领域，这个领域的产品就将逐步进入大众化消费的时期。一旦我国进入上述两个领域，将会大幅提升邮轮建造和邮轮经营的竞争水平，给消费者带来实惠，使邮轮产业从奢侈性消费逐步向现代大众消费转变。这并不意味着我国必定会导致这个市场的恶性竞争，相信企业的差异化定位和相关法律法规的制订能够保证市场的良性发展。

快速增长的市场需要本土邮轮的服务。面对越来越具有消费能力的游客，需要在国内水域开拓与之相适应的旅游产品，而邮轮旅游则是未来旅游产品拓展最有前景的领域。长江、渤海、东海、南海等诸多水域都有发展邮轮的良好条件，也是本土邮轮开疆扩土的广阔市场空间。针对某些特定客户设计某些特定航线、结合陆上旅游产品而开发的邮轮产品目前还基本处于空白状态，但市场空间已经逐步形成，就差有进取心的企业提供相适应的产品。根据人口基数法和消费能力法预测，2020 年我国邮轮市场规模将达到 440 万人，2030 年将达到 1530 万人。2020 年建成小康社会的目标将为邮轮旅游带来广大的客源市场。

低迷市场下企业转型升级十分迫切。最近几年，航运市场持续低迷，2016 年 BDI 指数达到过 290 点的低位，航运企业举步维艰，急于寻求转型升级之路。转型升级的路径很多，搭载互联网、提升服务水平、提供差异化服务等手段都在尝试，而将业务转向邮轮这个相对蓝海的领域正是一个恰当的路径。对于港口企业来讲，以邮轮码头为发展契机，构建邮轮发展的"港-产-城"发展模式，形成邮轮全产业链的布局，也是新时期转型升级的较好路径。招商局集团正在力图成为中国构建高端邮轮产业生态圈的行业引领者、整合者。其切入邮轮产业的方式是，打造以邮轮母港建设为核心，集旅游运营、餐饮购物、免税贸易、酒店文娱、港口地产、金融服务等于一体的邮轮产业链。以邮轮为切入点，抓住未来的消费趋势，邮轮经济正在以前所未有的速度渗透到港口企业、航运企业中，并成为港口企业、航运企业转型升级的抓手和新的增长点。

本土邮轮的发展路径

由小至大的发展路径。这就要求先在国内市场的某个特定空间，满足特定的客户需求，逐步积累邮轮建造和经营的能力。中国内河和沿海有不少具备条件的区域可以选择，比如长江、舟山、海南等地。这样做的一个关键优势是，由于政策的限制，国外公司不能进入这个市场，可以回避外国公司的竞争，给初创企业的发展创造了一个竞争相对较弱的成长空间。小区域范围内的邮轮发展，可以从相对较小的船舶开始。这样的船舶无论是建造还是经营所面对的挑战都较小，需要克服的风险也相对较小，降低了市场进入门槛。这样的个性化船舶在建造和经营上取得好的经验以后，就可以根据市场条件进一步向更大、更豪华的船舶拓展，并由近及远向其他区域空间拓展。等到公司的营利能力达到一定程度后，就可以向国际市场逐步拓展。这样一种由小至大、由近及远、由内到外的发展路径是最为稳妥的我国本土邮轮发展的路径，当然也是比较缓慢的路径。这一路径存在一些问题：由于国内市场与国际市场是隔离的市场，在国内市场练手成功后的本土邮轮公司，是不是就能够向国际市场拓展？邮轮产品是差异化特点明显的产品，对某个特定市场深入耕耘后的经验是否能够用在其他竞争性更强的市场？这些问题都是待解的问题，需要有闯劲的先行者闯出一条道路。考虑到我国邮轮客源市场的发展空间相对乐观，缓慢渐进的邮轮发展路径有可能错过发展机遇，是否应该走另一条稍微快捷一点的道路呢？

嫁接走捷径。这里的嫁接指的是目前我国大型公司与国外大型造船厂、大型邮轮公司合作发展之路。2017年2月22日，中国船舶工业集团公司与美国嘉年华集团、意大利芬坎蒂尼集团签署我国首艘国产大型邮轮建造备忘录协议（MOA）。中船集团联合嘉年华集团等组建的邮轮船东运营合资公司将向中船集团与芬坎蒂尼合资组建的邮轮建造公司下单，订造2艘Vista级大型邮轮。同时，邮轮船东运营合资公司还拥有另外4艘大型邮轮的订单选择权。这样的路径起点很高，有巨大的资本强力介入，国外造船厂和邮轮公司所积累的经验也能够快速应用在我国的相关企业，的确是一条颇为激动人心的发展路径。不过，从历史的经验来看，与外资合作发展有利有弊，如我国汽车工业的发展路径就常常被作为反面教材。与之形成鲜明对照的是，我国高铁的发展过程用购买产品并"消化吸收再创新"的方式走出了一条举世瞩目的高速发展之路。"用市场换技术"还是"消化吸收再创新"都有道理，无论哪条路径都不是平坦的道路。具体的运作充满了博弈和平衡，关键是能否做到高人一筹的顶层设计以及在部分关键领域的坚持。目前，我国企业已经开始与邮轮企业的合资合作。邮轮企业也有意愿与我国公司合作，并重构我国邮轮新生态。现在，我国产品过剩和产能过剩普遍存在，再不提升产品品质，企业就会消亡。生死存亡之际，相信能够激发出我国企业的"奢侈"态度，并能催生出中国人极大的创新热情。所有这些能够把握好的话，走合资合作之路可能是一条快速发展中国邮轮业的捷径。

并购之路。邮轮公司发展之路其实就是并购之路，嘉年华和皇家加勒比正是这样发展起来的。并购以后的嘉年华邮轮公司拥有全球最大的邮轮船队，占据全球邮轮市场份额的一半，经营区域遍布欧美各地。未来我国本土邮轮的发展过程中也一定充斥着各种各样的合资与并购。经营国内市场的本土邮轮经过多点开花后，搞得好的企业有向其他区域扩张的需求，搞得不好的企业正好可以与具备扩张能力的企业搞合作或者卖资产。这就是未来国内本土邮轮市场的发展路径。各地开花和资本并购两者形成良性互动，可以以较快的速度席卷全国，形成我国本土邮轮的强势企业。这样的强势企业再向邮轮市场拓展，以我国文化符号的邮轮为卖点，在竞争激烈的市场中找到自己的定位，进而获得可持续发展的能力。嫁接的发展模式，也不排除并购，只不过路径不同，是一种由外至内（国际市场到国内市场）的发展模式。

未来我国本土邮轮的发展路径应该是上述几种模式的混合。

本土邮轮发展的政府角色

模式混合后的本土邮轮该如何界定？目前，中船集团与嘉年华集团所组成的邮轮公司，中船集团控股60%，可以被认定为我国本土邮轮公司。未来，在进一步并购的过程中，中资会不会由绝对控股变成相对控股？这类公司还是本土邮轮公司吗？这样的公司期租国外公司的船舶运营，还算不算本土公司？如果采用共享经济的模式，把船舶的舱位售卖给无数的投资者，这样的公司还算不算本土公司？邮轮的巨大载客能力使得其在非常时期具有应急抢险的功能，甚至能够在战时作为临时的战时医院来使用。虽然未来战争发生的概率以及战争的模式将发生变化，但邮轮作为非常时期的应急保障功能不应被忽视。那么，不纯粹的本土邮轮是否能够在非常时期发挥其应有的作用？邮轮上的设施和空间是否能够为非常时期的不时之需所预留？政府如何对这样的预留提供资助？国家的相应应急体系中如何把这样的本土邮轮纳入其中？这些问题都需要未来在本土邮轮发展的过程中不断得到解答。

对本土邮轮产业应适度培育。从货物运输的领域来看，国内市场与国际市场的严格分隔有其必要性。暂且不管沿海运输权的问题，就国内市场和国际市场运营的船舶具有不同的安全标准等级、不同的税费水平和不同的建造成本等来看，分隔这两块市场恰恰是公平之举。邮轮旅游和旅客运输是完全不同的两个概念，货运领域的规则沿用到邮轮领域不应该仅仅采取"拿来主义"，而是要充分听取各方意见之后，站在有利于邮轮产业长远发展的高度上给出一个更恰当的制度安排。邮轮产品本身是需求弹性很大的产品，需要邮轮公司创造差异化的产品以适应需求，也需要在游客上下船舶过程中少些政策限制。邮轮产品的多元化需要相对宽松的制度，宽松的制度对不同的利益相关者会产生怎样的影响？这些影响最终会对邮轮产业产生怎样的正负面影响？把这些事情搞清楚以后，就知道制度变革的方向了。沿用货运的相关制度当然是最轻松的，却不一定是最恰当的。从扶持本土邮轮的视角来看，市场分隔有其价值。从培育企业竞争力的角度来看，充分竞争的市场中脱颖而出的强者才是政府应当扶持的对象。对于台港澳的特殊航线，有必要建立区别于其他航区的特殊制度。依托这样的政策，可以起到支持本土邮轮公司发展的作用。

船舶进口环节税费需要优化？船舶进口环节的各种税费加起来接近30%。这其实是一个门槛，将国内造船市场和国际造船市场分隔开来。因为有这样的门槛，使得我国造船企业不会被国际造船企业所冲击。从本土邮轮公司的经营现状来看，运营国际航线，从成本上考虑，假如船舶从欧洲造船厂购买，没有进口的意愿，挂方便旗更为经济。如果购买的是我国造船厂的船，经营国际航线，挂方便旗还能获得出口退税，并且在日常运营过程中的税费也低很多。对于经营国内航线的本土邮轮，由于必须挂五星红旗，进口船舶时必然面临进口环节税费问题。在国内造船能力尚不具备的条件下，保护国内船厂缺乏应有的基础。因此，建议减免邮轮进口环节的相关税费，给本土邮轮公司的发展以支撑。等到中国邮轮建造能力提升以后，再来讨论是否应该设置这样的税费以及恰当的税率应该是多少的问题。

附录　缩略语对照表

缩 略 语 对 照 表

缩　　写	全　　称
CEPA	《内地与香港关于建立更紧密经贸关系的安排》
FNA	中国新造船远期合约
阿拉伯联合航运	阿拉伯联合国家轮船
阿里巴巴	阿里巴巴网络技术有限公司
阿联酋	阿拉伯联合酋长国
川崎汽船	日本川崎汽船株式会社
达飞海运	法国达飞海运集团
淡水河谷	巴西淡水河谷公司
地中海航运	地中海航运有限公司
东方海外	东方海外（国际）有限公司
东方航运	东方海外货柜航运公司
复星国际	复星国际有限公司
工银租赁	工银金融租赁有限公司
海丰国际	海丰国际控股有限公司
海航	海南航空公司
海华	上海海华轮船有限公司
韩进海运	韩进海运公司
航交所	航运交易所
赫伯罗特	赫伯罗特船务有限公司
皇家加勒比	皇家加勒比游轮有限公司
嘉年华	嘉年华邮轮集团
两拓	必和必拓公司、力拓集团
马士基	马士基集团
美国总统轮船	美国总统轮船公司

续上表

缩 写	全 称
欧盟	欧洲联盟
日本邮船	日本邮船株式会社
沙特	沙特阿拉伯王国
商船三井	商船三井株式会社
西斯班	西斯班公司
现代商船	韩国现代商船株式会社
香港明华	香港明华船务有限公司
亚马逊	亚马逊公司
阳明海运	阳明海运股份有限公司
印尼	印度尼西亚
云顶香港	云顶香港有限公司
长航国际	上海长航国际海运有限公司
长荣海运	长荣海运股份有限公司
招商局国际	招商局国际有限公司
太平船务	太平船务有限公司
美森轮船	美国美森轮船有限公司
中国港湾	中国港湾工程有限公司
中国交建	中国交通建设股份有限公司
中国远洋	中国远洋控股股份有限公司
中国远洋海运	中国远洋海运集团有限公司
中海	中国海运（集团）总公司
中海发展	中海发展股份有限公司
中海集运	中海集装箱运输股份有限公司
中建	中国建筑工程总公司
中散	中远散货运输（集团）有限公司
中远	中国远洋运输（集团）总公司
中远川崎	南通中远川崎船舶工程有限公司
中远太平洋	中远太平洋有限公司
自贸区	自由贸易试验区
洋浦中良	洋浦中良海运有限公司
汉堡南美	汉堡南美航运公司
两房	美国联邦国民抵押协会（简称"房利美"）和联邦住房贷款抵押公司（简称"房地美"）

参 考 文 献

[1] 刘璐,张泽一. 怎样应对新常态下的消费需求升级[J]. 经营与管理,2016(1):45.

[2] 王守颂. 休闲消费视域下体验经济发展问题探讨[J]. 商业时代,2010(32):28-30.

[3] B. 约瑟夫·派恩,詹姆斯 H. 吉尔摩. 体验经济[M]. 毕荣霞,译. 北京:机械工业出版社,2016.

[4] 谢燮. 变革水运——水运业供给侧结构性改革初探[M]. 北京:人民交通出版社股份有限公司,2016.

[5] 黄端. 顶层设计应慎用、少用[J]. 发展研究,2012(9):28-29.

[6] 焦雨生. 技术创新与制度创新关系的研究综述[J]. 商业时代,2011(17):88-89.

[7] 盛洪. 儒学的经济学解释[M]. 北京:中国经济出版社,2016:73,76.

[8] 赵汀阳. 天下的当代性:世界秩序的实践与想象[M]. 北京:中信出版社,2016.

[9] 杨永红. 防止对人类命运共同体理念的曲解[J]. 人民日报,2018-02-23.

[10] 尤瓦尔·赫拉利. 人类简史[M]. 林俊宏,译. 北京:中信出版社,2014:320-321.

[11] 贾康,苏京春. 新供给经济学[M]. 太原:山西经济出版社,2015.

[12] 科斯,王宁. 变革中国[M]. 北京:中信出版社,2013.

[13] 樊刚. 制度改变中国[M]. 北京:中信出版社,2014.

[14] 谢燮. 港口改革费收的经济分析[J]. 中国港口,2015(9):13-15.

[15] 童大焕. 定位中国[M]. 北京:东方出版社,2014.

[16] 齐海丽. 公共服务供给中的政府与社会组织合作:现状评估与趋势预测[J]. 经济体制改革,2012(5):15-19.

[17] 谢燮. 水运制度变革新思路[J]. 水运管理,2017(2):1-4.

[18] 谢地. 政府规制经济学[M]. 北京:高等教育出版社,2003.

[19] 帕拉格·康纳．超级版图——全球供应链、超级城市与新商业文明的崛起[M]．崔传刚，周大昕，译．北京：中信出版集团，2018．

[20] 石培培．大数据视角下的美国"旋转门"关系网——基于1.6万余名美国公职人员的数据分析[J]．当代世界，2017（9）：50-54．

[21] 王海明．政治化的困境——美国保守主义智库的兴起[M]．北京：中信出版集团，2018．

[22] 贾燕飞．我国行政约谈制度及其规范化构建[J]．哈尔滨市委党校学报，2015：73-78．

[23] 谢燮．航运人用什么样的眼光看未来[J]．中国船检，2016（11）：60-63．

[24] 菲利普·泰洛克，丹·加德纳．超预测[M]．熊祥，译．北京：中信出版社，2016．

[25] 刘俊．诊脉港口拥堵[N]．航运交易公报，2017-05-08．

[26] 船公司准班率集体下滑，宝马公司另谋他路[N]．中国航务周刊，2017-05-05．

[27] 盛磊．中国交通现代化发展展望——从"胡焕庸线"两侧分析[J]．经济研究参考，2016（14）：31-37．

[28] 谢燮．对港口资源整合的认识[J]．中国船检，2017（6）：25-27．

[29] 谢燮．长江经济带绿色航运发展的落脚点[J]．中国船检，2017（9）：34-37．

[30] 贾大山，纪永波．内河优势战略[M]．人民交通出版社股份有限公司，2015．

[31] 谢燮．对航运公司下调码头作业费的认识[J]．中国船检，2017（4）：34-37．

[32] 谢燮．政策导向应该倾向货主还是船东？[N]．中国交通报，2018-02-01．

[33] 刘俊．岁末咀华：航运新局[J]．航运交易公报，2017（50）：37．

[34] 施展．枢纽——3000年的中国[M]．桂林：广西师范大学出版社，2018．

[35] 贾大山．海运强国战略[M]．上海：上海交通大学出版社，2013．

[36] 贵州省交通运输厅．筑梦通江达海[M]．北京：新华出版社，2017．

[37] 张建林．龙滩、百色枢纽成珠江水运腾飞的桎梏[J]．珠江水运，2016（10）：27．

[38] 张彦超．广东清远船闸通航涉数千万内幕交易，数十家航运及物流企业"躺枪"[N]．中国航务周刊，2016-08-08．

[39] 毛远策．省政协调研北江航道扩能升级建设飞来峡水利枢纽船闸通航能力将提升近10倍[N]．清远日报，2014-11-08．

[40] 谢燮. 航运业寒冬：救还是不救？[J]. 中国船检，2016（10）：27-32.
[41] 贾康，苏京春. 供给侧改革：新供给简明读本[M]. 北京：中信出版社，2016.
[42] 贾大山. 中国水运发展战略探索[M]. 大连：大连海事大学出版社，2007.
[43] 谢燮. 多式联运的制度构建及企业践行[J]. 中国船检，2017（2）：24-29.
[44] 吴军. 智能时代——大数据与智能革命重新定义未来[M]. 北京：中信出版社.
[45] 李笑来. 把时间当作朋友[M]. 北京：电子工业出版社，2016.
[46] 吴军. 浪潮之巅[M]. 北京：人民邮电出版社，2016.
[47] 谢燮. 浅议水运平台的公共属性[J]. 中国船检，2017（1）：36-39.
[48] 谢燮. 水运供给侧结构性改革的着力点：满足人的需求[J]. 中国船检，2017（10）：32-34.
[49] 谢燮. 2030年中国邮轮市场前瞻及实现路径[J]. 中国船检，2017（5）：33-38.
[50] 谢燮. 游轮的供给老化及解决之道[J]. 中国船检，2017（7）：45-48.
[51] 谢燮. 中国本土邮轮发展的路径[J]. 中国船检，2017（3）：39-42.